2018年广东省本科高校教学质量与教学改革工程建设项目"特殊教育特色专业"建设成果
项目单位：广东第二师范学院

王时路　著

特殊教育研究（第一卷）

智力问题及特殊教育的
逻辑学与心理学导引

广东高等教育出版社
Guangdong Higher Education Press

·广州·

图书在版编目（CIP）数据

特殊教育研究. 第一卷：智力问题及特殊教育的逻辑
学与心理学导引/王时路著. —广州：广东高等教育
出版社，2024. 12. -- ISBN 987 - 7 - 5361 - 7720 - 8

Ⅰ．G76

中国国家版本馆 CIP 数据核字第 2024HP0604 号

TESHU JIAOYU YANJIU（DI-YI JUAN）：
ZHILI WENTI JI TESHU JIAOYU DE LUOJIXUE YU XINLIXUE DAOYIN

出版发行	广东高等教育出版社
	地址：广州市天河区林和西横路
	邮政编码：510500　电话：（020）87554152
	http://www.gdgjs.com.cn
印　　刷	广东信源文化科技有限公司
开　　本	787 毫米×1 092 毫米　1/16
印　　张	16
字　　数	270 千
版　　次	2024 年 12 月第 1 版
印　　次	2024 年 12 月第 1 次印刷
定　　价	48. 00 元

目　录

第一章 导言

一、哲学、教化与智力

在本书的导言中，首先想向各位读者交代的是，为什么正如本书标题所特别强调的那样，我们要把智力问题与心理学，以及与作为逻辑研究的哲学放在一起来讨论。希望大家能够了解，本书作为三卷本《特殊教育研究》中的第一卷，并不仅是旨在推进特殊教育之理论和实践探索，同样也是旨在借这一特殊教育现象来澄清心理学、哲学和教育三者之间的关系。对这三者间关系的澄清不仅对特殊教育至为重要，同样也对增进人之自我理解至为重要。人是教育的产物，因而教育问题也就是人如何理解自身、生产自身的问题。而当今在特殊教育中所面临的挑战无时无刻不在提醒着我们，我们对这些心理学与哲学上的根本问题的理解仍是不足的。其中不仅存在着众多亟待解决的分歧，还存在着重要的理论盲区。能否对这些根本问题保持清醒的意识，将关系到未来的教育能否继续胜任人类之自我再生产这一天职。

1. 经验与概念，以及科学与哲学的对立

哲学思考通常与尝试填补某种二元对立的裂痕有关，与尝试恢复世界作为无所不包的大全而本应具有的那种统一性和整体性有关。比如如何填补精神与物质之间的裂痕、心灵与世界之间的裂痕、意识与存在之间的裂痕、主体与客体之间的裂痕，以及语言与对象之间的裂痕等，不一而足。

本书所基于的哲学思考建立在填补经验（experience）与概念（concept）之间的裂痕的尝试上。这种裂痕也可以被看成感觉与思维这两种心理机能之间的裂痕。[①] 通常人们认为经验是感觉活动的产物，是多变的、流动的和特殊的，而概念是思维活动的产物，是不变的、恒定的和普遍的。传统哲学倾向于赋予思维以较之于感觉的优先性，强调被动的感觉接受性只有被置于自发性思维诉诸概念而进行的主动控制之下，才能获得自身的价值。因此哲学家通常认为任何研究都需要建立在概念的界定、分析和澄清的基础上。专门对概念进行界定、分析和澄清的学问就是逻辑学。因而逻辑学即便不像黑格尔那样被视作哲学的代名词，也是哲学中最为基础的部分。

但是随着自然科学在当代取得了近乎决定性的胜利之后，此种奠基于逻辑学的哲学传统也被倒转了过来。如今人们更愿意赋予感觉之于思维的优先性，认为思维只有受教于感觉才能获得概念，所以一切研究都应该从经验而不是概念开始。自然科学也因此几乎可以等同于经验科学。如果说传统哲学曾以概念科学自诩，将沉思视作人性所能够达到的最高境界，那么如今自然科学却把沉思讽刺为仅是思维在真空中所做的无摩擦空转。

2. 排斥意识研究的科学心理学

科学心理学的诞生使得经验研究对逻辑研究的反抗达到了一种全新的高度。在人类探索世界和自身的历史长河中，心理学长期以来都属于思辨哲学的一个重要部门，人们通常认可只有通过思维才能把握住心灵性的概念事实。然而随着自然科学在近现代的兴起，越来越多的人开始不满于此，认为应以对心理活动相关的经验性事实的研究来替代纯粹的逻辑性思辨。

但是很难说在科学心理学领域发生的这种来自经验主义的反抗如同在物理学领域那样具有正当性。毕竟在直觉上，人的心灵是一种与物理事物大不相同的存在。按照自然科学为我们所描绘的那种世界观[②]，我们永远无法像

---

① 康德就曾为修补这种裂痕做出过重要尝试。在《纯粹理性批判》一书中，他曾写道："如果没有感性，便不会有任何对象被给予我们；而且，如果没有知性，便不会有任何对象被思维了。如果没有内容，那么思想是空洞的；如果没有概念，那么直观是盲目的。因此，正如有必要让自己的直观成为可以理解的一样（也即将其置于概念之下），也同样有必要让自己的概念成为可以感知的（也即在直观中给其附加上对象）。"参见康德. 纯粹理性批判［M］. 韩林合，译. 北京：商务印书馆，2022：117。

② 自然科学所描绘的世界观并不是本书所认为的唯一正确的世界观。本书之所以花费大量的篇幅介绍胡塞尔现象学，正是因为我们认为自然科学的世界观需要奠基在现象学的世界观之上。

感觉物理事物，比如感觉他人的躯体那样，感觉他人的心灵。对于他人心灵的经验只能是一种建立在对他人躯体活动的直接经验的基础上，经由推论而获得间接经验。毕竟从经验主义的角度来看，我们的感觉所能直接给予我们的只能是他人的嘴角上翘的行为，而要把这看作一个人内心的快乐，就需要学会如何将快乐这一表示心灵状态的概念应用于嘴角上翘的行为之上。即便是心灵对自身的内在经验，也不是一种单纯的被动性的感觉经验。我们的心灵在经验自身的时候将不可避免地分裂成为两个心灵。一个是作为经验者的主动性心灵，也就是威廉·詹姆斯所说的主我；另一个是作为被经验者的被动性心灵，也就是威廉·詹姆斯所说的客我。主我是永远无法以主我的身份被直接经验到的，因为只要主我被直接经验的时候，它就已经变成了客我。对于主我，我们只能通过对客我的经验经由思维推论而获得概念性的间接认识。这就是为什么康德认为我们永远无法对主我，也就是康德所说的先验自我，具有任何经验知识，只能在概念上将其把握为一个空洞的"X"。可见，无论是研究他人的心灵，还是研究自己的心灵，都必须诉诸概念活动才能得到真正的研究对象。这就意味着心理学如果要脱离逻辑思辨成为一种纯粹的经验科学，就只能转换原本的研究对象，转而寻求研究一种心灵在经验世界中的替代物。事实也正是如此。

在哲学上，意识被视作人之心灵的本质特质，因而也是哲学心理学最为重要的研究主题。要研究意识这一思维与感觉共同合作的产物，就不可避免地涉及对概念的研究。毕竟经验到一个被叫作桌子的物理对象是一回事，意识到被经验到的是桌子则是另一回事。要做到前者只需要诉诸人和其他高等动物所共同具有的感觉能力，而要做到后者则需要诉诸只有人才具有的思维能力，也就是使用概念进行判断的能力。要能够意识到一张桌子，就需要有能力把桌子的概念应用到被直接经验的对象之上。这一点也决定了意识必然是主观的。即便直接经验，以及思维所诉诸的概念，都是客观的，但是如何在具体的情境中把概念应用到直接经验之上却只能是一件主观的事情。没有任何客观原因可以阻止一个人把凳子的概念应用到另一个人用桌子的概念所描绘的对象上。鉴于经验科学对客观性的强调，如果心理学要成为经验科学，就不能以意识这种主观性事物作为自身研究的起点。这样在面对意识问题的时候，似乎就只留给了科学心理学两个选项：要么将意识彻底排除在自身的研究范围之外，就像行为主义心理学所宣称的那样；要么就把意识谎称为一种不是意识的东西，就像神经心理学或认知心理学所做的那样。在我们看来，无论是上述哪一种情况，科学心理学都回避了其最不该回避的问题，因而也没有诚实地对待自己所本应真正研究的对象。

3. 智力与教育的交互作用及中重度智力障碍教育的困境

科学心理学如今在教育中扮演着举足轻重的作用。人们普遍相信衡量教育好坏的一个重要指标就是看其是否遵循了心理发展的规律。尤其是在特殊教育领域，能否正确地把握特殊学生在心理发展上的特殊性更是关系到教育的成败。在本书中，我们专门选择了特殊教育中一个最具代表性的类别——中重度智力障碍教育——进行研究。我们尝试去探讨心理学在其中本应起到的作用和如今实际起到的作用，以及为什么我们认为科学心理学及作为其重要分支的智力心理学事实上辜负了人们对它的信任。

在智力与教育之间存在着一种交互作用。一方面，教育在智力发展中扮演着关键角色，没有一个不接受教育的人的智力可以得到顺利发展；另一方面，具有一定的先行智力又似乎是教育得以顺利展开的前提。在正常儿童身上，这种教育与智力之间交互作用，会促发一种良性循环。儿童的智力经过适当的教育得以提高，智力得到提高的儿童又会更具可教育性。但是这种良性循环在中重度智力障碍儿童身上却难以顺利发生。由于智力问题，已知的教育措施往往很难在这些儿童身上发生应有的效用。而教育上的无效甚至还会进一步损害受教育者那本就有缺陷的智力，使其更难以被教育。因而即便经过多年的学校教育，大多数中重度智力障碍儿童的心智也很难有真正的发展，甚至还极有可能发生退化。

这在特殊教育界几乎是一个公认的事实，那就是当今对中重度智力障碍儿童的教育，无论是在文化知识教育上，还是在生活技能教育上，都近乎无效。如果说通过调整课程设计和教学方法、降低学习内容的难度以及配备更充足的相关专业师资和设施等方式，大多数轻度智障儿童仍有可能像正常儿童那样在普通学校接受有效的教育，那么对于中重度智障儿童而言，通过上述这些调整而使其能进入普通学校接受有效的教育这一愿望却远未成为现实。这些儿童甚至难以掌握最基本的生活自理和社会交往技能，更别说像普通儿童那样坐在教室里学习文化知识了。即便经过了长年累月的教育，大多数中重度智障儿童也难以真正理解 10 以内的加减法。通常这些儿童被安置在特殊教育学校，以便为其提供密集的、个别化的和实时进行过程监控的专门的干预环境。这样的中重度智障教育为儿童提供的与其说是教育，不如说更多的是监管和照料。

既然中重度智障儿童通常难以在学校教育中取得哪怕最基本的学业进步，于是越来越多人开始反思对这些儿童进行以获取知识为目标的教育到底有何意义。人们开始认为与其把教育重点放在他们注定无法取得实质性进步的知识教育上，不如转而以教授他们同样欠缺的生活技能为主。这正是基于行为主义心理学的行为训练技术会在中重度智力障碍教育领域备受推崇的原因。

不过问题在于，虽然通过行为训练可以提高这些儿童的生活技能，却无法提高这些儿童的生活意识。一个人的生活意识是与其对自身所处的社会中所蕴含的文化知识的掌握密切相关的。儿童需要的不仅仅是学会如何刷牙、如何穿衣，还需要明白刷牙、穿衣的意义。刷牙对于我们来说不仅仅是一项刷牙的技能，还是一种健康和清洁的意识。穿衣同样也不仅仅是为了保暖，还是一种整洁、文明以及个人公众形象的意识。意识不是行为技能，而是对这些行为技能背后的生活意义的理解。只有明白了这些真实存在的生活意义后，儿童才会在生活中主动使用他所学得的技能去实现他的生活目的，才会在衣服脏了以后主动地去换衣服，而不是被动等着旁人发出指令后才去做。行为主义心理学因为自身理论上的先天缺陷，只关注外在行为，不关注内在的意识，因而在培养儿童的主动性的生活意识上注定无能为力。如果一个人的生活缺乏行动的自发性，事事都要等别人的指令，习得再多的生活技能又有何意义呢？他的存在形式又与动物有何区别呢？我们认为这些都是科学心理学所本应该去回答，实际上却没有能力回答的问题。这一点与科学心理学误解了智力的本质密切相关。

4. 不关注意识能力的当代智力心理学及其在中重度智力障碍教育上的失败

如何准确地测量智力，以及如何在此基础上构建出可以帮助人们正确理解智力的理论模型，一直是科学心理学在将自身经验科学化的进程中引以为荣的一项重要工作。如今这项工作已经成功地改变了我们每一个普通人对智力的理解。几乎每个人都认为智力是可以由专门的智力测验来评定的，由此得到的分数叫智商，也被称作 Intelligence Quotient（简称 IQ）。还认为一个人的智商主要由遗传决定，在一生中基本是恒定的，等等。

然而中重度智力障碍教育所面临的困境却用事实告诉我们，在科学心理学的名义下所发展出来的如此庞大的智力心理学体系并不能对改善中重度智力障碍教育提供实质性的帮助。如果说智力主要是由遗传决定的，那么就等于说后天的教育在改善智力方面所能起到的作用注定是有限的。这样教育与智力之间的交互作用就被取消了，代之以一种智力单方面决定教育限度的观点。既然学习文化知识需要以一定的智力水平为前提，那么中重度智力障碍患者难以通过教育习得文化知识就不是教育本身的问题，而是他们本身的智力问题。我们认为智力心理学在本应展开自我反思的地方，却为自己开出了一份免责声明。但是这份免责声明是无效的，因为它并不是基于事实而来的。智力心理学为公众所打造出来的有关智力的种种流行信念，几乎没有一个不是不容置疑的。他们的工作往往是盲目的，他们甚至在没有回答智力是什么，以及智力是否是一个可以被准确定量的东西之前，就开始忙于测量智力了。然后他们再根据所测量的结果去建构智力理论。这种做法丝毫无异于先射箭、再画靶。公众在迷信智商测验的同时，并没有注意到智力学家们仅在智力测验及其应用领域保持着表面的和谐，而只要涉及有关智力本质是什么这样一些根本问题，比如"智力主要取决于先天遗传还是后天教养""智力是一元的还是多元的"，以及"人的智力与人工智能是不是一样的"等，他们就开始争论不休、互相指责。

如果说智力的本质与意识问题密切相关，正如我们在本书中所主张的那样认为智力是意识拓展自身能力的话，那么像科学心理学那样把意识排除在自身之外来考虑智力是什么就必定无法获得对智力的真正理解。无论是像行为主义心理学家那样把智力看成条件反射建立的速度，还是如同认知心理学家那样把智力看成一种计算能力，以及如同神经心理学家那样把这种计算能力看作神经系统的功能，并且由生物心理学家最终在神经系统的构造与基因遗传之间建立一种因果联系，这些在自然科学方法论指导下所开展的工作都不能对智力进行真正的揭示。这些以自然科学的名义对智力展开的研究最多只能算是研究了智力的相关项，而不是智力本身。在智力心理学家成功地将对标志着人之独特性的智力的研究变成了动物行为学、人工智能科学、神经心理学和遗传学研究之后，也一同失去了对人之独特性的理解，因而人也仅仅成为一种完全被动地受着各种自然因果关系制约的，与石头、猩猩或机器人并无本质区别的存在物。

5. 哲学与基于意识能力的智力研究

我们对智力的研究秉承了逻辑研究式的哲学传统，并据此将智力视作意识通过知识活动拓展自身的能力。"哲学"一词的希腊文本意就是爱智慧。而爱智慧本身就是一种有智慧的体现，因为只有有智慧的人才会爱智慧，而不是爱权力、爱金钱。人的生物学学名是智人（Homo sapiens），是人科人属下的唯一现存物种。无论是从种系发生的角度，还是从个体发生的角度看，人的成长都是一个通过教化而不断提升自身智慧以及由此而来的概念知识的过程。这一过程既是认识世界的过程，也是自我认识的过程和自我意识成长的过程，更是人之自发性的源泉。正如恩斯特·卡西尔《人论》一书开篇第一句话所强调的那样，爱智慧，也就是自我认识，是哲学探究公认的最高目标。[①] 我们认为心理学上被称作智力的东西究其本源应该是此种哲学意义上的智慧。

亚里士多德是第一个明确地将智慧与人的知识活动联系在一起的哲学家。他将爱智慧等同于爱知识，并把这一点上升到人的本性。在《形而上学》一书的开篇第一句话，亚里士多德就写道："求知是人的本性。"[②] 知识同样是意识的源泉。虽然意识这一概念的含义一直处于变化中，在日常用语中可以被用来指各种各样的东西，比如可以指人的一种清醒状态，可以指人的意图，也可以指人知道了什么。但是这些貌似松散地聚集起来的意义都与人的知识活动有着根本性关联。这一关联就体现在"意识"这一词的词源上。"意识"一词英文是 consciousness，其在古希腊文中对应的词 suneidesis 指的是具有共通性的知识，即可以与他人进行分享的知识。希腊文的 suneidesis 则对应着拉丁文的 conscientia，其后缀 scientia 就是"知识"的意思，英文的 science 一词就源自于 scientia。[③] 可见，从哲学上来看，意识、知识以及智慧三者密不可分。意识本身就是知识活动的产物，而获得真知的能力就是智慧。

[①] 卡西尔. 人论 [M]. 李荣，译. 上海：上海文化出版社，2020：6.

[②] 亚里士多德. 形而上学 [M]. 吴寿彭，译. 北京：商务印书馆，2014：1.

[③] ROCHAT P. Others in mind [M]. Cambridge：Cambridge University Press，2009：50－51.

6. 作为判断力的智力

按照柏拉图的观点，知识活动是一种概念活动。所有的知识也因而都是概念知识，是思维活动的产物。感官给予人的只能是变动的经验，柏拉图称之为殊相。只有通过思维，用共相，也就是概念，对殊相进行规定才能得到确定性的知识。因而知识活动涉及一种应用概念对经验进行规定的能力。这种自发性能力，后来康德明确地称之为判断力。由此，我们可以得到对智力进一步的界定，那就是智力即判断力。

康德认为只有在判断活动中才能体现出人的自然，以及自由。虽然经验取决于独立于人的外物所施加于人的影响，而概念则隶属于独立于人的先天事物，因而人既不能决定经验，也不能决定概念，但是人能够决定如何用概念去规定经验，并且每一次用概念对经验进行规定的判断活动也都因此是独特的，不可避免地包含一种创造性的成分于自身。没有人甚至神灵可以真的替另一个人做判断。哪怕一个人选择相信他人或相信神灵，那也是基于他个人判断的自由选择，并将无以豁免地承担起与此相连的责任。这就是康德在其三大批判中所隐含的以判断力为核心的智力观所要告诉我们的。

此种智力观与智力测验背后所隐藏的智力观具有本质的不同。因为对于判断而言，无所谓正确与错误。我们不能说一个判断是对的，另一个判断是错误的。我们只能说一个判断相较于另一个判断是更合适的。并且任何判断都是开放的，我们永远有着超出当前的选择去创造新的更合适的选项的可能。那些被视作适合的判断就是为个人和他人共同的未来创造了更多可能性的判断。这就更注定了判断活动不可能像智力测验那样有一个标准答案。

更为重要的是，判断力并不是一种人类婴儿与生俱来的能力。虽然婴儿天生具有感觉，可以获得经验，但是它尚不能把握概念。只有在通过教化习得语言之后，人才能对概念有所把握，并因此才能够进行真正的概念判断。正如约翰·麦克道威尔在《心灵与世界》一书中所强调的，运用概念的能力作为一种人的自然，也就是第二自然，是通过他人引领而习得的。[①] 这种引领主要是通过具有教化意义的哲学对话来完成的。苏格拉底正因为擅长于此，所以才成为有史以来最伟大的哲学家和教育家。他不仅是柏拉图和希腊

---

① 麦克道威尔. 心灵与世界 [M]. 韩林合，译. 北京：中国人民大学出版社，2014：12.

人的精神导师，也是整个现代文明和人类智慧的导师。苏格拉底一生中身体力行地实践了被后世以他的名字命名的"苏格拉底的探问法"，也由此获得了"概念的助产士"的称号，并最终用生命捍卫着自己进行此种具有教化意义的对话的权利。正是苏格拉底告诉了我们，人是会使用概念的生物，并且这种使用概念的能力是从事对话实践的产物。这就意味着智力并不得自于先天遗传，而是全然来自后天教化，并且能够给予一个人教化影响的只能是另外一个具备使用概念能力进行判断的他人。这就意味着教化是一种社会活动，因此我们不能把智力看作一种内在于个人的私人能力，而应该从社会交往中去寻找其所有的秘密。

7. 力之形而上学、教化与智力的源泉

沿着苏格拉底所开辟的道路，我们尝试着从力之形而上学的角度界定一种全然迥异于智力心理学所主张的智力观。

力的形而上学是一种将力，而不是将事物看作世界本源的方式。虽然世界是由种种事物组成的，但是比这些事物更根本的是事物之间所存在的普遍联系。没有任何事物可以脱离这种普遍联系而存在。维系这种事物间之普遍联系的就是力。力既是某事物通过对其他事物产生影响来展现自身的方式，也是维系自身和他者联系的方式。依据事物所处的不同存在层次，其对他物的影响方式也不同。人对他物的影响不仅体现在物理力和生命力上，更体现在其在运用理性认识事物的过程中所体现的智力上。因而从力的形而上学的角度，要理解智力的本质，就要去考察人作用于周围事物的方式及其独特性。这其中又以人作用于人的方式最为根本。而人对人的作用之独特性则集中体现在文化的传承，即教化上。文化就是一套经由人类教化传承所延续下来的概念体系。一方面，这套概念体系在传承中不断地丰富自身，就如同一个生长着的生命体。另一方面，每一个经由教化而分有该体系的个人，也因此而拓展着个人的生命经验和意识空间。人与人之间基于教化而形成的关系可以被看成一切社会关系的基础。经由教化，人不仅发展出了认识世界的能力，同时也不再是一个个孤立的个体性存在，而是能够借助文化对自身所处社会关系不断反思，因而也最终成为一种具有自我意识、对自己和他人负责的社会性存在。

这样看来，人之能力的独特性并不仅体现在通过概念形成对事物的认识

的能力上，更体现在人与他人形成教化关系的能力上，体现在人与人在运用理性相互说服、相互理解的能力上，体现在建构概念并使用概念传递意义以共同提高彼此的判断力上。我们将此种人与他人形成教化关系的能力称作"可教化性"，其在个人身上表现为"理解力"，标识着作为理性动物的人之智力的本质，其同时也是人格尊严的源泉。

8. 现代教育中学习的异化

我们可以看到，围绕着对人类智慧之根源的探讨，哲学展现给人们一幅与科学心理学所展现的大不相同的图画。这幅高度综合的图画是由智慧、自我认识、知识、意识、判断力、对话、理解力以及可教化性等勾环相连组成的一个整体。使用概念的能力是串起这一整体的引线。围绕着使用概念的能力，哲学不仅提供了对智力是什么的回答，也告诉了我们智力如何而来。这一点对于我们学会如何正确看待教化与智力的关系是至关重要的。

黑格尔在《精神现象学》的序言中写下了一段对于帮助我们理解教化和智力的关系特别具有启迪意义的话。先将其原文摘录于此：

> 古代的学习方式与近代的学习方式之间的区别在于，前者是自然意识所经历的一种真正而彻底的教化：它在它的实存的每个领域那里都特别用心地去尝试，对一切现象都加以哲学思考，并因此使自己达到一种完全可以操作的普遍性。反之在近代，个体面对的是一种抽象的形式，他们为了理解和掌握抽象形式而付出的努力，主要在于把内核直接呈现出来，把普遍者割裂开，而不是把普遍者从具体的、多种多样的实存那里提炼出来。因此，现在的工作主要不是使个体摆脱直接的感性方式，使之成为一个思想中的和思维着的实体，而是反过来，通过扬弃一些固定的、特定的思想，使普遍者得以实现并转变为精神。但是，让固定的思想具有流动性，比让感性的实存具有流动性要更加困难得多。①

黑格尔上述这段话貌似非常难懂，不过只要我们弄清楚了其中三个关键概念的含义，其主要意思就近乎一目了然了。第一个概念是实存，其含义正

---

① 黑格尔. 精神现象学 [M]. 先刚，译. 北京：人民出版社，2015：21–22.

相当于我们所说的经验。这从黑格尔把实存说成是由感性所直接给予的一种具体的、多样的流动者这一点可以推知。第二个概念是实体，其含义相当于本书中所说的概念。这从黑格尔把实体说成被思维着的、固定的普遍者可以推知。最后一个概念是精神，这是一个最容易遭到误解的概念。我们必须着重强调，精神在黑格尔看来并不是我们日常所理解的那种脱离了感性经验的纯粹思维。黑格尔所说的精神是实存与实体的辩证统一，也就是经验与概念的辩证统一。它就如赫拉克利特的河流，或詹姆斯的意识流，既是一，也是多。在黑格尔看来，只有这样的统一体才是真理之所在。因而精神就是真理。不论是经验（实存），还是概念（实体），如果脱离了对方而独自存在，就会失去其真性，反而会成为谬误的源泉。经验只有上升到概念才能获得自我意识而成为真，概念也只有下沉到经验才能获得生命而成为真，这就是教化的两个方向。通过教化，人维护着经验与概念的统一。任何造成经验与教化分离的做法都是对教化的背离。

搞清楚了上述三个关键概念，以及它们与教化的关系，我们就可以很明确地看到黑格尔在这里谈到的是近代人在教化上所面临的一种古代人所没有的独特困难。如果说在文化仍比较贫瘠的古代，人们所面临的更多的问题是如何在私密性的个体经验之上建立起适合于在个体之间进行传递的普遍概念，进而丰富文化传统的话，那么对于文化传统已经足够丰富的现代人来说，人们所面临的主要问题则是如何将通过教育而来的公共概念转化为活生生的个人性的私密经验。黑格尔甚至认为由概念到经验的转化远比由经验到概念的转化要困难得多，并由此断定现代人远比古代人更容易背离教化。

要充分理解黑格尔的这一论断，我们必须考虑到在现代人的学习方式和古代人的学习方式之间存在着一种根本性差异。为了明确区分这两种学习方式的不同，我们把前者称作教育，后者称作教化。教育通常在专门的教育机构或者学校来实施，而教化则弥散在人的全面生活历程中的方方面面，典型地体现在杜威所说的"教育即生活"和陶行知所说的"生活即教育"这两句话中。专门化的教育是现代的产物，是某种必然与生活发生某种脱离的教育。随着人类文化传承所不断积累的概念体系不断地丰富，当仅凭教化式的生活教育已经不足以让人类的新生个体在具体的生活中很好地把握它的时候，专门的教育就出现了。学校就是人们所建立起来的一种脱离了具体生活的、专门化的教学场所，以专门教授概念知识为自己的主要职责。发展至今，几乎每一个人在真正走向社会展开其独立生活之前，都需要先通过一个漫长的脱离具体生活的、专门化的学校教育阶段的学习。因为在现代社会，只有通过专门化的教育，一个人才能对他在成人后的生活中所需要的各种各样的概念知识进行足够的储备。这样就有了黑格尔所说的现代人的问题。正因为在学校里所获得的概念知识并不像古代人那样是从经验中直接生成的，现代人面临着如何学会将在学校中习得的概念知识恰当地应用于生活而获得真实的经验这样一种新的挑战。如果不能很好地应付这一挑战，即便一个人学习了再多的概念知识，也丝毫无助于在实质上增进其真正的判断力，反而有可能伤害他的判断力。这种伤害的发生意味着教育与教化发生了脱离，我们称之为教育的异化。教育异化的问题在中重度智障教育中远比在普通教育中表现得更为突出。

9. 教育的异化与中重度智力障碍教育的困境

既然学校教育以专门教授概念知识为己任，那么要能够接受学校教育，受教育者就应该达到一个基本门槛，那就是他必须具有概念思维的能力，可以不需要通过亲自经验而仅凭老师的言语的启发就能够获得概念知识。这种言语式的概念思维能力并不是先天的，而是经由前概念思维发展转化而来。一个新生儿最初的学习更接近于古代人的学习方式，其并不通过直接学习概念的方式来学习，而是通过在衣食住行等每一个生活领域所进行的不断尝试中获得直接生命经验的方式来学习。这种基于生命经验的扩展而来的学习就是前概念阶段的学习。正如维果茨基所强调的那样，学习概念知识的能力作为人独有的高级心理机能，是由人一出生时就具有的前语言的、前概念的低级心理机能转换而来。在这一转化过程中，儿童主要通过参与生活而获得直接的生命体验的方式来接受前人所创建的文化世界的熏陶。第一语言的习得与高级心理机能的形成直接相关。一个正常儿童要发展到三岁，也就是萌发出第一语言的时候，才能初步具备概念思维能力；发展到六岁，也就是他的第一语言已经足够好的时候，才能具备相对成熟的概念思维能力。因而儿童通常在三岁之后才能开始接受非正式的学校教育，也就是幼儿园教育；在六岁之后才能开始接受正式的学校教育，也就是小学教育。

现行的特殊教育的一个重要问题就是，我们并不是依据儿童实际的心智发展水平，而是依据他们的生理年龄，来决定他们所应接受的教育的形式。

事实上，几乎没有一个在学校接受教育的中重度智力障碍儿童的心理发展水平能够达到正常儿童六岁，甚至三岁的发展水平。这就是他们无法在学校教育中的概念知识学习上取得哪怕最基本进步的根本原因所在。当人们依据年龄把他们送到学校接受专门教育的时候，他们并没有像正常学龄儿童那样已经完成由前概念思维向概念思维的过渡。依据心智发展水平，这些儿童所需要的不应该是专门化的学校教育，而是生命体验化的生活教化。他们在概念知识学习上所遭遇的困难只是他们前概念水平的思维发展未能顺利完成的后果。如果不能先行解决他们的前概念思维发展问题，任何概念知识的学习都必然无法取得真正的效果。

然而要解决中重度智力障碍儿童在前概念思维上的发展障碍问题，首先需要了解前概念思维的发展机制，以及到底是什么原因影响了这一发展进程没能顺利在中重度智力障碍儿童身上发生。这才是真正的困难之所在。通常人们会认为第一语言的习得与概念思维的发生是一件儿童成长到三岁左右就会自然而然发生的事情，并不会认为教化在其中起着不可或缺的作用，以至于当儿童没有在三岁之后顺利地完成前概念思维的发展并顺利过渡到概念思维水平的时候，人们倾向于给他们贴上智力发育迟滞的标签，并把问题的根源视为遗传性。可是此种类型的结论无助于我们去真正地解决这些儿童的教育问题。作为教育者，如果要使我们的工作具有真正的意义，就需要去彻底查明前概念思维发展的具体机制，然后尝试据此探索出一套有助于帮助这些中重度智力障碍儿童顺利度过前概念思维发展阶段的方法，以期能够最大限度地帮助他们达到概念思维水平。像现在这样在解决这些儿童的前概念思维发展问题之前，就尝试着让他们像正常儿童那样接受学校教育并学习概念知识的做法是注定行不通的。

同样，我们也不能只教授他们生活技能，因为单纯的生活技能训练并不能真正帮助儿童发展前概念思维，我们必须看到前概念思维同样是以概念思维为导向的思维。尽管前概念思维是概念思维的前身，抑或说是一种仍未成熟的概念思维，但绝不是非概念的、与意识无关的。正如我们前面所强调的，儿童在生活中发展的并不仅仅是掌握一些技能，而是要发展其整体的生活意识。这种生活意识虽然仍达不到概念水平，但与人的一种内在生命成长的判断力密切相连。这种生命判断就是前概念的判断，是成熟的概念判断的前身。如果说基于概念判断我们收获的是意识，那么基于生命判断我们收获的就是前意识。越是专注于技能训练而非生活意识的培养，就越容易遮蔽对这种作为前意识的前概念思维的培养。

10. 前概念心灵与科学心理学研究的盲区

既然科学心理学把概念和意识问题排除在自身的研究领域之外，也就注定了其缺少了从前概念或前意识心灵的角度研究儿童发展的纬度。即便对于皮亚杰和维果茨基这些明确地对儿童的前概念、前语言阶段的发展做出重要论述的发展心理学家而言，在其带有浓厚的经验主义气息的论述背后也隐藏着一种逻辑悖论。如果不能事先对这一悖论进行诊断，那么对前概念心灵所得出的任何结论都必将带有对其的歪曲。

虽然经验主义者强调经验之于概念的优先性，但是他们并没有意识到任何知识都只能是概念性的知识，而不可能是直接经验，这当然也包括科学心理学知识本身。就连经验主义者口口声声所说的"经验"本身也只能通过概念才能把握，也只有先对"经验"这一概念有了一定把握之后，一切经验科学研究才有可能。如果我们悬置科学知识，转而考察科学活动本身，我们立刻就会发现科学活动就是一种在主体间展开的借助于概念推理而进行的论证活动。科学心理学家以为自己谈论的是纯粹经验，实际上谈论的却只能是被概念化了的经验。举一个简单的例子，如今科学心理学家们会认为耳朵直接接受的不是声音，而是声波，他们认为声音只是建立在人对声波的概念性解释上的派生物，只有声波才是被给予人的不依赖于概念判断的纯粹经验。但是科学心理学家没有意识到，声波之于声音不仅不更接近于经验，反而是一个更为抽象的概念。一个三岁正常儿童可以很好地理解什么是声音，但是只有当他系统地学习了声学后才能够真正理解什么是声波。声波根本不是人们直接从外界所获得的原始经验，而是人们诉诸声学理论所进行的概念判断。用康德的术语说，声波依然是一种我们借助概念判断而获得的现象，而非作为物自体的本体。概念化就是横隔在认识与被认识物之间的一道仿佛无法逾越的鸿沟，虽然被认识物可以是非概念的，认识本身却只能是概念性的。

上述说明告诉我们，如果我们要对前概念阶段的心灵获得任何知识，那么就必须将其概念化。真正的问题是：前概念性的事物经过概念化后还能保留作为其本性的前概念性吗？如果不能保留，是否意味着对前概念心灵诉诸概念进行阐明的过程，同时不可避免地也就是对其进行歪曲的过程呢？如果对前概念心灵状态的阐明必然以对其歪曲为代价，那么这种阐明对中重度智力障碍教育还具有启发性意义吗？与其说皮亚杰和维果茨基等发展心理学家成功地回应了这些问题，不如说他们回避了这些问题。

11.　前概念作为哲学的核心议题

哲学家与心理学家的不同之处就在于，哲学家通常对概念化所必然带来的问题具有清醒的认识。如何克服前概念之经验与其被概念化后所得到的知识之间的间距是哲学自诞生起就不得不面对的挑战。康德哲学的一个重要贡献就是通过对物自体和现象的区分将这一间距给凸显出来，使其成为之后的哲学家必须直面的问题。在康德之后，每一位重要的哲学家都在尝试解决此种间距所带来的问题，试图在认识与被认识之物，以及概念思维与前概念思维之间搭建起一条沟通的桥梁。在所有这些尝试中，黑格尔所提供的解决方案至今仍被认为是最有希望的。如今黑格尔方案又分别通过现象学和分析哲学中新近兴起的匹兹堡学派得到了进一步的发展。

康德认为非概念化的物自体从经验上给予人的东西只有被概念化为现象后才能够被人所认识。这样的区分很难不让人们质疑，既然作为本体的物自体自身永远不能被概念化，那么又如何保证对概念化现象的认识可以契合非概念化的物自体呢？为了既可以保持康德的洞见，又可以避免上述疑虑，黑格尔选择了弃用物自体这一暗示了不可知的本体的说法，并改用自然和精神之分来取代物自体和现象之分。在黑格尔的眼里，自然和精神并不是彼此截然对立的，而是分属于同一个存在之自我转换过程的不同阶段。自然属于存在的前意识阶段，而精神隶属于存在的意识阶段，概念则是始终贯穿于整个存在的自我转换过程中的主线，既规定着意识性的精神，也规定着非意识性的自然。不同的只是对自然事物而言，概念是从事物的外部对其进行规定，就像基于万有引力定律，太阳从外部来规定地球的运动一样。我们可以把这种从外部对事物进行的概念规定称作规律，处于规律约束中的自然事物也因而是不自由的。当自然事物不仅受规律的外在制约，而且能够对此制约有所自觉的时候，自然事物就被提升为精神事物。对概念外在制约之自觉也意味着作为概念内在制约的自我约束的出现，精神事物也因此具有为自己设定规范的自由。正如黑格尔在《哲学科学全书纲要》中所写的那样：

对于我们，精神以自然为它的前提，它是自然的真理性，并因之是自然的绝对第一性的东西。在这种真理性中，自然消失了，而精神则作为已达到其自为存在的理念产生了自己，理念的客体同主体一样，都是概念。这种同一性是绝对的否定性，因为在自然中概念具有自己完善的外在的客观性，但是，概念已经扬弃了自己的这种外化，它并在这种外化中自己已变得与自己同一。所以概念之为这种同一性，同时只是作为从自然的回归。

因此，精神的本质形式上是自由……①

可见，黑格尔克服经验与概念之间的间距的方式是让概念贯穿于经验活动的整个过程。这样经验与概念之间的间距就不再是一种非概念和概念之间的间距，而是一种前概念和概念之间的间距。我们不断使用"前概念"一词来对经验作出规定就是为了强调前概念并不是非概念，而是向着概念生成的前概念。我们也可以说，前概念与概念之间的间距是未被意识到的概念和被意识到的概念之间的间距，是前意识和意识之间的间距。能否克服这一间距取决于能否找到一条穿越意识直达对概念的前意识性领悟的途径。亚里士多德认为这就需要培养一种被他称作沉思的能力。后来笛卡尔又重新发现了这种能力，写出《论方法：第一哲学沉思》。② 笛卡尔的沉思后来又被胡塞尔所继承，他成熟时期的第一部著作就被他命名为《笛卡尔式的沉思》。③ 这本以"先验现象学引论"为副标题的著作是胡塞尔最被广泛阅读的著作。而作为亚里士多德的继承人，黑格尔则把他的沉思写在了《哲学科学全书纲要》中。

12. 通往前概念心灵的现象学之路

从现象学的角度来看，现象学和自然科学共同的起点都是现象。现象就是对象向意识的显现，意识也必定是包含着某种向其显现之对象的意识，因而意识必定是意向性的意识，即朝向某对象性事物的意识。任何认识活动都是对象向意识的显现，因此我们可以说现象就是认识活动的起点。以此起点

---

① 黑格尔. 哲学科学全书纲要：1830 年版 [M]. 薛华，译. 北京：商务印书馆，2021：293.
② 笛卡尔. 论方法：第一哲学沉思 [M]. 张小勇，译. 上海：上海人民出版社，2023.
③ 胡塞尔. 笛卡尔式的沉思 [M]. 张廷国，译. 北京：中国城市出版社，2002.

为界，可以划分出现象学与自然科学各自不同的研究领域。现象学关心的是对象得以向意识显现的前提条件，因而现象学力求获得对前意识领域的理解。而自然科学关心的是向意识显现的对象性事物是什么，因而自然科学的研究隶属于意识领域。胡塞尔认为现象学研究是自然科学研究的基础，因为要回答有什么事物向意识的显现须奠基于对显现本身何以可能的认识之上。在日常生活中，由于人们对自然科学的执着，现象学的领域通常被遮蔽了。因此胡塞尔认为要进入现象学，首先应该学会如何通过悬置一切基于意识的对象性知识，无论是日常的还是科学的，来直接面对意识本身并直达其前提。此种悬置开启了现象学还原之路。

通过现象学还原，胡塞尔最终得到一种被称作"生活世界—主体间共在—身体性主体"三位一体的构成性视域作为一切意识性显现的前提，为了方便，我们把这个"三位一体"简称"生活世界"。虽然在日常生活中，我们可以分别对象性地谈论这三位一体中的任何一个，但实际上我们只有在参照其与其他两个部分之间所组成的整体的前提下，才能真正理解我们所谈论的是什么。一方面，所谓的生活世界一定是包含着生活在其中的众主体的世界，这些众主体通过彼此的交互，即主体间共在，构成了生活世界不断流动、自我生成的力量。另一方面，这些众主体也不能只是非空间性的灵魂，而必须是具有空间性的身体，即必须在世界中生活并因此在其中占据一个位置，尽管是一个持续变动的流动性的位置。因为只有这样，众主体才能从生活世界内部成为生活世界自我推动、自我生成的力量。并且身体也不能独自存在，它还必须通过在生活世界中与其他身体的持续不断地交往才能成为真正的主体。同时作为具有一定时空恒定性的对象性客体也只有在主体与主体在生活世界中的交汇之处才能够被建构起来。可见流动与生成是生活世界的本性。

胡塞尔认为我们无法直接通过自然科学来增进对生活世界的了解。因为生活世界是以主体意识为纽带的充满意义感的世界，而自然科学则致力于为我们描绘出一个完全不受主体意识影响的、理想的客观世界。事实上，客观化的科学世界只是奠基在生活世界之上的一种虚构，所谓的客观其实只是一种以主体性为前提的主体间性。如果我们看不到这一点的话，那么我们的生活就将陷入一种危险。正如胡塞尔在《欧洲科学的危机与超越论的现象学》一书中所写的：

现代人的整个世界观唯一受实证科学的支配，并且唯一被科学所造成的"繁荣"所迷惑，这种唯一性意味着人们以冷漠的态度避开了对真正的人性具有决定意义的问题……它从原则上排除的正是对于在我们这个不幸时代听由命运攸关的根本变革所支配的人们来说十分紧迫的问题：即关于这整个的人的生存有意义与无意义的问题。[①]

也正是因为没有看清此种虚构的本质，科学心理学被导向了歧途。它本应在与生活世界的关联性中研究人的主体性，它却尝试在科学虚构的客观世界之中去寻找主体性。结果是它在科学世界中只找到了肉体：要么是作为神经活动的肉体，要么是作为运动的肉体。然后这样的科学心理学又对如何从对肉体的研究上来说明主体性百思不解。它已经忘记了它所假定要研究的那个客观世界从一开始就是排除了主体性存其内的世界，它无论怎么寻找，在逻辑上都已经决定了在其中是不可能发现作为主体性之身体的存在了。

不过胡塞尔并不否认自然科学的成就及其价值。问题不在于自然科学为我们所描绘出的这幅虚构的世界图像，而在于我们没有认清这一虚构的本来面目，甚至把其反认作唯一真实。现象学的意义就是帮助人们恢复这种对科学世界之虚构性的认识，并将科学世界重新奠基于生活世界之上，让科学自身也因此恢复其内在的生命和流动性。虽然科学追求的是对一个永恒的、绝对的客观世界的认识，但是事实上其从未因此停止过发展自身的脚步。整个科学发展史就是一个科学不断否认并超越自身的历史。而科学的自我超越也正是由生活世界的生成性力量来推动的。科学世界就其本性而言并不应与生活世界相对立，因为科学世界就是生活世界的自我揭示。甚至生活世界也是以构建科学世界的方式来达到自我揭示并实现自我推动的。科学家以共同体的形式从事科学探究的方式就是我们所能想到的最为理想的主体间共在的方式。

通过上述诠释，我们在生活世界与科学世界之间找到了一种类似于黑格尔所说的自然和精神之间的关系。如果黑格尔说精神以自然为前提，且是自然的真理，那么胡塞尔就可以说科学世界以生活世界为前提，且是生活世界的真理。生活世界与科学世界之间所存在的间距同样是前意识和意识之间的

---

① 胡塞尔. 欧洲科学的危机与超越论的现象学 [M]. 王炳文，译. 北京：商务印书馆，2017：18.

间距。人们甚至可以说意识性在场的科学世界是意识性不在场的生活世界的符号，而意识性不在场的生活世界则是意识性在场的科学世界的意义。科学世界与生活世界相伴而是，就如符号与意义相伴而生。因而我们需要做的并不是通过取缔自然科学给予我们的有关客观世界的知识的方式来重返生活世界，恰恰相反，我们应该把自然科学作为一种成就。只是我们应该以连接生活世界的方式对自然科学的结论进行再诠释，而不是把其当作真实的世界的唯一构成。这不仅是恢复科学世界之真理性的方式，也是我们能够真正对非对象性、前意识的生活世界有所领悟的方式。

现代教育中所潜藏的异化同样需要结合胡塞尔对科学世界与生活世界之间关系的分析来诊断。教育的异化首先就体现在脱离科学所赖以生成的生活世界来单纯教授科学知识上，但更为严重的教育异化则出现在我们把得自科学心理学的知识作为指导教育实施的首要标准的时候。要克服这种异化，就需要一种生活世界心理学为科学心理学奠基。从某种意义上而言，现象学就是此种我们所需要的生活世界心理学。

13. 通往前概念心灵的分析哲学之路

从语言出发，分析哲学对概念思维和前概念思维关系同样做出了重要论述。按照迈克尔·达米特在《分析哲学的起源》一书第二章中的说法，分析哲学与其他哲学学派的根本区别就在于分析哲学家们通常相信"通过对语言的一种哲学说明可以获得对思想的一种哲学说明"。[①] 分析哲学的根本问题与现象学的根本问题一样，都是意向性何以可能的问题。不同仅在于分析哲学认为语言的意向性是意识的意向性的源泉，因而应该通过语言的意向性来说明意识的意向性。而现象学与之相反，认为语言的意向性是由意识的意向性派生出来的，因而并不像分析哲学那样重视对语言意向性的说明。

要回答语言的意向性是如何可能也就是去回答语言是如何能够指涉非话语性的世界的。语言对世界的指涉关系首先是一种表征关系，然而分析哲学家们发现自然语言绝不是表征世界的一种理想工具。通常人们会认为每一个单称词项应该指称世界中的一个对象，比如当人们说"这个苹果"的时候，这句话应该对应着世界中某个实存的苹果，然而实际情况并非完全如此。罗

---

① 达米特. 分析哲学的起源 [M]. 王路，译. 上海：上海译文出版社，2005：4.

素就曾以"当今法国国王是秃子"为例来说明单称词项对非世界内存在物的指称难题，因为众所周知当今法国并没有国王。因而在分析哲学中逐渐达成了这样一种共识：在考虑语句是如何与世界相对应之前，应该先考虑如何才能无歧义地构造语句自身的涵义①。在这一问题框架下，分析哲学对涵义与所指、谓词的逻辑结构及多元概括的谓词演算、量词的逻辑结构、"真"之含义及其用法（真值函项的语句运算）、作为所予的"感觉材料"到底是什么意思、句子与句子之间在涵义上的蕴含关系是如何传递的等各个方面展开了广泛的研究。这些研究几乎可以被完全看成是一种在语言现象内展开的现象学的悬置，即通过悬置语言与世界的关系，凸显出语词和涵义的关系。通过此种悬置，分析哲学将语言的意向性问题重现确立为涵义是何以可能的问题。

晚期维特根斯坦认为语言的涵义根植于人的生活形式，因而我们不能仅凭对语言本身的分析来发现语言的涵义，而是要转而从语用学的角度来考察人的生活形式。而人的生活形式在维特根斯坦看来其实就是一种人围绕着如何将世界进行符号化而展开的交往游戏。要理解维特根斯坦的上述洞见，就需要我们改变科学所给予我们的那种世界观，不再把世界看成一个无涵义的、向人沉默的客观世界，而是一个不断向人倾诉的符号世界。包括自然科学在内的人的所有知识活动都是人对符号世界所进行的解读。

符号实际上可以被看作自然界中一切事物普遍的存在方式。比如我们可以把闪电看作雷声的符号，把岩层看作年代的符号。自然界中的万事万物正是靠着符号性关联而普遍联系在一起的。很多人把大自然比做一本书。发现自然规律的过程，即解读这本书的过程，就是发现自然事物之间的符号关系的过程。语言符号实际上就是自然符号中的一种。

虽然语言符号的意向性指向性通常是由文化规约所指定的，因而正如索绪尔所强调的那样，具有任意性，但是语言符号在自然中的起源和演变踪迹依然清晰可寻。任何语言符号并不是先天就具有文化规约所为其指派的意向性指向的。语言符号要获得意向性指向所规定的涵义需要经历一个漫长的赋义过程。这一赋义过程可以从种系发生和个体发生的角度上分别得到说明。

---

① 此处的"涵义"基本与"意义"同义。在本书中谈及基于弗雷格方案的语言分析的时候通常使用"涵义"，在谈及非弗雷格方案的语言分析的时候也会使用"含义"，而谈及意识分析的时候通常使用"意义"。这一区分符合胡塞尔对这两个概念的使用习惯。

从种系发生的角度，语言符号是由姿态、情绪等动物性互动符号演变而来。人与人通过使用工具进行合作来谋求生存资料的劳动过程促进了这一演变的发生。而动物性互动符号则源于生命符号，生命符号又源于物理符号。从个体发生学上来看，并没有一个人是一出生就可以把握语言符号的规约性含义的。每个婴儿首先都需要发展与他人的姿态与情绪互动能力，即生物性符号互动能力，在此基础上通过参与社会生活，掌握以生活用具为主的文化性物品的使用，最终才能习得语言、掌握语言符号的涵义。这一个体发展过程同样也是一个彻头彻尾的自然过程。

　　沿着维特根斯坦的思路，通过言语行为理论，奥斯汀分析了语言如何在人的社会化生活形态获得以言行事的力量，并将语言在人际间发挥的社会建构性语用效力视作语言涵义的源泉。保尔·格赖斯则提出了语言涵义的会话理论，指出涵义是在说话者通过表达自己而与倾听者达成共识的过程中被建构的。唐纳德·戴维森进而构建了一个连接自我、他人与世界的诠释学三角形，用以解释理性生物是如何通过把他者的符号性表达编织进自己的符号系统的方式来诠释他者符号表达的涵义，并由此丰富自身的符号系统的涵义构成的。最终，罗伯特·布兰顿发展出了一种推论主义语用学，认为涵义是通过给予和索取理由的话语实践，将隐含在理性生物行为中的东西在概念的层面清晰化的结果。

　　总而言之，从语用学的角度来看，世界是一个充满着涵义并且涵义不断从其中生成的世界。这就意味着符号性，而不是客观性，才是世界的本质。人际围绕着作为符号的世界所展开的交往行为和解释性的、论证性的对话正是促进涵义不断生成的动力，也是世界自身不断生成的动力。这就意味着充满涵义的"符号世界—主体间对话性的话语实践—富有论证责任的对话主体"构成了一个与胡塞尔的"生活世界—主体间共在—身体性主体结构"高度类似的三位一体。只不过这个分析哲学的三位一体是语言及其意向性的源泉，而胡塞尔的三位一体是意识及其意向性的源泉。如果我们考虑到意识与语言之间的密切关系，那就不得不说分析哲学和现象学最终是殊途同归。事实上，尤尔根·哈贝马斯也正是通过将现象学与分析哲学相结合才提出了著名的交往行为理论。

14. 交往行为理论与中重度教育批判

哈贝马斯认为要克服将客观世界绝对化这一做法中所体现出的科学主义，我们需要改变如今已经习以为常的真理观。不应再继续把"真"看作仅是知识对客观世界的符合，而更应把"真"看作人在世生活的一种特殊的方式——即交往行为——的属性。[①] 交往行为是基于共识且以达成共识为目的的行为。交往行为是人推动生活世界生成发展的独特方式，维系着社会这个由符号建构起来的生活世界的形成和再生。就此而言，客观世界本身也仅是基于科学家之间的交往行为而来的社会建构物。所谓的客观真理也只是科学共同体内部达成的阶段性共识，如果认识不到那个绝对不依赖于人的意识的客观世界只是生活世界中的人通过交往行为投射出的一个幻影，那么这个幻影最终就会沦落为绞死交往行为的刽子手。因为任何人只要自以为拥有了客观真理，他就不再会认为有与他人交往以继续生产共识的必要了。

从交往行为理论的角度来看，概念知识仅是生活世界的遗物，我们无法单凭持有遗物而拥有生活世界。除非我们能够把教授知识这一行为成功地变成一种让受教育者历练知识得以诞生所依托的交往行为的方式，以此让受教育者的交往理性得以发展，并对自己在其生活于其中的世界的生成与发展中所扮演的角色有更深的领悟；任何单纯的知识教授不仅不能带给受教育者真正的成长，反而会成为其生命的桎梏。同样，要成为一个合格的教育者，重要的不仅在于其拥有多少概念知识，更在于其能在多大程度上对知识传承是如何与交往行为的发生、成长以及死亡紧密地交织在一起的领悟。

哈贝马斯认为对言语行为的考察是深入研究生活世界与交往行为的最佳切入点，因为以语言为媒介的互动必须建立在互动双方的相互理解之上。通过言说，相互理解要成为可能，必然涉及言语行为、内容、主体及主体间性四个要素，并且这四个要素分别符合可理解性、真实性、真诚性和正当性这四种要求。这四种要求就是构成"真"的四个方面。首先，言语行为必然是相互交换着听者和说者身份的两个主体之间的互动，因而主体是言语行为不可或缺的构成性条件。其次，言语行为是以言语符号为媒介的互动，而言语

---

① 哈贝马斯. 交往行为理论：行为合理性与社会合理化 [M]. 曹卫东，译. 上海：上海人民出版社，2004.

符号的含义对于互动双方来说应该是共同的，这就是言语行为得以实现所必需的主体间性。最后，言语行为所要达成的相互理解是对言语符号所指涉的世界的理解，这就是言语行为所必然涉及的内容。通过言语行为，向着内容的方向，客观世界被建构了起来；向着主体间的方向，文化世界被建构了起来；向着主体的方向，主观世界被建构了起来。生活世界就是由客观世界、文化世界和主观世界这三个世界共同构成的整体，言语行为中所体现的交往行为则是联系三个世界并维系着生活世界统一性的纽带。伴随着交往行为的发展，生活世界也变得越来越具有可理解性。同时，从客观世界的维度上来看，人们做出的陈述也越来越真实；从社会世界的维度来看，人们的行为越来越正当；从主观世界的维度来看，人们的经验越来越真诚。

在《交往行为理论》[①] 一书的第二卷中，哈贝马斯不仅从构成性角度对交往行为得以成立的要素进行了分析，还借助于乔治·赫伯特·米德的符号互动理论和埃米尔·涂尔干的社会整合理论，分别从个体发生和种系发生的角度考察了人是如何从最初具有的动物性的策略性互动发展出交往行为的，并由此区分出三种由生活世界所提供的促使人发展的资源：文化知识库、价值和规范体系，以及由社会化过程所增进的个人能力。

更为重要的是，哈贝马斯还敏锐地指出那些基于交往行为而形成的社会系统不仅可以成为进一步拓展交往行为的基础，还可以产生对交往行为的压制性力量，从而进一步构成对生活世界的伤害。当社会系统成为扭曲真实性、正当性和真诚性的力量源泉时，就发生了一种哈贝马斯称之为社会系统对生活世界的殖民的现象。这时候，"在文化再生产中，系统命令破坏了主体间生的意义和传统，从而造成了文化贫瘠（'意义的丧失'），并因此耗尽了相互理解之基础"[②]。这就是我们如今在中重度障碍教育中所发现问题的根源。无论是仅把教育看作单纯的概念知识传授，还是仅把教育看作生活技能训练，这些缺乏以交往行为作为其内在形式的教育从根本上都是作为教育的社会系统对生活世界的殖民。从这一点来看，中重度智障教育所面临的困境只是整个现代教育困境的一个缩影。

① HABERMAS J. The theory of communicative action，volume 2 lifeworld and system：a critique of functionalist reason ［M］. MCCARTHY T tran. Boston：Beacon Press，2005.
② 韦斯勒. 哈贝马斯论媒介 ［M］. 闫文捷，译. 北京：中国传媒大学出版社，2021：44.

15. 哲学发生学的基本含义

现象学、分析哲学和哈贝马斯一脉相承，围绕着生活世界展开了对科学主义的批判，揭示出一整套建立在物理主义至上的自然科学方法论所无法触及的知识领域。这一知识领域最终又奠基在主体间的交往行为之上。上述洞见可以说最终都受惠于黑格尔。不仅黑格尔眼里的自然就是生活世界最初的原型，而且黑格尔在《精神现象学》中通过主奴辩证法对自我意识产生机制的论述至今仍是帮助人们理解交往行为的最佳文本。[①]

生活世界和交往行为是哲学解释前概念的世界和前意识心灵所依据的最为重要的两个概念。但是这两个概念的意义并不指向任何确定对象，对它们的理解只能通过对对象与对象之间的转化与生成关系的考察来获得。人的自我、心灵或意识都是经由生活世界和交往行为所体现的生成活动，由前自我的、前意识的非对象性存在转化而来。因而真正的心理学不应该仅是一种描述的心理学，而同时应该是一种发生心理学。以智力心理学为例，那就是智力心理学不能仅仅关注对智力水平的评定以及结构分析，而是要同时回答智力的来源，也就是回答智力是如何从一种前智力状态转化而来的。我们应该将这种对智力的发生学研究与对智力的还原研究进行严格的区分。

如果说"发生学"一词所隐含的语义是"什么奠基于什么之上"，那么"还原"一词所隐含的语义就是"什么其实是什么"。发生学意义上的智力心理学关注的是智力奠基于什么之上，比如我们可以说智力奠基于生命之上，这就意味着智力现象是建立在生命现象的基础上，但这并不意味着"智力其实就是生命"。此外，要使得"智力奠基于生命"之上这一论断具有说服力，我们就需要阐明由生命到智力的发生学机制，哲学的意义就在于它提供了一种阐明这种发生学机制的概念框架。可以说，按照我们所推荐的哲学主张，阐明由生命到智力的发生学机制也就是阐明生活世界和交往行为是如何推动了由生命向智力的转变的。对智力所展开的还原研究则是完全在科学世界中进行的研究，比如我们可以把智力还原成脑神经活动的模式，还原成遗传而来的基因结构等。这其实就等于说，看起来的智力其实只是脑神经互动的模式，或者是遗传而来的基因结构。可见在还原所基于的话语体系中根

---

① 黑格尔. 精神现象学 ［M］. 先刚，译. 北京：人民出版社，2015.

本不会有真正的发生学问题。事实上，当今的智力心理学基本上都是还原研究，而不是发生学研究。当然，也有少数例外，这就是那些明确提出了要从发生学的角度研究儿童的心理的发展心理学家。

皮亚杰作为迄今为止最为重要的发展心理学家，不仅确定了儿童心理学的独立地位，同时还将发生学确立为儿童心理学的一种基础方法论。在皮亚杰之前，儿童心理学关注的更多的是如何准确描述儿童的智力随着年龄的增长而不断发生变化并最终达到成人的水平的。这些随年龄而发生的变化被认为只是一种连续积累性的量变，而不是一种包含阶段性飞跃的质变。就如同儿童的身高一样，虽然随着年龄的变化，身高也发生变化，但是身高依然是身高。

皮亚杰则认为儿童心理和成人心理之间的差别不是量的差别，而是质的差别。他认为从婴儿到成人，人的智力要先后经历四个水平的发展，每一个水平都因借以产生经验的媒介不同而应被看成彼此种类不同的智力。最初婴儿是以感觉运动为媒介经验世界的，此后则过渡到以表象为媒介，继而则又过渡到以符号为媒介，最后过渡到以抽象概念为媒介。这四个水平不是同一智力的四个水平，而是四种不同水平的智力。因而皮亚杰认为智力心理学并不是针对一个唯一智力的心理学，而是针对四种智力的心理学。智力心理学最重要的任务也不是分别对不同水平的智力进行描述，而是揭示出不同水平的智力是如何生成，以及相互转换的。

维果茨基在发展心理学中几乎与皮亚杰齐名。虽然从表面上看，他们的学说存在着众多分歧，但是两者从根本上具有相同的精神实质，那就是对发生学的研究，而不是对还原研究的推崇。如果说皮亚杰偏向于对儿童个体心理发生过程和机制的阐明，维果茨基则更重视对心理现象在人类成长史中的发生过程和机制的阐明。这一发生过程在维果茨基看来就是由低级心理机能向高级心理机能的转变过程。他认为人类的意识经验是高级心理机能活动的产物。而高级心理机能则建立在人类通过使用工具进行合作劳动、使用符号和语言进行社会沟通和交流等方式来对自身最初所具有的动物式的低级心理机能逐步改造的基础上。生产工具、生活用具以及符号系统和语言的积累与发展就是人类文化的积累与发展，社会生活和教育传承是文化积累得以实现的途径。这就是维果茨基建立的心理学派被命名为"社会—文化—历史"学派的原因所在。

16. 从哲学发生学看发展心理学

虽然皮亚杰和维果茨基在心理学的发生学研究上成果颇为丰硕，但是依然无法取代哲学发生学的地位。我们必须注意到，无论是皮亚杰还是维果茨基，他们都是首先从哲学上吸收了发生学的思想，然后才建立起自己的发生心理学的。不过他们也都认为通过经验研究的方式可以更好地完成以前单纯由哲学研究所完成的工作。不可否认，发生学的心理学转向可以帮助我们从个体发生和种系发生两个方面获得更多的发生学方面的事实证据，但是仅凭这些事实实际上对推进发生学研究的深度和广度并没有太多实质性帮助，反而由于对经验事实的过分强调，心理学上的发生学研究越来越像以还原研究为主的科学心理学的一个子部门。于是哲学所强调的那种发生学研究和还原研究之间的对立就被遮蔽了，这也就决定了这些发展心理学家不可能像胡塞尔那样借助发生学思想对整个科学心理学的方法论做出有力的批判。

例如，哲学发生学背后所蕴含的奠基这一重要思想就被发生心理学遮蔽了。发生心理学由于过分强调发展，因而仅在儿童的去自我中心化和社会化过程中看到个人的成长和发展。比如在皮亚杰看来，只有通过去自我中心化作用，儿童才能逐渐从物我不分的混沌状态走出来，进而能够从主客体二分的角度分别向内发现主体性自我和向外发现客观世界。这一转变被皮亚杰看作儿童发展进程中毫无疑问的里程碑事件，因为只有在此基础上，儿童才能发展出逻辑化的思维和对世界的客观化表征。在此之前，儿童的思维被皮亚杰认为是非表征的、非现实的和艺术幻想式的。与皮亚杰类似，在看待高级心理机能与低级心理机能的关系上，维果茨基也倾向于把低级心理机能看成非现实性的和原始的，而与此相对的高级心理机能则是客观化的和先进的。

然而这种发生心理学强调发展的倾向性有悖于发生现象学用"奠基"一词所真正想强调的东西。如果说 A 发展为 B，那么意味着 B 优于 A。可是如果我们说 A 为 B 奠基，那就不会再有 B 优于 A 的意思，我们反而会认为 A 比 B 更为根本。奠基不仅意味着 B 是由 A 发展而来，还意味着 A 并没有被 B 取代，而是在基础的位置上继续支撑着 B。这才是胡塞尔说科学世界应该奠基于生活世界时所要强调的。如果从发生现象学的角度来看低级心理机能和高级心理机能的关系，我们就不应该说高级心理机能是由低级心理机能发展而来，而应该说高级心理机能奠基于低级心理机能之上。正是出于同样的理由，与皮亚杰曾经同在法国索邦大学教授过儿童心理学的现象学家梅洛－庞蒂就曾批评皮亚杰具有轻视低级心理机能的现象的倾向。① 梅洛－庞蒂认为前概念的非现实化的思维具有相较于概念的客观化思维更为本源和基础的地位，概念思维只能寄生在前概念思维之上才能茁壮成长。如果说前者是鲜花，后者就是大地。前者不仅只有在后者之上才能获得生长，而且需以后者为自身的最终归宿。如果将鲜花与大地对立起来，那么不仅花朵会枯萎，大地也会越发贫瘠。

梅洛－庞蒂的上述观点源自于对胡塞尔和弗洛伊德相关学说的整合。弗洛伊德通过精神分析而来的伟大洞见告诉我们在去自我中心化和社会化过程中，不仅蕴含着发展的力量，也蕴含着歪曲和压制发展的力量。后来哈贝马斯又进一步把弗洛伊德和马克思的思想与现象学进行了更深一步的整合，从而最终发展出作为其社会批判理论之基石的基于交往行为理论。这一由哲学发生学思想延伸而来的批判性视角也始终是发生心理学所缺乏的。而这批判性视角则构成了我们理解特殊儿童，尤其是自闭症儿童之发展性问题的基石。

17. 作为实验哲学的中重度智障教育

事实上，坚持将逻辑研究贯彻到底的胡塞尔沿着与皮亚杰和维果茨基不同的道路，将发生学研究推向了一个发生心理学远远不能企及的全新高度。在发生现象学中，胡塞尔将内时间意识视作意识在发生学意义上的基础性构造，详尽地分析了各种静态现象学所涉及的范畴都是如何一步一步由内时间意识经过一系列动态转换而来。在胡塞尔看来，内时间意识就是那个作为发生原动力的非客体化的"原—自我"。这些分析都是极其深刻的个体发生学分析，向人们揭示出众多发生心理学仍很少触及的发生学研究的新视域。从海德格尔的《存在与时间》② 到梅洛－庞蒂的《知觉现象学》③，再到伽达默

---

① 梅洛－庞蒂在 1949 年至 1952 年间还曾担任索邦大学儿童心理学与教育学讲席教授。在此期间，他尝试用现象学重新诠释精神分析与皮亚杰发生认识论，他在索邦大学所开设的一系列讲座中系统地阐述了一种基于现象学的儿童心理学。参见 MAURICE MERLEAU－PONTY. Child psychology and peadagogy: the sorbonne lectures 1949—1952 [M]. Tramslated from the French by Talia Welsh Northwestorn University Press, 2010.

② 海德格尔. 存在与时间 [M]. 陈嘉映, 王庆节, 译. 2 版. 北京: 商务印书馆, 2018.

③ 梅洛－庞蒂. 梅洛－庞蒂文集. 第 2 卷: 知觉现象学 [M]. 杨大春, 张尧均, 关群德, 译. 北京: 商务印书馆, 2021.

尔的《真理与方法》①，以及哈贝马斯的《交往行为理论》等，这些 20 世纪最为重要的哲学著作都可以看作对胡塞尔发生现象学的继承与发展。这些继承与发展从各个方面完善着对于整个"生活世界"的生成性分析，尤其是对生活用品、生产工具、符号和语言、风俗道德和社会制度等所构成的文化世界的生成性分析，所构成的现象学主题被胡塞尔命名为生成现象学。

现象学秉承哲学传统，对现代科学心理学概念体系做出了批判，并围绕着对意识现象的阐明提供了一整套替代性概念体系，用以方便对前概念心灵进行探究。随着现象学的概念体系日趋成熟，尤其是经历了海德格尔、萨特、梅洛－庞蒂和伽达默尔等人的继承与发展，现象学开始在指导人类生活实践中扮演起越来越重要的角色，成为科学心理学在人类实践领域的一个有力的竞争性理论。比如，在精神病学领域，现象学精神病理学尝试通过对精神病患者时间、空间、自身性和共主观性等现象学经验的构成性分析来尝试达成对精神病患者内在体验的一种同理式理解，而不是像医学心理学那样仅仅从遗传或者成长环境的角度对精神病的成因做出合理解释。同样与现象学具有紧密血缘关系的存在人本主义取向的心理治疗则更愿意把自己视作一种哲学实践，而非心理学实践，其认为对心理问题的干预应采用一种以解放与拓展当事人内在经验为目的的哲学对话方式。在心理学应用广泛的教育领域，现象学的概念体系也成为一种最为重要的替代性选项，例如马克斯·范梅南就尝试从生活世界现象学的角度来分析教育活动，认为真正有效的教育始终应该在前反思的、前理论的、情境的和实践的生活世界领域发挥作用。范梅南还专门提出了"教学机智"这一概念，用以说明一个好老师是如何善于在深切的体验与理解儿童的生活与现实的基础上，为儿童构建一条从生活世界通往理智世界的桥梁。②

从上述意义上来讲，我们在特殊教育领域所做的研究也可以被视作一种应用现象学研究。但是我们要做的并不是用现象学简单地取代以往心理学在该领域所扮演的角色，我们更多地致力于在现象学与心理学，尤其是发生心理学之间建立某种联系。在我们看来，心理学的问题并不在于其对搜集客观经验材料的执着，而在于其在理论建构上的浅薄。也就是说，科学心理学虽

---

① 伽达默尔. 诠释学 Ⅰ、Ⅱ：真理与方法 [M]. 洪汉鼎，译. 北京：商务印书馆，2021.
② 范梅南. 教学机智：教育智慧的意蕴 [M]. 李树英，译. 2 版. 北京：教育科学出版社，2014.

然搜集了大量的不无益处的经验事实，但是往往没有能力对这些事实进行足够深入的理论诠释。甚至在建构理论的时候，正如现象学所批判的那样，心理学家还往往采用了一种误导性的解释框架。因此，现象学被我们用来尝试弥补心理学在理论建构中所表现出来的不足。据我们所知，梅洛－庞蒂就是这样一位善于利用现象学重新诠释心理学发现的哲学家。无论是在他的早期作品如《行为的结构》[①] 还是其代表作《知觉现象学》中，都重点分析了行为心理学、知觉心理学、生理心理学、精神病学等领域所发现的大量经验材料，作为对自己所主张的现象学理论的支撑。

二、人性的表达与教育的本质

1. 人性的表达与特殊儿童的人格尊严

任何教育最终都是对教育者所具有的人性观的体现。无论深奥还是浅薄，每一个教育的实施者必定有自己的人性观。能在多大程度上对隐秘在自己教育活动背后的那些根本性观念做出反思决定了教育所能达到的高度。

康德在《道德形而上学奠基》中说道："在目的王国中，一切或者有价格，或者有尊严。一个有价格的事物也可以被其他的事物作为其等价物而替换；与此相反，凡超越于一切价格之上，从而不承认任何等价物的事物，才具有尊严。"[②] 人的独特之处不在于其具有价格，而在于其具有人格的尊严。因而一切人性观就其本质而言都是对什么是人格的尊严，以及人格的尊严如何而来的回答。

我们的教育理念基于一种被称作表达主义的人性观，是我们将伽达默尔等人所继承的诠释学思想应用于解释人格的形成与发展时所得到的一种观点。这种观点也影响着布兰顿等当代著名分析哲学家。基于此种观点，人性是自我推动着的生活世界之生成性力量的一种内在体现——用海德格尔的话语来说——人性就是此在。人性通过不断地自我表达的方式实现自身。得以实现的人性则表现为人格。教育就是受教育者的人性之表达通过不断地来自

① 梅洛－庞蒂. 梅洛－庞蒂文集. 第 1 卷：行为的结构 [M]. 杨大春，张尧均，译. 北京：商务印书馆，2021.
② 康德. 道德形而上学奠基 [M]. 杨云飞，译. 北京：人民出版社，2013：72.

教育者的诠释而得以再表达的途径。如果对人性之表达的每一次教育性再诠释都会进一步地丰富人性表达的空间，赋予人性表达以更多的可能性，那么教育给予人性的作用就是生成性的。起到生成性作用的教育就是教化。教化是实现人性获得人格尊严的源泉。就此而言，任何的知识学习，最终都应该体现在受教育者之人格尊严的实现上。反之，知识学习则会变成对人性的桎梏，对人格尊严的伤害。

基于表达主义人性观，智力作为人的能力究其根源就是人性的力量，是通过教化所实现的人格尊严的源泉。人格尊严体现着一个人在交往行为中所承担角色的分量。我们不能仅从高级心理机能的层面上将智力简单地等同于计算能力或逻辑思维能力，也不能仅从低级心理机能的层面上将智力简单地等同于生物对环境的适应能力。如果看不到智力的发展是一个由交往行为所推动的低级心理机能与高级心理机能之间通过相互转换而彼此促进的辩证过程，那么教育就不可避免地要么沦落为简单地教授知识，要么沦落为简单地教授生活技能。事实上，真正的教育就是在交往行为中实现受教育者的人格尊严的过程。中重度智障教育以及其所隶属的特殊教育这个整体，都在绝大程度上忽视了这一事实。

2. 从表达主义看特殊教育中的人权主义

目前一种基于人本主义哲学的人权主义趋向的人性观在特殊教育领域占有主导地位。按照人权主义的观点，我们应赋予特殊儿童与正常儿童同样的人格尊严，因而社会有义务为特殊儿童提供它向普通儿童提供的一切，继而在人权主义的推动下，正常化成为当代特殊教育中最重要的概念。按照正常化的理念，社会应该为特殊儿童尽量提供符合正常文化规范的安置方法来帮助其建立和维持尽可能符合正常文化规范的行为和特质。围绕着正常化运动，在特殊教育界兴起了大规模的去机构化运动，并大力地推进融合教育。

然而自融合的理念提起至今，与其相关的法律与社会学问题在学术界与社会各界所引起的争论一天都没有停止过，甚至在目前有愈演愈烈的趋势。这些争议常常指向当前特殊教育界大多认同的融合理念，尤其是完全融合理念，认为它是一种不切实际的、形式上的盲目推进。貌似良好的意愿并没有解决特殊儿童的实质问题，以至于丹尼尔·哈拉汉等人一针见血地指出"完全融合的基本原理是预设的道德价值观，而非研究数据。但是，预设的道德价值观并非以事实为基础，故而它也变得毫无意义"。①

　　人权主义趋向的人性观最为致命的疏忽在于它把人格尊严当成一种可以直接赋予特殊儿童的东西，而不是一种通过教育性诠释让特殊儿童自己表达出来的东西。这样，以人权主义为主导的教育观就不可能从人性表达的角度去考察人格尊严的发生学机制，更不可能根据这种考察来分析特殊儿童在人性表达的过程中所面临的特殊问题。就拿目前颇具影响力的能力理论而言，玛莎·纳斯鲍姆列举了人格尊严之实现在最低限度上所必须实现的十种核心能力。并认为一个社会的正义与否就在于能不能公平地分配资源以保障包括特殊儿童在内的每一儿童在这十种核心能力上的发展。② 然而问题在于，提出一个要去实现的东西是一回事，怎样才能真正实现就是另一回事了。就拿中重度智力障碍儿童而言，问题的核心不在于我们不知道他们作为有尊严的人所应具有的核心能力没有得到充分的发展，而在于我们并不知道到底是什么原因造成这些核心能力没有得到充分发展。如果不能回答这个问题，而是简单地把中重度智力障碍儿童放到正常学校去平等地接受与普通儿童一样的教育，甚至为中重度智力障碍儿童提供比正常儿童更精致的教育，都将于事无补。

　　人格尊严并不仅仅是一个被别人赋予的东西，更是一种自我意识。哪怕周围的人赋予你再多的尊严，提供给你再优越的物质条件，你是否具有人格的尊严，最终也都取决于你对此的自我承认与自我表达。婴儿和成人的差别就在于婴儿还不能意识到自身和他人的人格尊严的存在。你可以去尊重一个婴儿的人格，但是婴儿并不会因此而像你尊重它一样去尊重它自己的人格，也不会因为你尊重它的人格，它就会同样的尊重你的人格。只有认识到一个人对人格的尊严的意识并不是先天就具有的，而是在生活世界中经历交往行为的历练获得成长的结果，我们才能找到通过教育真正实现中重度智力障碍儿童人格尊严的途径。

----

① 哈拉汉，考夫曼，普伦. 特殊教育导论：第十一版 [M]. 肖非等，译. 北京：中国人民大学出版社，2010：48.
② 纳斯鲍姆. 正义的前沿 [M]. 朱慧玲，谢惠媛，陈文娟，译. 北京：中国人民大学出版社，2016：53 - 54，117 - 119.

3. 从表达主义看智障教育中的"人性化教育"

正因为看到了人权主义人格观所主导的特殊教育的潜在问题，国内现有一种自称为"人性化教育"的中重度智力教育理论思想提出了将智障儿童从"两足无毛动物"的生物人培养成为"社会关系总和"的社会人的说法，用以强调中重度智力障碍儿童的根本问题在于其尚不具有基本的人性。① 如果说普通教育的目的是进一步完善受教育者所具有的基本人性，那么中重度智障教育的目的则是帮助受教育者建立基本人性。可见人性化教育关注的是我们做些什么能够让儿童逐渐成长为一个可以意识到自己人格尊严的人，而不是仅仅像人权主义者那样把儿童简单当作已经具有尊严的样子来对待。但是，从表达主义的人性观来看，此种"生而为兽"的说法与"天赋尊严"的说法同样有问题。事实上"人性化教育"完全混淆了人性和人格这两个概念，因而也就对作为人性之表达途径的交往行为的重要性同样视而不见。

中重度智力障碍及其他类别的精神发育迟滞儿童，虽然往往未能完成基本的社会化过程从而拥有人格，但绝不能因此就把他们比喻成没有人性的"兽"。"人性"是人作为生物一出生时就已经具有的生物潜能，即一种发展出现实人格的潜在趋势，这就是我们为什么要把同样不具备现实人格的初生婴儿和其他"兽"类区分开来的一个重要原因。过去科学家对于灵长类动物的研究表明，即便黑猩猩从一出生起生活在人的家庭中，像婴儿一样接受人的教育，黑猩猩仍不能像人那样经由社会化而获得人格。这一点表明了人和黑猩猩在发展的潜在趋势上具有本质不同，简单地强调生而为"兽"便是抹杀了这种本质不同。更为重要的是，人之人格实现的一个必要条件就是人必须首先要被人们像具有人格的人那样去尊重。狼孩和其他那些从出生起就在与人群隔离状态下长大的人类个体，之所以最终都没有发展出现实的人格，正是因为其所处生活群体中的其他个体并不具有人格，因而也不会像尊重具有人格的人一样去尊重他。"生而为兽"的这种说法，在否认特殊儿童的人性的同时，也否认了特殊儿童发展出现实人格的可能性。这样的一种态度，

---

① 王志超，梁敏仪. 中度智障儿童人性化课程系列教材：社会化课程（上）[M]. 南昌：江西美术出版社，2014：序.

不可能对儿童的人格实现有任何帮助。这就是为什么我们认为这种说法不仅是有歧义的，而且还是危险的。

4. 表达主义的人性观

如果我们对"天赋尊严"和"生而为兽"这两种人性观背后所潜藏的问题的分析能够得到认同，那么对表达主义人性观的强调就越发显得是有必要的。按照表达主义的人性观，人之尊严的实现并不取决于任何先天的规定。人作为一个生物人而出生，即便具有中重度智力障碍，也已经具有与兽迥异的人性。这一点对于每一个从事教育或特殊教育的人而言，都应该是毋庸置疑的，因为如果不承认这一点，任何教育活动都将丧失其正当性，而成为表面上是教育，实质上最多只能是动物训练。既然对人性的承认是无条件的，那么人格的实现就仅取决于一个人通过不断自我表达而自我塑造的过程。每一个人只有在他亲自的生存活动中才能成就他独特的生命表达，也才拥有了他无可替代的独特尊严。而表达便是一个不断向他者敞开的过程，是一个把内在情感通过姿态外化的过程，是一个将隐秘的人性清晰化的过程。在这一过程中，被表达的东西和对它的表达具有一种相互依存性。被表达的东西并没有一个稳固的如其所是的内在本性，其究竟是什么在很大程度上取决于其是如何被表达的。每一次表达不仅是对被表达东西的表达，也是对被表达东西的改变。当某种隐秘性在通过表达而变得清晰的同时，也促使着新的隐秘性的生成。此外，如何表达也并不仅仅取决于表达者的表达，同时还取决于表达者向之表达的那个倾听者的倾听和诠释。每个人都是在被倾听的过程中成为一个表达者的，他被如何倾听将关系到他之如何表达，他之所表达又关系到他之所是，而他之所是又关系到他如何去倾听他人。一个表达者只能通过一个倾听者才能存在，而一个倾听者要成为一个倾听者，他首先应该是一个表达者。就此而言，在相互表达与倾听这一与他人共在的过程中，每个人的人性通过不断地得到再表达而更丰富、更有力量，每个人的人格也由此不断地得到重建。

然而我们绝不能把表达主义视作一种"人性"的相对主义，认为既然人性是在表达中不断变动的，那么也就没有衡量人性优劣的标准了。表达主义虽然不像科学主义那样关心至真，也不像道德主义那样关心至善，但是表达主义关注表达之可能性的增进。对表达主义而言，进步体现在表达丰富性之增进上。如果作为人性之表达方式的人格越丰富，那么人性作为被表达的东西自身也将越丰富。如果表达活动能够分别从被表达和表达两个方向丰富人性和人格，那么这也意味着表达活动自身也得到了丰富和成长。表达活动的增进就是人的发展：一方面，人性的增进会使人更有智慧；另一方面，人格的成长会使人更有尊严。

5. 表达主义作为一种当代急需的教育哲学

表达主义在哲学上绝不是一个新事物，且本书所提起的主要哲学思想从言语行为理论到现象学，再到交往行为理论都是表达主义的倡导者，但是表达主义的思想至今仍未成为决定现代文明走向的主导性力量。当代文明是被与表达主义相对立的表征主义所主导的。对不以人的意志为转移的客观世界的强调催生了作为表征主义的客观主义，自然科学所描绘的世界观是其集中体现；对永恒人性的强调则催生了作为人权主义的表征主义，对福利社会的乌托邦式憧憬是其集中体现。在科学主义和福利主义大行其道的今天，表达主义者们往往只能隐遁入哲学家们的林间小屋，在处于现代世界边缘的丛林深处发出低沉的抗议声。在本书中，我们希望通过对隐藏在中重度智障教育背后的智力心理学和人权主义中的表征主义所发动的批判，可以让生活于现代社会中心的人听到更多的来自表达主义者的心声。无论如何，人类文明要想持续繁荣，表达主义思想是不可或缺的，尤其是对于人的教育和成长而言，只能从表达主义的角度获得对其真正的理解。

黑格尔在《精神现象学》一书中甚至把整个自然界都看作一个巨大的精神展开自我教化的场所。通过此书，黑格尔让我们看到表达自然界有机的生长过程正是向着"可被理解性"而生成的过程。在此过程中，作为主体人的"理解力"的出现是自然物之"可被理解性"高度发展的结果，是"可被理解性"增进到人这一社会性存在阶段的产物。貌似彼此分离的主体与客体却是同一个精神的自我教化史的产物，精神现象在具体人上的出现标志着主客体经过一条漫长的发展道路重达统一。如果我们将"可被理解性"与"理解力"从其共同寓于其中的教化史中分别抽离出来，仅从现成性（非生成性）角度去看，那么我们就永远无法理解一个独立的具有理解力的主体如何能够去理解一个与其截然对立的客体。而教育的本质并不应只是教授知识和技能，而更应是通过对表达的增进而培育一个人行为上的"可被理解性"与他个人的"理解力"。在这一过程中,人格的实现与智力的发展不可分割地统一在了一起。我们愿意把以上领悟视作黑格尔所给予我们的最深刻的教诲,这些领悟也是我们长期从事特殊教育研究所取得的最为重要的结论。

三、本卷的结构与《特殊教育研究》的总体规划

本书题为"智力问题及特殊教育的逻辑学与心理学导引",其作为笔者所规划的三卷本《特殊教育研究》中的第一卷,在整个《特殊教育研究》中具有基础性的地位。本卷主要集中于对智力问题的探讨,在我们看来,智力问题在特殊教育中具有核心地位。虽然每个残疾人都或多或少需要接受特殊服务,但并不是每个残疾人都需要接受特殊教育,通常只有那些因残疾而造成了某种智力上的发展性障碍的人才需要接受真正意义上的特殊教育。一个先天的盲童或聋童的问题不仅是看不见或听不见,他们通常还会伴随较为严重的智力发展障碍,并因此需要接受专门的特殊教育。人的智力发展最初需要建立在感觉之上,而所有的这些与智力发展密切相关的感觉中又以视觉和听觉最为重要,因此,先天的听觉或视觉障碍会不可避免地影响到一个人最初的智力的发展。可是如果一个人在其智力已经充分发展起来以后再因某些原因导致了盲或者聋,这种后天的感觉障碍通常就不会严重影响到他们的智力,因而他们也大都不需要接受专门的特殊教育。比如贝多芬,虽然他晚年失聪,但这并不会影响到他已经充分发展起来的听觉智力,甚至在失聪的状态下,他依然可以谱写出世界名曲。

在所有类型的智力问题中,我们又将目光聚焦于中重度智力障碍上。在该领域内,特殊教育几乎无所作为,这一点促使我们不得不去反思在当今被科学心理学所主导的智力观的背后所潜藏的问题。我们认为由于长期忽视了对意识现象的关注,科学心理学误解了智力的本质。反倒是哲学家的思考更有助于我们去理解人的能力的独特性。这就是为什么在本书中会花费大量的篇幅去回顾从古希腊到当代的整个西方哲学史。

相信很多人会质疑笔者的这种做法,毕竟在市面上已经充斥着琳琅满目的哲学史著作,实在看不出来作为本书的作者,既非哲学专业出身,更谈不上对哲学有什么独到见解,有什么理由与资格去做这样一件远非自己所擅长的事情。然而,鉴于笔者所要向其发起挑战的智力观与特殊教育观如今在公

众看来已经近乎于常识，而要挑战这些常识绝非易事，需要诉诸超强的证据和推理，因而笔者认为有必要把整个哲学史都抬出来为这场挑战的正当性背书。更何况笔者相信每一位读者都必定会承认这样一个事实，那就是哲学在大学教育中的地位日趋下降，大多数专业都已不再把哲学列为一门必修课。如今哲学既不再被视作包含所有知识体系于自身的最大的知识整体，也不再被视为一切学科的基础，以至于有越来越多的人认为在现代社会只需要科学就足够了。当然，造成这种局面也有哲学自身的原因，当今哲学自身过度的专业化也加剧了其在学术体系中日益被边缘化，变得越来越小众，这就更使得笔者认为有必要向普遍缺乏哲学知识储备的心理学和特殊教育工作者重提哲学了。

在第一卷，以哲学的名义向大家介绍的这种与心理科学截然不同的特殊教育研究进路，我们将其称之为逻辑研究。最初由亚里士多德创立了逻辑研究的第一种成熟的形态，此后经由康德在亚里士多德形式逻辑的基础上建立了先验逻辑，进而黑格尔又确立了先验逻辑的发生学内涵，最后则由现象学和分析哲学分别确立了先验逻辑和形式逻辑研究的当代形式。虽然作为哲学的逻辑研究和经验研究都以经验为自身的研究起点，但是方向不同。哲学家擅长的是挖掘工作，即不断地追问人们日常生活经验得以可能的逻辑前提是什么，希望由此可以帮助人们获得那些被日常经验所掩盖了的更为根本的洞见。这些洞见往往不可以直接通过经验获得，而只能靠思维、用概念来把握，因而哲学家的工作应该被视作基于概念而展开的逻辑研究。如果我们把逻辑研究看成刨根问底式的挖掘，那么包括心理学在内的经验研究的工作则可以看成建造。和哲学家不同，经验科学家擅长的是在日常生活经验的基础上展开建设，经验科学所得出的结论都需要牢牢地建立在经验的基础上。即便是对超出人日常经验所能企及的宏观世界或微观世界的物理学发现，其正确与否也需要以由其延伸出来的推论是否符合经验为最终标准。简单来说，哲学研究经验所基于的东西，而经验科学研究基于经验的东西。

虽然我们认为哲学式的逻辑研究与自然科学式的经验研究应该相辅相成、互相印证，要对事物的本真面貌有所揭示获得知识，两者缺一不可，但是我们认为逻辑研究应具有相对于经验研究的优先性。人们在从事经验科学研究的时候必然会诉诸概念，即便这一事实倾向于被大多数经验科学研究者所忽略。在现代经验科学中弥漫着一种轻视逻辑研究的风气，认为概念是第二性的，应建立在第一性的经验之上，或者更准确地说，仅能通过经验而被给予，于是越来越多的人开始认为经验研究理所应当具有相较于逻辑研究的优先性，而不是反之。我们认为我们在特殊教育方面所做的研究将有助于改变上述趋势。在本书中，我们将向各位读者展示哲学式的逻辑研究在帮助我们理解智力以及完善智力障碍教育上都给予了我们什么样的教诲，这些教诲都是其他经验学科所不曾给予的。

本卷的第一章"导言"，不应被仅仅看作第一卷的导言，而应该被看作整个三卷本《特殊教育研究》的导言。在该导言中，概要地介绍了我们从事特殊教育研究的理论源泉和研究宗旨。正如在本书开篇所言，我们从事特殊教育研究主要是想借此机会反思心理学、哲学和教育三者之间的关系。基于上述反思，最终我们提出了一种基于表达主义人性观的教育思想。

第二章"古希腊哲学与逻辑研究"，围绕着一和多的辩证法展开了对古希腊哲学的介绍。在前柏拉图阶段，"一"和"多"的辩证关系主要体现在作为"多"的感觉和作为"一"的知觉之间的辩证关系。感觉是不断流动、变化的多，而知觉是在感觉之上被思维所把握到的流动中的持存、变化中的不变，也就是"一"。在感觉和知觉的辩证关系之上，柏拉图提出了一种更高层次的"一"和"多"的关系，即"共相"和"殊相"的关系。"殊相"是感觉所能达到的终点，也是知觉的起点，是通过知觉在流变的感觉之上建立的一个特殊的同一体。从这层含义上来看，"殊相"就是"一"。但是作为"一"的"殊相"本身又是一种新形式的"多"，如果从一个个"殊相"彼此分立的角度来看的话，"殊相"就是"多"。在"殊相"之为"多"的一面上同样可以建立起新的统一性，即"共相"。柏拉图意义上的"共相"就是今天哲学意义上概念的最初源泉。此后柏拉图还论及"共相"与"符号"的关系，通过符号化，共相成为一种可以在人际间进行交流的东西，也使得文化传承和教化成为可能。最后我们还特别论及"符号"和"共相"之间不可避免的间距，正是这一间距的存在使得文化传承和教化具有两面性：既有启蒙心智的作用，也有蛊惑心智的作用。

我们认为柏拉图的工作确立了此后所有哲学的基本问题：对象化问题和符号化问题。从感觉中建构起知觉殊相的过程所涉及的是对象化问题，而从知觉殊相中建构起共相的过程则是符号化问题。这两个过程可以连接起来形成一个整体：感觉—知觉殊相—共相。此后在柏拉图工作的基础上，亚里士多德建立了逻辑学，发展出了一种如何借助逻辑经由概念分析而达到对思想与世界同一性之领悟的方法——哲学沉思。此后我们将看到柏拉图和亚里士多德的思想是如何在现象学和分析哲学中获得了其现代形式的。

第三章"近代哲学与逻辑研究"，主要介绍了伴随现代科学的兴起而来的经验主义哲学，以及其是如何对传统形而上学产生冲击的。然后我们介绍了康德和黑格尔是如何借助笛卡尔的我思哲学对经验主义进行驳斥的。通过对经验主义的驳斥，康德在亚里士多德的形式逻辑学之上提出了先验逻辑学，并试图以此将人类的一切经验通通纳入概念的统摄之下。黑格尔则又在先验逻辑的基础上建立了发生逻辑学，试图将自然和精神置于同一个逻辑化的发生进程。

虽然康德和黑格尔对经验主义的驳斥是有力的，但是依然没能阻止经验主义哲学在近现代的迅速扩张。

第四章"哲学与早期心理学"，主要回顾了经验主义以及自然科学如何尝试攻陷哲学的最后一块堡垒——心理学。虽然从威廉·冯特、弗朗兹·布伦塔诺到威廉·詹姆斯这些现代心理学的最初缔造者，最初都曾尝试将心理学重塑为一门纯粹的自然科学，但他们最终又都放弃了这种努力，并在学术生涯的后期以不同的形式返回到哲学心理学。但是这并不妨碍后人们继续将这些先人们最初的尝试进行到底，并最终铸就了现今心理学的科学形象。然而，科学心理学在与哲学心理学的这场纷争中所取得的胜利仅仅是一种表面上的胜利，因为冯特、布伦塔诺和詹姆斯的这些后继者们并没有真正地解决那些迫使他们的先辈最终决定放弃将心理学科学化的企图时所面临的困难——这些困难都与意识问题相关，他们学会的仅是对意识问题视而不见。缺少意识纬度的科学心理学越发展，人们也就越难看清人与动物甚至人与机器的差别。

自从人们尝试将心理学科学化以来，在哲学上就一直存在着强烈的反对声音，并在哲学内部最终形成一种与作为自然科学的客观心理学相对立的主观心理学。与客观心理学不同，主观心理学始终将意识作为心理学研究的首要对象。

第五章"现象学与逻辑研究"，主要介绍了胡塞尔的工作。胡塞尔是20世纪最主要的两大哲学流派之一的欧陆哲学的发起人。他所建立的现象学是主观心理学目前所能达到的最成熟的形态。胡塞尔尝试把人的一切客观认识都还原到主观性意识，即"我思"之上，并因此将自己视作笛卡尔和康德哲学的继承人。同时他也继承了柏拉图的理念论，并把柏拉图理念论中所暗含的"感觉—知觉殊相—共相"这一构造改造成了"行为—意义—对象"三位一体的意向性构造。基于这一意向性构造，胡塞尔分析了两种意向性，一种是从行为之上构造出意义的内在意向性，一种是从意义之上构造出客观对象的外在意向性。胡塞尔同样重视符号化在外在意向性中所发挥的作用，并且由对符号化所可能产生的认识间距具有清醒的意识。为了最大限度地消除间距所可能产生的误导，他发明出现象学悬置的方法，希望通过将符号化的客观对象置于括弧的方式提醒人们去注意客观对象在前符号化、前对象化的生活世界中的意识相关物，以及提醒人们要时刻留意到基于符号化的客观对象所构想的科学世界与本真的生活世界之间所存在的间距。在本章中我们还特别论及胡塞尔对时间现象学和生活世界现象学的分析，这些分析是目前我们所知的洞察前概念意识的最佳途径，对指导我们如何具体开展特殊教育具有无可替代的参考价值。我们还论及胡塞尔基于现象所展开的对科学心理学和科学主义的批判，这些批判将构成《特殊教育研究》第三卷有关自闭症研究的理论基础之一。可以说，第五章是本卷中最为重要的一章。

第六章"由弗雷格到布兰顿：分析哲学与逻辑研究"，则将注意力转向了与欧陆哲学同为 20 世纪最主要的两大哲学流派的英美分析哲学。与现象学的反科学主义气质大不同，分析哲学最初几乎就是科学主义的化身。从罗素的逻辑原子主义到后来的逻辑实证主义无不致力于反对传统形而上学，并把科学世界当作唯一有意义的世界。分析哲学同样可以看作对亚里士多德哲学的继承，因为他们的哲学研究都以形式逻辑为其方法论基础。他们的不同之处仅在于分析哲学使用了一种远较亚里士多德三段论更为先进的形式逻辑体系——由弗里德里希·弗雷格所创建的符号逻辑。符号逻辑，顾名思义，是一种用来分析符号的逻辑，对符号逻辑的使用必然会将符号问题置于哲学研究的中心地带。这一点显然与胡塞尔将意识问题置于哲学研究的中心地带的做法截然相反。不过对符号意义的逻辑分析最终引发了分析哲学内部的语用学转向，以及对逻辑主义的放弃。后期的维特根斯坦就是这场语用学转向的发起人，在《哲学研究》①一书中，他将语言看作一种游戏，并向人展示了语言游戏是如何寄生于一个前符号化的、以人的交往为中心的生活世界之

---

① 维特根斯坦. 哲学研究［M］. 韩林合，译. 北京：商务印书馆，2013.

上的。他还认为一切逻辑规则都是对生活形式中所蕴含的规范进行抽象的结果。维特根斯坦所发起的这场语用学转向运动对分析哲学发展产生了深远的影响，也拉近了分析哲学与胡塞尔现象学的距离。

最终布兰顿在对后期维特根斯坦继承的基础上，结合塞拉斯等匹兹堡学派哲学家的工作，以及对早期弗雷格语言哲学的再发现，甚至还将康德和黑格尔的哲学体系一同融入自身，形成了一个庞大的哲学体系。这一体系以推论主义语用学为基础，将分析哲学由逻辑实证主义推进到逻辑表达主义。在我们看来，逻辑表达主义的提出，意味着现象学和分析哲学，虽然一个从意识出发，另一个从符号出发，但是两者最终殊途同归。

第七章"智力心理学的逻辑学批判"，首先分析了中重度智力障碍教育当下所面临的困境，指出了现有智力评定方法中的问题。然后简要地回顾了智力测验的发展历史，向大家表明虽然智力测验在现代社会中扮演着越来越重要的角色，但是其发展长期都是以应用为导向的，在其背后始终缺乏对智力本质的理论性反思；介绍了科学心理学是如何基于智力测验的结论来建构起现代智力理论，以及科学心理学是如何因不关注意识现象而又误解了智力的本质。最后借助我们基于哲学而来的智力观，批判了在当代心理学智力理论中广为流行的遗传决定论和多元智力理论。本章旨在向读者表明为什么基于科学心理学建构的特殊教育方法并没有能力真正帮助智力障碍儿童发展其自身的智力，以及我们基于哲学而提出的智力观如何为智力障碍教育开启一个崭新的方向。

在第七章的最后一部分，我们将蕴含在柏拉图、胡塞尔和布兰顿哲学中的发生逻辑学思想进行总结，将智力依据这些哲学探讨定义为意识拓展自身的能力，并将意识自我拓展的进程划分为两个阶段，一个是基于对象化的前概念阶段，另一个是基于符号化的概念阶段，并分析了对象化与符号化两个过程之间的辩证关系，指出符号化进程既奠基在对象化的基础上，也不可避免地会对对象化进程本身产生影响，智力的健康发展需要以对象化进程和符号化进程的辩证统一为基础。最后依据胡塞尔的生活世界现象学和布兰顿的推论主义语用学，我们总结了对智力的基本看法及其在以交往为中心的生活世界中的发生机制。以上结论构成了我们理解智力，以及开展特殊教育的理论基石。

以上便是《特殊教育研究》第一卷的主要内容介绍。这一卷纯粹是理论性的，旨在为我们接下来的实践研究确定方向，因而我们把这一卷仅称作一个导引。我们所规划《特殊教育研究》第二卷的标题是"自由自然主义、心理发生论与特殊教育"。在该卷的开篇同样具有一个哲学导引，这一次我们拟通过对柏拉图、亚里士多德、黑格尔、舍勒、梅洛－庞蒂、杜威、卡西尔、伽达默尔以及匹兹堡哲学家麦克道威尔的自然观的介绍，提出一种非科学主义式的自然观。这种自然观并不是决定论式的，而是连同人的自由一同包含于自身之内的自然观。我们将这种自然观称作自由自然主义，其强调人与自然的连续性，认为虽然人作为自然中的一个有限的存在者是不自由的，但是人有能力通过思维拓展自身而能够在意识上关涉作为整体的无限性的自然。正是这种能力让人可以既是一个有限者，同时也分有了作为整体之自然的自由本性。虽然人的自由永远是一种相对自由，但这是一种可以不断向绝对自由增进的相对自由。人的发展就是其对自然之整体意识的增进，因而也是我们所认为的智力的发展，同时也就是个人自由的增进。

在介绍自由自然主义的哲学导论之后，我们拟准备用我们所获得的哲学结论作为诠释框架重新来解读皮亚杰的发生认识论、维果茨基的社会—文化—历史心理学、亚历山大·鲁利亚的神经心理学，以及迈克尔·托马塞洛的新维果茨基主义心理学。这些心理学具有一个共同的特征，那就是都以发生学为自己研究的首要方法论，尝试从发生的角度来解释心理的本质。这些以发生学为取向的心理学家通过缜密观察和实验研究，为我们了解心理的具体发生过程提供了大量有益的事实，并且与大多数科学心理学家不同，这些发生心理学家本身也具有良好的哲学素养，也都曾尝试对自己的发生心理学理论进行哲学阐释。我们希望通过我们的工作把他们的工作进一步整合成为一个基于自然自由主义哲学的整体，这一工作不仅是理论性的、宏观性的，还应是实践性的、细节性的。

最后我们将借助于以上工作所取得的成果，结合对特殊教育现状的分析，提出一种基于居家生活的特殊教育模式。这一特殊教育模式以促进儿童前概念智力的发展为核心，不仅可以涵盖包括智力障碍在内的各种类别的广泛性发育迟滞儿童的教育，同时也可以为听力障碍教育、视力障碍教育、肢体障碍教育、言语障碍教育和情绪行为障碍教育，更为重要的是为正常儿童的学前和早期教育提供有益的参考。

我们拟将所规划的《特殊教育研究》第三卷命名为"自闭症、社会批判理论与姿态与言语行为疗法"。如果说第二卷是以人的发展为主题，那么

第三卷将以人的退化为主题。在该卷的第一部分，我们拟借助胡塞尔现象学对自闭症症状进行全面解析，以帮助人们理解自闭症，并把自闭症重新定义为婴儿精神分裂症，认为其与成人精神分裂症一样，都是心理退化的产物。然后我们将对现有的基于心理学的主流自闭症理论进行逐一解析，指出为什么这些心理学或生物学理论都不能帮助人们真正理解自闭症及其发生机制。此后，我们还将对现在主流的自闭症干预方法进行解析，指出为什么从我们在第二卷中所提出的心理发展观来看，这些方法注定是无效的。最后，我们将依据前两卷所论述的心理发生学原理提出一种全新的自闭症干预体系，我们将其命名为"姿态与言语行为疗法"，该方法是我们十年来从事特殊教育实践研究的结晶。

与上两卷相同，在第三卷中也将向大家介绍几位我们心目中的哲学英雄和心理学英雄。这一次，我们在哲学上将介绍卢梭、马克思、海德格尔、哈贝马斯等人的现代社会批判理论，认为对自闭症产生的社会机制的阐明早就蕴含在这些哲学先辈的思考中了。在心理学上，我们将重点介绍弗洛伊德，他是历史上第一位从退化角度研究发展心理学的伟大开拓者，没有他的工作，我们不可能在自闭症研究上取得突破。

在导言的最后，还需要做出如下说明：虽然笔者并不能保证在这三卷本《特殊教育研究》中对任何一位哲学上的、心理学上的或其他相关领域的学术先辈的论述是足够客观和准确的，并且，在其中一定存在着大量的歪曲、误解和简单化，甚至在写作的时候还一定会不经意地把一些个人感想和引申不加区分地加诸到对他人观点的论述之上（有时笔者也会犹疑，以介绍别人观点的名义，采取这种随意的方式来写作，是否真的合适），但是这些在三卷本《特殊教育研究》中写下的任何观点，却又是实实在在的得自于阅读本书所提到的这些前人的著作而来的启发。如果不提及笔者获得这些观点的出处，不仅不能表达笔者对这些心目中的思想英雄的感激之情，也不利于读者去追溯本书所阐发观点的思想源泉。并且笔者可以向各位读者保证，笔者在自闭症儿童和中重度智力障碍儿童教育实践上已经取得的那些令自己引以为豪的成就，都是受在这里所写下的这些观点的引导才做出的。也正是因为如此，笔者才有勇气尝试论述如此庞大的议题。希望笔者的浅薄和诚恳能够达到抛砖引玉的目的，也希望能有更多的有识之士加入本书所倡导的这种以特殊教育研究的方式所进行的实践哲学探索中来。

第二章　古希腊哲学与逻辑研究

一、前苏格拉底希腊哲学中的"一"和"多"

对于经验与概念之关系的反思最初见于古希腊哲学，以对"一"和"多"之关系的探讨而呈现。"多"所指的是事物不断生成和变化的一面，而"一"则指的是隐藏在事物的生成和变化背后的同一性、不变性，可以被视作人们对概念的最初认识。任何世间事物，包括人本身，都是"一"和"多"的统一体。就认识而言，通过感觉，认识对象以"多"的方式作为经验被动地被给予人，在此基础上，通过思维，人又主动地把这被给予的"多"以概念的方式统摄为"一"。

泰勒斯是有记载以来第一个提出"一和多"这一问题的人，因此他被认为是西方第一位哲学家。虽然泰勒斯错误地认为人所经验到的千差万别的世间事物最终都是由水构成的，但是这一认识中所包含的对一和多的辩证关系的意识却成了迄今为止最为重要的哲学贡献。没有这一意识，人们甚至都不可能提出任何认识论问题。所谓的认识其实就是从对"多"的经验中思维到"一"。知识论则是要回答这是如何可能的。

第一个对泰勒斯提出有力批评的古希腊哲学家是阿那克西曼德。他认为水只是人所经验到的"多"中的一个，因而不可能是那个统领着所有的"多"的"一"。真正的"一"应该不是任何的"多"，而应该是一种在时间、空间上没有任何具体规定的东西。阿那克西曼德称之为"阿派朗"（即Apeiron），也可意译为"无定限"。如果说泰勒斯认为世间万物的终极归为一种可感知实体的话，那么阿那克西曼德则把终极实体看作不可以被感知的，只能通过推理才能得知。可见我们今天所说的"概念"一词的最初原形就是"阿派朗"。在此种意义上，泰勒斯是经验主义者，而阿那克西曼德则是理性主义者。我们必须指出，物质这一现代物理科学最为基本的概念，几乎可以被看成"阿派朗"的同义词。如果我们这种类比正确的话，物理学家也许并不像很多人直觉上以为的那样，应该毫无争议地是经验主义者。事实上也是如此，虽然实验物理学家大多是经验主义者，但是理论物理学家中则不乏理性主义者。

与泰勒斯和阿那克西曼德不同，毕达哥拉斯则将"一"看作一种宇宙秩序，经验中的万事万物都要按照这"一"的秩序运转变化。这"一"的秩序就是数学。毕达哥拉斯的这一观点既是对泰勒斯的超越，也是对阿那克西曼德的超越。

首先，数学对象具有一种像水这样的经验事物所不具有的绝对的恒定性。经验中的事物无时无刻不在变化中，冷的时候水结成了冰，热的时候水变成了气。同时每个人对经验事物的观察也因不可避免的视角差异而会得出不同的意见，往往很难分清孰是孰非。但是数学就不同了，每一个理解了数学的人都会赞同"$1+1=2$"这一数学事实，如果谁对此不认同，要么是他仍不懂数学，要么就是他计算错误。对于前者，一旦此人通过学习理解了数学，那么他就会立即得出与懂数学的人一样的结论；对于后者，我们则可以通过再算一次的方式找出他之所以出错的地方，让他得出与我们一样的正确答案。同样，数学对象对每个人而言都是相同的，不存在人际视角上的差异，因此，数学没有为任何主观意见留下存在的空间，因而也具有最高意义上的客观性。其次，数学又不像"阿派朗"那样是一种混沌的、说不清道不明的、无规定性的东西，数学就是规定性本身，并且清晰、准确是其本性。不仅作为数学的对象是清晰的，1 就是 1，2 就是 2，三角形就是三角形，四边形就是四边形，而且对象与对象之间的关系也是清晰的，就像一加一等于二，三角形内角和是 180 度一样，清清楚楚、丝毫偏差都不会有。最后，也是最重要的，经验中的一切事物及其之间的关系都可以通过数学得到准确的表达，也因此具有了如同数学一般的精确性、客观性。毕达哥拉斯就着迷于音乐和数学的关系，发现不同的音调之间存在着确切的数值比例，认为在这种数学关系中隐藏着理解宇宙的秘密，可见毕达哥拉斯借助于"数学"为我们提供了逻辑研究最初的图画。

即便在今天，毕达哥拉斯的这些观点依然极具启发意义。一门自然科学成熟与否的一个重要标志就是要看其基本定律能否通过数学公式来清晰地表达，这就是数学是自然科学的基础原因之所在。心理学之所以在很多人眼里仍不能算作一门成熟的自然科学，就是因为他们并不认为心理学家们已经为那些重要的心理性质找到可以准确量化并进行计算的方法。难道真的有可能存在某种数学公式，可以把一个人的痛苦、幸福和智力与另外一个人的痛苦、幸福和智力进行数值上的准确相加或转换吗？

无论是泰勒斯、阿那克西曼德，还是毕达哥拉斯，他们的一个共同点是认为统领多样性之"多"的那个不变的"一"才是真正的存在之本，尽管他们对什么是"一"的主张不尽相同。赫拉克利特则是明确将变化视作宇宙本源的第一人，他认为宇宙之本乃是一个由"一"产生"多"，而后又由"多"复归于"一"的恒久往复的辩证过程。赫拉克利特那个广为人知的问题"人能否两次跨入同一条河流"就是用来提醒人们注意到变化是如何借助于"一"和"多"的辩证法而成为宇宙之终极存在形态的。"多"是经验的多，经由感识而获得；"一"则是隐藏在经验背后的宇宙秩序，只有经由智识才能获得。我们的心灵之所以能够从"多"中认识到"一"，是因为宇宙的秩序与心灵的秩序都是对同一个秩序，即逻格斯（logos）的体现。而逻辑就是由"逻格斯"一词派生出来的。

赫拉克利特将人们用来陈述和交谈的语言看作逻格斯的化身。正是借助言语，人才能与他人达成有关变化着的宇宙的共识，才能给经验中的"多"一个共同的名字。同样，也只有借助于共同的名字，人才有可能进行有意义的交谈，否则一切交谈都只会是鸡同鸭讲。语言之于智识，正如光之于眼睛。没有光，再好的眼睛也看不到任何东西。没有语言，再有智慧的人也不会拥有任何知识。因而我们也可把赫拉克利特看作语言学趋向的逻辑研究第一人。这一语言学趋向在当代分析哲学中得到了更进一步的发展。

总而言之，宇宙中的事物向感识显现为"多"，也就是哲学上常说的感性杂多。这感性杂多则又通过语言和逻格斯向智识显现为"一"，即知识。这两者共同构成了人的认识活动，缺一不可。单纯地强调"多"，则人就与其他因智力低下而对逻格斯缺乏领悟的动物毫无二致。但是单纯强调"一"，则会产生认识上的歪曲。实际上，"一"所体现出的稳定性和恒定性只是事物向我们显现出来的样子，并不是事物本身的样子，真实的事物永远是一种变化过程。如果把知识，也就是事物对智识的显现当成事物本身的话，那么人的认识活动就将不再揭示真实，反而会遮蔽真实。很多哲学上著名的悖论就是这种遮蔽的产物，比如"先有鸡还是先有蛋"这一问题之所以困扰了那么多人，就是人们没有意识到所谓的"鸡"和"蛋"只是认识的结果，是将"多"化为"一"的结果。真实存在的并不是鸡，也不是蛋，而是许多被我们统一称作"鸡"或"蛋"的不断变化中的事物，如果一个人问的是先有这只鸡，还是那只蛋的话，就不会产生任何悖论。赫拉克利特的上述有关逻格斯的观点也构成了当代现象学哲学的前身。

与赫拉克利特针锋相对，巴门尼德则将生成和变化看作幻象，认为真实的存在只能是那个永恒的不变者"一"。造成这一根本差别的原因也许就在于巴门尼德在得出其哲学结论的时候，比赫拉克利特等前辈更有力地运用了逻辑（logic）。我们这里必须谈谈逻辑与逻格斯的关系，简单地说，逻辑就是关于逻格斯的知识，也就是说，逻辑和逻格斯之间的关系也是"一"和"多"的关系。在赫拉克利特那里，逻格斯是事物得以聚集、转化、生成和显现的原因，是一种构成性的力量，具有动力学意义，这就决定了逻格斯本身不可能是一种静止的存在，因而是"多"。但是如果人们要谈论逻格斯本身的话，就需要逻格斯将自己显现为"一"，即显现为一种永恒的不动者，而逻辑就是这一逻格斯自我显现的结果。于是我们同样可以把赫拉克利特对知识的评论用以评价逻辑，一方面，逻辑是对逻格斯的揭示，如果我们能够意识到逻辑并不是逻格斯的话；另一方面，逻辑又是对逻格斯的遮蔽，如果我们把逻辑等同于逻格斯的话。毕竟逻辑是"一"，而逻格斯是"多"。

对逻格斯和逻辑的混淆造成了很多哲学上的悖论，巴门尼德的学说在某种意义上就是这种混淆的产物。比如巴门尼德严格依据逻辑上的矛盾律主张存在不是无，并由此否定任何生成、变化、分割和运动，因为这些现象要成为可能需在"存在"和"无"之间进行某种意义上的转换才行。这就意味着"存在"是"无"，"无"也是"存在"了。既然存在就是存在，除了存在者没有任何东西，那么人也就不可能谈论任何不存在的东西了。这样的话，一个人说"麒麟不存在"就会不可避免地陷入自相矛盾，因为我们能够谈论"麒麟"须以"麒麟"的存在为前提。

二、苏格拉底：辩证与知识

巴门尼德试图将逻辑确立为解决哲学争端的武器。然而事与愿违，这一做法最终却为知识论带来了一种灾难性的后果。如果说诉诸逻辑，巴门尼德可以论证说"一切事物都是真的"，那么诉诸逻辑，高尔吉亚则认为同样可以论证出"没有什么事物是真的"。于是在高尔吉亚看来，任何知识都是不可能的，因为人的语言和语言所基于的逻辑上所具有的缺陷决定了人所得出的任何知识论意义上的结论都可以得到论证，只要一个人对修辞学足够熟悉就可以了。这就是为什么人们一边认为先有鸡后有蛋，另一边可以同样认为先有蛋后有鸡。希腊由此进入了否认任何客观知识可能性的智者时代，苏格拉底正是在这一背景下走上历史舞台的。

关于苏格拉底最广为人知的就是"人啊，认识你自己"这句刻在希腊德尔斐神庙门楣上的七句铭言之一，因为苏格拉底将其看成自己的哲学宣言。苏格拉底借此话意在告诉世人，以往的哲学家之所以在知识论上走进了死胡同，是因为他们都没有正确地将自我认识作为认识世界的前提。归根结底，知识是人的知识，既是人自身生活的产物，也是人自身幸福生活的前提。如果说"一还是多"这一问题关注的是人所处的世界是怎样的，那么比这一问题更根本的问题则是"人究竟为何竟然对'一和多'这一问题感兴趣"，以及"人究竟应该如何才能真正有意义地去探讨这一问题，而不是像智者那样陷入空洞的文字游戏"。

对于第一个问题的回答，苏格拉底揭示出灵魂的重要性。对他来说，灵魂和身体之间也呈现出一种"一和多"的联系。一方面，灵魂与身体如影随形，离开了身体的灵魂毫无用处；另一方面，身体是以"多"的方式而存在的，是感性杂多的源泉，也是多变的情感和欲望的源泉。我们的身体无时无刻不处在一种变化中，每一天都在老去，无论我们的身体享受了多少财富和名誉，作为死亡的不存在终将是其最后的归宿。只有灵魂才能把身体之"多"统摄为"一"，不仅以此来控制身体那多变的情感和欲望，还有可能在身体消失后继续存在。这种能力便是心灵的智慧。智者们即便可以仗着花言巧语的能力否认一切作为"一"的客观知识的绝对性，但是就连他们也无法否认作为"一"的灵魂之存在的绝对性。在智者否定一切同一性的过程中，反而会揭示出来另一种更为根本的同一性的存在，即否定的同一性。这否定的同一性就是灵魂，也就是后来笛卡尔《第一哲学沉思》中那个可以怀疑一切，却独独不能怀疑自己的"我思"。

至此，我们认为可以试着像苏格拉底给出的第一个问题一样，给出一个苏格拉底不会反对的、简短明确的答案：之所以人会对"一和多"这一问题感兴趣，正是因为人自身就是"一"和"多"的统一体，并且他的生命活动也正是围绕着对这一状况的领悟展开的。这就是为什么在世界中与他发生关联的一切都会被他不自觉地与"一和多"这一问题关联起来。当身体与世界发生关联的时候，他经由感识得到的感性杂多，此后心灵又借着智识的力量，把这些感性杂多整理为"一"，由此获得知识。即便在这么做的时候，他会犯下各种各样的错误，他也不得不这么做，因为这就是他的存在方式，否认这一点只会陷入自我矛盾。

虽然以"一"和"多"的方式看待世界是源自人的本性，但是如何才能恰当地发挥这一本性，在苏格拉底看来仍然是一个问题。关于苏格拉底，我们知道的第二件事就是德尔菲神庙的祭司说他是世上最聪明的人。苏格拉底对此却不以为然，因为他认为自己相当无知。为了证明祭司的话是错误的，苏格拉底到处寻访那些因被认为是有智慧而广受雅典人尊重的人，希望可以在他们中间找到哪怕一个比自己更有智慧的人。但是最终苏格拉底认识到，这些所谓的有智慧的人，其实都比自己还无知，因为苏格拉底至少知道自己是无知的，而这些人竟然连这一点也不知道，整天拿着一些经不起检验的伪知识当真知，这难道不是愚蠢吗？于是苏格拉底认识到，虽然知识是重要的，但是对知识真假的辨别力更重要。虽说无知是灵魂的疾病，但是这是一种可以救治的疾病，而一个得了病的人连自己得了病都不知道，那又该如何让他愿意寻求救治呢？于是苏格拉底找到了人生的方向，就是致力于帮助世人意识到自己得了一种拿无知当有知的病，这就是苏格拉底的哲学常被称作治疗哲学的原因。按照治疗哲学的观点，哲学家并不致力于生产新知识，而是致力于对已有知识的反思和批判。后来，苏格拉底将对知识的反思和批判上升到对人生的反思和批判，将自我反思和批判看成一种理想的人生态度。这就是苏格拉底接受审判的最后时刻所说的一句话"未经审查的人生，是不值得过的"要告诉大家的。

苏格拉底还发展出一种通过一系列的问和答的方式帮助谈话者进行反思

的对话方式，这种对话方法后来被柏拉图称作辩证法。像巴门尼德和智者们一样，在对知识进行审查的过程中，辩证法也大量使用逻辑。首先苏格拉底强调对所谈之物有一个清晰明确的定义是有效的对话的前提，否则表面上热烈的争论，实际上只是鸡同鸭讲，因此他特别注意人们在定义事物的时候容易犯的结构性错误，其中主要包括循环定义、以偏概全和以个例代表全体等。其次，苏格拉底在谈话中非常娴熟地运用了我们今天所说的归谬法，以当事人之矛攻其盾。但是与巴门尼德不一样的是，在谈话之中，苏格拉底很少得出肯定的答案，也就是说辩证法的目的似乎并不在于确认什么是真的。苏格拉底与智者们也不一样，与其说通过辩证法所有的知识都可以被置于怀疑的危险中，以至于人们最终得出没有任何知识是值得认真对待的这样一种怀疑论结论，不如说通过辩证法，虽然已有的知识被否定了，但是谈话者却因此对"真"有了更清晰和更深刻的领悟，这不仅仅是知识的获得，更是灵魂的成长。苏格拉底常常自称"概念的助产士"，他要做的是在通过对话帮助别人反思他们对外在世界的习惯性认识的时候，同时帮助人们逐渐深入自己的灵魂去产生新的认识。苏格拉底认为"真"并不属于激动着感识的外在事物，而是一种深藏于我们灵魂深处的东西。对外在的认识只有在能够触动人在灵魂上更深一步的自省这一层面上才具有意义，因而，知识活动与灵魂的觉醒是相辅相成的。

如果衡量知识的标准是真假，那么衡量灵魂的标准就是德行，即善恶。知识只有在促进一个人的德行，促进其行善时才有意义。所以最高的智慧并不体现在对外在世界的认识上，而是体现在透过对外在世界的认识活动达到对善的认识上，体现在人的善行上。苏格拉底之死更是在用生命践行着自己的智慧哲学，这就是为什么人们会认为苏格拉底是思想史上迄今为止最伟大的哲学家，因为至今还没有哪个人能像他那样在学说和人格上达到如此高度的统一。

总而言之，苏格拉底虽然没有明确地建立一种有关逻辑的学说，但是他通过一生身体力行地为后人树立了一种从事逻辑研究的典范。在苏格拉底看来，所谓的"真"知识就是人的思维所把握的"一"，与事物的真实所是的"一"相一致。柏拉图所著的《克拉底鲁篇》中，苏格拉底正是如此来考察"知识"的词源和含义的："知识（episteme）这个词……表示灵魂擅长追随事物的运动，既不超前，也不落后；而这个词应当被读作 epeisteme，塞入一个字母 e。理智（synesis）以同样的方式可以被视为某种结论，这个词源于赞同、附合，就像知道（epistasthai）一样，意味着与事物性质相伴的灵魂的进步。"① 此外，按照苏格拉底的观点，要知道灵魂与事物是否相一致并不一定需要将灵魂与事物进行相互对照才能得出结论。如果灵魂只能在追随事物的运动中保持自身的一致的话，这就意味着，只要通过灵魂的自我反思能够发现自身与自身的一致性，那么就可以反证它就是与事物相符合的。同样如果要获得知识，我们也不一定需要直接研究事物，往往灵魂只需要通过反思，努力消除自身内在的矛盾，以使自身与自身保持一致，就可以产生新的认识。"苏格拉底的探问法"则是一种仅仅借助于灵魂的自身反思而获得自身一致性的方式。这种通过对话来完成反思的方式意味着灵魂的自我反思不是一件单凭单个灵魂自身就能完成的，这就开启了一条通过人际论证式的对话来开展逻辑研究的新模式。这一对话模式正是哈贝马斯的交往行为理论、奥斯瓦尔德·屈尔佩等人所开创的对话伦理学以及分析哲学中的社会行为主义趋向的前身。

三、柏拉图：理念与符号

由于苏格拉底认为真实的对话才是进行哲学探究的最佳方式，因此他并没有为后人留下任何文字。今天我们所知道的苏格拉底，主要来于柏拉图所写的对话录，这就使得我们很难将苏格拉底的思想和柏拉图的思想截然区分开来。然而如下这一事实是无法否认的，那就是苏格拉底之死这件事本身对柏拉图产生了巨大影响，为柏拉图的思想定下了情感基调。苏格拉底在柏拉图心目中是他那个时代所有人中最好的、最有智慧的和最正直的一位，可是雅典的现实社会居然容不下这样一位圣贤。也许正是这一点加深了柏拉图对现实生活的失望，随后做出了把自己的一生奉献给哲学的决定。

柏拉图哲学为那些对现实生活感到沮丧的人们创造出了一个单纯由超越经验的"相"所组成的理念世界。在《理想国》中，柏拉图把现实生活中的人比喻为生活在洞穴中的人，他们只能看到投射到洞穴后壁上的一个人造世界的幻影。这些幻影所体现的只是感官经验所给予我们的那个始终处于流

---

① 王晓朝. 柏拉图对话中的知识定义与葛梯尔反例［M］//万俊人. 清华哲学年鉴 2003. 保定：河北大学出版社，2004：130–131.

变之中的感性世界，也就是"多"。柏拉图给了此种"多"一种新的名称——特殊者。只有当这些特殊者被归到不变的普遍范畴，也就是普遍相之下的时候，我们才可以认识和谈论它们。这些普遍相所组成的整体就是理念世界，是知识真正的对象。事实上，理念或普遍相就是柏拉图赋予"一"的一个新的称谓。日常人们所见的桌子、椅子等普通事物都是因为有了作为范型的桌子、椅子等理念才成为桌子、椅子的。依据理念论，柏拉图仿佛创造出了两类完全不同的实在，一个是不断流变的、由特殊者构成的不完美的感性世界，在其中，每一张桌子都与另一张桌子不相同，没有一个仅就其自身就占有桌子的本身；另一个则是永恒的、由普遍相构成的完美的理念世界，在其中，只有作为理念的唯一的桌子相存在。这种柏拉图式的形而上学二元论与赫拉克利特把"多"看成实在，把"一"看成幻象的形而上学一元论不同；与巴门尼德把"一"看作实在，把"多"看成幻象的形而上学一元论也不同。

　　任何形式的二元论都面临着如何理解它为自身所划定的两个领域之间的关系的问题。柏拉图同样必须面对如何理解感性世界和理念世界之间关系的问题。感性世界和理念世界间难以调和的矛盾在于，一方面，感性世界里的特殊者虽然是时空中的实存，却不可以被认识；另一方面，理念世界的普遍相是可以被认识的，但又不是时空中的实存。既然两者如此不同，感性世界又是如何分有理念世界的呢？柏拉图的做法是引入人的灵魂（psyche）这一第三者作为沟通感性世界和理性世界的桥梁。柏拉图认为人的灵魂被多种欲望所驱动。第一种欲望来自于身体，身体处于感性世界中，驱使我们寻求满足吃和性等生理需求。第二种欲望来自于理性，理性是对理念世界的渴望，促使人去求知。理性的欲望从其本性上带有对身体欲望进行否定的一面，正如理念世界带有对感性世界进行否定的一面一样。一个人的灵魂既然被这两种相互否定的欲望所驱使，那么人的灵魂就不可避免地陷入一种要决定如何选择的痛苦中；如何选择最终被一个人的道德欲望所决定；道德体现着一个人的人性，由勇敢、节制、智慧和正义这四个互相关联的整体共同组成。一个善行倾向于使灵魂中来自于身体的欲望臣服于人性所体现的这四个源自理性的欲望，而不是相反。其中对正义的追求是人性的最高体现，正义意味着人的发展和成长，是灵魂中各个部分和睦相处的体现。比如，一个人既不能不受任何节制地沉迷于身体的嗜好，也不能节制掉所有的身体嗜好，以至于把自己饿至十分虚弱。追求正义的灵魂应该照顾好灵魂中的各个部分，只有这样人才可以成长。与此相反，邪恶则是灵魂中各个部分失衡的表现，人的堕落、退化也正源自于此。

柏拉图同时认为人的灵魂的发展水平同样与人的认识状态相连，并将人的认识状态分为由低到高四个层次，分别是基于幻象的知识、基于信念的知识、基于思维的知识和基于理性直观的知识。基于幻象的知识是错觉、梦和幻象的源泉，只有基于信念的知识才可以使人看到真实的事物，但是只有基于思维的知识才是可以通过推理向他人论证的。最后，基于理念直观的知识是可以被直观所直接确认的知识，是不需要推理和论证就可以确认的公理。只有正义的灵魂才能达到理念直观，在其中感性世界和理念世界达到了高度的融合。

数学知识，尤其是几何学知识，就是达到了理性直观的知识。这种理性直观由理想的几何物体组成，不仅可以被理性思维，还可以被感性想象。事实上我们经由多样性的感觉所形成的知觉本身也已经在相当程度上是一种经由理念直观而来的感性想象了。比如，在晴朗的农历八月十五的夜晚，我们在天空中看到的不仅仅是月亮，而是一个圆圆的月亮；在望眼天际之时，我们则会在天地交接之处看到线。同样，我们也可以在感性世界中将自己的理想直观画出来，比如我们可以用笔在纸上画出理念点、理念直线、理念圆等，这些被画出来的几何物体就是理想几何物体的符号。更重要的是，不需要思维推理，仅对这些理念几何物体进行直观，我们就可以得到诸如两点间直线最短、平行线永不相交之类的公理。这些公理之所以被称之为公理，正是因为不需要证明就会得到所有具有理性的人的认可。也正是出于上述种种原因，柏拉图将几何学世界视作理念世界的典范，甚至在他学院门口的牌子上写有"不懂几何学不得入内"几个字。

根据安德斯·韦德博格在《柏拉图的数学哲学》[①] 一书中的总结，以几何学为例，完整的柏拉图理念论可以用图 2-1 来清晰地勾画出来。

提出理念几何物体作为沟通几何领域"一"和"多"的中介是柏拉图理念论非常重要的一个洞见，尽管这也是人们在谈及理

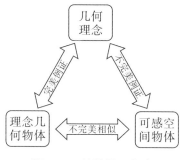

图 2-1　柏拉图理念论

① 韦德博格. 柏拉图的数学哲学 [M]. 刘溪韵，译. 成都：四川人民出版社，2022：84.

念论的时候最容易忽视的一点。同样的中介也存在于算数领域中，这就是数学数，它是沟通理念数和可感事物集合的中介。然而柏拉图所指的数学数到底是什么，其与理念数和可感事物几何的关系是怎样的？搞清楚这些问题，甚至比搞清楚什么是几何物体，以及其与几何理念和可感空间物体的关系还要困难得多。我们认为如果结合发生学视角，从符号在灵魂的成长过程中所起的作用的角度去描绘可感事物集合、理念数和数学数之间的发生学关系，将会有助于我们理解这一复杂的思想。

让我们先比对初生婴儿的状态来构想一个灵魂诞生之初的状态。这一状态应该是一个被感性欲望所绝对主导的状态，它仍不能对作为"一"的理念有任何觉悟，也因此只能受制于变动的感性所与，仅能感知到一种绝对的"多"，在其中没有任何可以真正持存的事物存在，一切都是混沌的。随着灵魂中的理性逐渐觉醒，这一片混沌的感觉中时不时地发生一些感觉聚集，这时仿佛有某些事物会从中闪现出来，但是片刻间又会消失，没有任何事物可以在感知中达到永恒的持存。这时的灵魂就处在柏拉图所说的幻象阶段，通常这就是婴儿的灵魂状态。只有当这些片刻消失的事物甚至在感觉的作用已经完全消失了以后仍能在灵魂中保持的时候，也就是说拥有了记忆的时候，灵魂才发展到柏拉图所说的信念阶段，这就是六岁前儿童的灵魂状态。然后，只有当灵魂不仅拥有信念，而且还可以把自己的信念用语言表达出来时，人与人之间通过相互承诺、推理论证等方式交换信念才成为可能，这时候灵魂就发展到思维阶段，这就是六岁后儿童的灵魂状态。最后，经过人际充分的论证而被确认的信念就成为理念直观，这就是成人的灵魂状态。

所谓的发生学视角，就是把由幻想到理念直观这一灵魂状态不断上升的过程，看作如同由婴儿到成人同样一种发展过程。在这一过程中，我们不得不提及这样一个问题，那就是究竟是什么力量在推动着灵魂的发展。在柏拉图看来，推动灵魂发展的力量也就是使得理念逐渐深入灵魂的力量，这就是教化的力量。语言则是教化得以实现的最重要的媒介。一个人对理念的领悟通常是由别人的启发而来，如果没有语言，这种启发就很难发生。正是借着语言，作为普遍相的理念才能化身为一种特殊化的感性存在——符号，名词就是最典型的符号。一个成人不断地把在儿童看来本是一个个特殊者的事物都统一称之为"苹果"的过程，就是在不断地向儿童揭示这些特殊者背后的普遍相的过程，也正是这一过程，才能使得儿童脱离感性世界而成为理性世界中的居民。但是我们必须注意到符号本身具有一种双重身份，一重身份是理念的化身，另一重身份则是通往理念的阶梯。这一双重身份是由符号与理念之间所存在的间距所造成的。这一间距是内在的、无法消除的，决定了符号永远只能是对理念的模仿，而不可能等同于理念本身。符号无论如何都是一个特殊者，没有人可以两次发出声音完全相同的"苹果"。而理念却是一个普遍者，并且，按照柏拉图的观点，理念是永恒的、不变的绝对者，符号则源自人们的约定俗成，会因时代和文化的变迁而变更。这样，对于说出"苹果"一词的人而言，他就是在用一个约定俗成的感性的相对者来模仿一个理念性的绝对者；而对于听到"苹果"一词的人而言，他所要做的是通过这一感性相对者来领悟到一个绝对者。

正是符号与理念之间所具有的这种不可避免的间距性，使得犯错、误解甚至欺骗等问题成为知识表征活动不可避免的副产品。对于这些副产品，人们只能尽力去减少，而不能去消除。对间距的意识促使着人们不断发明那些能够更好地模仿理念的新符号来更替旧有的符号以缩小间距，更好的符号则会被更长久和广泛地传播和继承，这些被继承下来的符号又构成人们继续创造更好更多的模仿理念的其他符号的基础。于是符号与理念之间的间距不仅不是一种问题，反而构成了一种生成性的力量。只有当人们看不见这种间距的时候，问题才会出现，一个人的智慧就体现在他通过反思触及这种间距的能力上。真正的问题不是人会不会犯错，也不是人的无知，真正的问题是不懂得反思。这样的人注定会因看不到这种间距而把个人使用的符号等同于理念本身，也就是把个人意见等同于真知。这样他就丧失了纠错和进一步发展认识的能力。

与普通人缺乏反思能力相比，柏拉图时代的智者虽然以擅长反思著称，甚至以教授他人反思的技巧来赚钱，但是他们对理念本身并没有任何兴趣。这样的智者对人的危害甚至远超因缺乏反思而对自己的无知不自知的人。智者们通过玩弄符号游戏，要么来支持任何他们想支持的东西，要么用来否认任何他们想要否认的东西。他们对反思的应用，既不是用来发现符号和理念之间的间距，更不是用来追求真知。在他们看来，人世间一切的纷争都是因符号所呈现的不同意见之间的差异造成的，根本不存在什么真理念。这些人无论主张什么，或是反对什么，都无关于对真的追求，而只与个人的利益有关。可以说他们借着对相对主义的鼓吹，既骗人钱财，还害人性命。

　　数学数的存在是对智者之诡辩的最有力反驳，因为数学数作为符号与理念数之间的间距几乎为零。这样数学数的存在就不仅完美地例证了理念世界的存在，还意味着理念世界是每一个普通人都可以通过感性通达的。可以说数学数是最理想的符号。虽然每一种语言中都有不同的符号表示1、2、3、4等，比如汉语用一、二、三、四，而英语用 one、two、three、four，但是所有的这些语言可以被毫无歧义地统一成同一种数学数语言，即当下普遍使用的阿拉伯数字。数学数就是现实存在的数学世界里的普遍语言。人们一直致力于从自己在日常生活中使用的种类繁多的自然语言中提炼出一种像数学数一样普遍的、毫无歧义的通用语言，但至今仍远未成功。这就是为什么我们认为这个世界上存在着汉语、英语、德语等不同的自然语言，但是数学语言却毫无争议地只有一种。关于这一点，我们必须指出，就连几何符号也没有达到数学数这样的完美程度。我们画出来的三角形仍是对三角形理念的不完美模仿，因为三角形可大可小，三角形三条边的比例也可以变来变去，每一个画出来的三角形也都是一个特殊事物。人们对这些特殊的三角形会产生歧义。当你尝试画出一个三角形的时候，也许别人会以为你是在画等边三角形，也可以以为你是在画一个大三角形或小三角形。但是对于数学数 3 而言，这个 3 却不是对理念数 3 的模仿。3 无论被写得大一点儿，还是小一点儿，都直接指示理念数 3。虽然你写出的 3 也可大可小，但是这些大小之于理念 3 是毫不相干的。除非你不理解数学数，完全不知道 3 是什意思，但是一旦你知道了 3 的意思的时候，你绝不会把某个人写出的 3 看成是一个大 3 或是小 3，你只会把它看成 3。

　　除此之外，数学数作为符号，是人类文化传承的建构物。虽然我们今天使用1、2、3 这些阿拉伯符号作为数学数，但是我们依然可以想象如果有外星人的话，他们完全有可能使用另外的符号体系为数学数。实际上即便地球人如今所使用的数学数也有自身发生史。最初人们所创造的数学数也许只有1、2 和多，然后才有了自然数，再往后不仅有自然数，还发明了 0，继而又发明了负数、小数、虚数等。然而，数学数并不因为自身是一种基于文化约定的建构物就是相对的、偶然的，数学数在被建构的那一刻起，就同时成为永恒的、绝对世界中的居民。即便我们这些发明出数学数的人都因为一场毁灭性的灾难而尽数死去，1、2、3、0、负数、小数、虚数等数学数依然会在理念的世界中继续存在，并且 1 加 1 仍然会等于 2。

　　柏拉图所论及的数学不仅包括算数和几何，还包括天文学和音乐。相信每一个现代人对此都会感到异常费解，因为在现代的学术分科体系下，天文学与物理学的关系密不可分，而音乐则显然属于艺术。但是在古希腊，现代学术体系仍远未形成，各门学科仍未获得今天这样精确的划分，所以我们千万不要简单地把柏拉图时代的天文学等同于今天的天文学，也不能简单地把柏拉图时代的音乐等同于今天的音乐。同样，在柏拉图时代的物理学也并不是今天所说的物理学，而是对现今整个自然科学的统称。我们认为如果从发生学角度上去想象今天的天文学和音乐在最初起源时的状态，不仅有助于搞清楚古希腊的天文学和音乐为什么会被柏拉图看作数学，也会让我们更好地领悟柏拉图理念论的魅力。让我们先从天文学的起源开始。

　　如果说真有什么理念的符号不是人类传统的建构物的话，那么一定非人头顶的星空、日、月莫属。相对于大地上的风吹草动、一切瞬息万变而言，天体虽然也在无时无刻运动着，但是天体运动给人的感觉却是一种严格的往复运动，就像每天太阳从东边升起西边落下一样。这种往复运动具有严格的周期性，因而被柏拉图认为不是一种真正的变化。只要我们摸透了天体的运动周期，我们对天体什么时候会出现，什么时候会消失，什么时候处于什么样的位置的期待就丝毫不会落空。而且大多数可以观察到的天体都是恒星，它们之间的相对位置似乎从不改变。唯一例外的是太阳系里的 5 颗行星，再加上太阳和月亮。如果不考虑这一点例外的话，天体就是永恒的完美象征。天体所组成的世界也就是现实存在的理念世界，这就是为什么人们会认为这个由天体构成的理念世界是众神居住的世界，各个天体就是感性可见的众神，并且这个众神居住的世界也就是柏拉图眼中的数学世界。虽然众星通过光被感知，但是由于距离之遥远，我们除了看到一个几何点之外，几乎看不到任何其他可感属性，即便太阳在我们眼里也只是一个耀眼的圆、一个标准的圆。众星的运动轨迹则是标准的线，要么是直线，要么是几何弧，甚至在柏拉图看来往往是完美的圆周。这些特性使得天体成为空间的符号、世界万物运动的坐标。在古代，人们就已经学会利用星空和日月引导他们在大海中航行时进行定位。星空不仅仅是几何学符号，同样还是算数符号，众星运动的周期性使它们自身成为完美的计数工具。毫不夸张地说，众星就是数。最初的历法就是由众星的运动周期来书写。年指的是人所觉知到的地球春夏秋冬季节更替的周期，月指的是月亮阴晴圆缺的周期，日则是太阳东升西降的周期。正是借助这些计数方式，人们可以更好地把握时间，从而知道应该何时播种以及何时收获。所以说，天体不仅是理想的几何符号，还是理想的算数符号，这就是柏拉图将天文学与几何学和算数并列，视作数学共同的分支的原因所在。

我们已经知道毕达哥拉斯学派对数学和音乐的关系异常着迷，认为在这种数学关系中隐藏着理解宇宙的秘密。这一观点对柏拉图影响深远。在柏拉图时代的人们看来，天体运动就像是一首由多种乐器共同演绎的乐曲，每一个天体就像一个乐符，天体的轨道则表示着乐符间隔。不同乐器在不同时间发出的不同乐符被统一的数学关系协调成一个整体，就像不同天体在不同的位置按照不同的周期进行着往复运动也被统一的数学关系协调成一个整体一样，因此，在懂得数学的人看来，欣赏天体运动就如同在聆听一首交响乐。然而音乐与天体运动的不同之处在于，天体运动这首交响乐是由神来演奏的，而音乐则是人来演奏的。所以，如果说天体运动是神通过数学符号向人显现理念世界的方式，那么音乐就是人通过符号演奏出理念世界的方式。音乐是优雅灵魂的自我表达，也是灵魂的自我陶冶。

这样我们就有了理念几何物体、数学数、天体运动和音乐四种理念世界向感性世界呈现自身的符号体系。可以说，我们在感性世界和理念世界之间又发现了一个居间者——符号世界。我们认为对符号世界而不是理念世界的发现，才是柏拉图理念论对人类最重要的贡献。这一发现长久地影响着哲学的未来，直至当下。美国著名哲学家怀特海就曾如是评价柏拉图："对欧洲哲学最安全的一般性刻画是，它是由对柏拉图的一系列注脚构成的。"①

四、亚里士多德：逻辑学与沉思

亚里士多德哲学作为古希腊哲学的最高峰，也把逻辑研究推向了一个崭新的高度，并借助其逻辑学建立了一整套围绕着概念研究而展开的哲学体系。这一哲学体系主要由三个相互关联的方面而组成。首先，亚里士多德创立了形式逻辑；其次，亚里士多德创立了第一哲学，也就是形而上学；最

---

① 劳黑德. 哲学的历程：西方哲学历史导论（第四版）[M]. 郭立东、丁三东，译. 北京：中国轻工业出版社，2017：93.

后，亚里士多德系统地诠释了一种人所能达到的最高生活境界——沉思。

逻辑学所要探究的是理解的构成。正如乔纳森·李尔的那本著名的亚里士多德哲学导论以"理解的欲求"①为主标题所要强调的那样，亚里士多德一生都在探究的根本问题就是：理解是什么？为什么会有理解？理解究竟是如何可能的？我们将这些问题统称为理解问题。在亚里士多德看来，人不仅力求对其生活于其中的世界有所理解——知识就是对其所获得的理解的表达，同样也对理解理解本身具有需求。亚里士多德首先注意到理解是人所具有的一种独特的生活方式的产物，那就是人际的相互说服活动。人与人联合起来组成社会，靠的不仅是个体之间在行动上协同，就像蚂蚁与蚂蚁所组成的共同体那样。在行动上的协同之上，人与人还力求在彼此间达成信念上的一致，甚至于人与人在行动上的协同一致往往需以彼此间信念的一致为前提。通过相互说服达成相互理解就是人与人保持信念一致的方式，而当人们尝试相互说服的时候则要诉诸论证。亚里士多德就是我们至今所知系统研究论证形式的第一人，并建立了第一个形式逻辑系统——三段论。一个三段论由大前提、小前提和结论三部分组成。如果某个三段论是有效的，那么就意味着只要大前提和小前提都为真，结论也就必然为真。也就是说，如果两个人能够就前提达成共识，那么他们也应该能够就结论达成共识。但是到底大前提和小前提是否真的为真并不在这个三段论的管辖区域内，因为三段论只涉足概念推理，而不涉足经验事实。要知道一个推理是否正确只需要诉诸人的反思能力就可以了，无需经验的参与，这就是为什么三段论被称作形式逻辑的原因。毕竟三段论只涉及思维形式的正当性，而不直接涉及思维的对象性内容的正当性。

然而形式逻辑也并不是与作为思维对象的存在者完全无关的。一个三段论的前提可以是另一个三段论的结论，于是某个三段论前提的正确与否也就与另外一个三段论是否有效有关。通过这种方式，所有的三段论就可以钩环相连组成一个形式逻辑的整体。在亚里士多德看来，这个形式逻辑的整体作为思维，应该与作为所有的存在物所组成的整体即世界同构，只有这样，思维才能反映存在；并且这个形式逻辑的整体并不是一个自我封闭的系统，在其中一定存在着一些基本的前提，其正确性是无法靠另外的三段论来保证

---

① 李尔. 理解的欲求：亚里士多德哲学导论［M］. 刘玮，译. 北京：北京大学出版社，2021.

的，反而其他所有的三段论的有效性要么是直接地、要么是间接地都要靠这些基本前提来保证。亚里士多德认为这些基本前提就位于思维和存在的交接处，在这里，思维和存在是同一的，直觉把两者直接连接成一个更大整体。于是在这形式思维的尽头，我们迎来了第一哲学。

第一哲学也被称作形而上学（metaphysics）。按照希腊文的本意，形而上学指的就是物理学之后的研究，按照今天的说法也可以理解为经验科学之上的学问。为什么亚里士多德会认为应该有一门位于经验科学之上的学问呢？要回答这一问题，我们首先要仔细地考察一下经验的本性。一切经验，在亚里士多德看来都是有限的，因为我们只能经验到那些位于我们周围的事物，而我们自身的有限性决定了我们只能经验到有限的事物。但是与形式逻辑一样，我们那有限的经验同样不是相互孤立的，而是彼此钩环相连组成一个整体。并且经验的整体也是开放性整体，这也如同形式思维一样。虽然我们生活在此时此地，但是我们知道山外有山，天外有天，于是被经验的事物作为一个不断扩张自己的整体同样会达到一个经验自身永远无法企及的极限，那就是包罗万象的世界。形而上学作为第一哲学，也就是处于一切学问之上的最高学问，其所关涉的并不是世界中的那些可以被经验的存在者，而是作为由这些存在者所组成的整体的世界。这个世界与其说是一个最高的存在者，不如说就是存在本身。世间万物千变万化，稍纵即逝，唯有这个最高存在恒在。

亚里士多德认为理解就是思维和存在的统一。这要求存在本身就是可被理解的，同时思维也是具有理解力的。于是理解本身就成了思维和存在共有的本质，是一种超越于思维和世界之上的更高的存在，思维和存在都基于理解而生。亚里士多德认为关于理解的最确定的原理就是"同一律"，或曰"不矛盾律"，也就是"同一个性质不会在同一个方面同时既属于又不属于同一个对象"。显然，"同一律"是形式逻辑基本定律。一个命题，无论是作为前提还是结论，要么是对的，要么是错的。如果一个命题可以既对又错的话，那么就不会有任何东西能够得到论证，也因而不会有任何东西可以被真正地思维，人也就不可能相互说服，也不可能获得任何信念。真正难于理解的是，亚里士多德为什么会认为"同一律"同样是世界存在的基本定律。当然，如果世界存在不遵循"同一律"，那么世界将会是不可理解的，正如我们完全不可能理解一个既是两足动物也不是两足动物的人究竟能够如何存在一样。

　　这只是说明了如果世界是可理解的，那么"同一律"就是世界的基本定律，但是我们又是如何知道世界是可理解的呢？亚里士多德认为世界的可理解性对每一个通过语言与他人进行论证活动的人都应该是自明的，不需要任何进一步的证据。对那些否认世界的可理解性是自明的人，向他人论证世界的不可理解性本身就是一种多余，因为他这时候就是在尝试让别人理解世界的不可理解性，这会像一个告诉别人自己所说的都是谎话的人一样自相矛盾。如果没有对世界的真实理解作为最终约束，人和人是不可能在彼此间达成任何信念上的共识的。虽然在经验中我们无时无刻经验到的都是变化，在人们的相互争辩中无时无刻呈现的也都是人们在信念上的差异，甚至人们也无时无刻都在感受世界总是会超出我们既有的理解限度，让我们感到惊奇，但是，毕竟通过深入的思考，人们应该能够理解，也必定能够理解万事万物同一于世界，形形色色的人同一于思想，并且最终思想与世界互相同一。正是在沉思中，人才能达到此种领悟，这一领悟也是逻辑研究所能达到的终点。亚里士多德认为人们在进行沉思的片刻成为理解本身，并因此分有了神性，因为沉思就是神永恒的存在方式。对始终都在沉思的神而言，世间的一切都是透明的，一切也都是完全被理解了的。也就是说，在神的世界里，思维和存在完美地相互契合。

第三章　近代哲学与逻辑研究

一、经验主义与怀疑论

柏拉图的理念论将人性中理想主义的色彩充分地描绘出来。人性在柏拉图看来是对作为"多"的感性世界的超越，是对作为"一"的理念世界的追求。正义的一生就是人性得以不断实现的过程。然而在这种乐观进取的理想主义之后，却隐藏着一种巨大的危险。虽然我们的身体所不断经受到的各种各样的感官冲击可以向我们保证，有一个外在于我们的感性世界在时空中客观地存在着，但是不在时空中实存的理念世界的真实性和客观性如何才能得到保证呢？一个人即便走出了柏拉图的洞穴，看到了阳光下的事物，难道就能确信自己不是从一个洞穴进入了另一个更大一点儿的洞穴吗？

众所周知在希腊文明之后，欧洲进入了漫长的中世纪，对基督教的信仰开始主导欧洲人的精神生活。基督教正是通过为大众编造出一个虚假的理念世界，并且美其名曰"天堂"的方式，来诱骗大众在现世生活中甘愿接受奴役。这时候真知就不再取决于人际就有关感性世界之信念达成一致的证成活动，而是取决于对《圣经》上所记载文字的领悟。知识论连同与其相连的逻辑学也因此长期停滞不前。

直到文艺复兴时期的到来，随着宗教教义对论证的束缚被渐渐打破，知识论再一次走向了思想历史舞台的中心。但是这次知识论的复兴伴随着一些迥异于古希腊的特征，经验科学代替哲学成为知识的代言人，传统形而上学几乎丧失了在知识论上的全部发言权。正如康德在《纯粹理性批判》第一版的前言中所说的那样，曾经作为哲学代名词的"形而上学一度被称作全部科学的女皇……不过，现在这个时代的时髦语调显示出人们对这个女皇的态度是全然蔑视性的……某种关于人类知性的自然学（由著名的洛克所创立）终结了所有这些争论，并且形而上学的那些要求的合法性均得到了完全的决断"。①

由洛克所创立的人类知性的自然学其实指的就是自然科学。在古希腊，自然学即为 phusikê，也就是我们所说的物理学。但是我们现在所说的物理学远比其希腊语的含义要窄。在古希腊，物理学是对"自然"的认识，涵盖了今天几乎所有的自然科学。所谓的形而上学的英文是 metaphysics，其字面意义是"超越自然学"。如果说自然学是经验学科，那么形而上学就是超经验的学科，其研究所涉及的是那些最为抽象的逻辑原则，这些原则通常是经验所无法提供的。比如说我们上文所提到的"同一律"，以及围绕着"同一律"所展开的"何物存在（being）"这一类传统哲学所认为的第一问题。康德之所以说是洛克创立了关于人类知性的自然学从而使形而上学丧失了其传统的地位，是因为洛克系统地发展出一种经验主义学说，按照此学说，所有形而上学上的概念事实都是由经验逐步抽象而来的，超越于经验科学的形而上学也就因此被逐出了知识论的领域。

在洛克看来，知识由观念构成，观念是"知觉、思想或理解"等心灵活动的直接对象。举例而言，你在吃苹果的时候是在和一个物理对象打交道，但是当你告诉别人你在吃苹果的时候，你就不仅仅是在和一个物理对象打交道了。这个时候吃苹果已经成为你的知识，你不仅在吃苹果，而且你知道自己在吃苹果，并能够用词语告诉别人你在吃苹果。因此洛克认为观念就是人可以用语词表达的东西。洛克反对一切意义上的先天观念，认为所有的观念都可以通过回溯的方式在经验中找到它们的源头，为此洛克提出了著名的白板说，把心灵比做一张白纸，把经验比做画笔。每个人最初来到这个世界的时候，心灵本没有任何痕迹，正是在后天的生活中经由经验这支画笔，其上面才被涂满了观念。首先是经由感官经验，人们获得了颜色、硬度、味道等关于事物性质的观念。在此基础上，人又通过内省获得关于自己心灵状态的观念，如怀疑、相信、意欲等。最后，通过对这些简单观念进行复合、关联

---

① 康德. 纯粹理性批判［M］. 韩林合，译. 北京：商务印书馆，2022：2 - 3.

和抽象，人们最终形成了关于世界、上帝、自我等这些复杂观念。

虽然洛克所提出的经验主义影响深远，且颇为迎合因自然科学的发展而引起的反形而上学思想潮流，但是与其说他克服了形而上学问题，不如说他回避了形而上学问题。按照洛克的纯粹经验学说，我们是无法说明"何物存在"的。毕竟我们由经验所能直接得到的只能是红、圆、脆和甜这样一些作为事物属性的观念，而不是作为事物本身的观念，比如苹果。那么是什么让我们有理由把作为事物本身的"苹果"这一观念应用于这一系列由红、圆、脆和甜所组成的观念簇呢？为了说明这种可能性，洛克重新引入了亚里士多德的实体这个观念。实体就是一种具有支撑性的基质，像红、圆、脆和甜这些观念只有依附于苹果这一实体性基质才能存在。然而人是如何经验到实体的呢？毕竟基于感官，我们只能经验到属性，而不是基质。如果不能给出令人满意的答案，那么洛克基于经验主义的知识论的正当性就必将岌岌可危。

事实上，从简单观念中建构出实体这一类复杂观念也需要借助于推理，只不过经验主义者往往认为这种推理不是亚里士多德所阐明的那种三段论式的形式演绎，而是由培根等人所阐明的归纳推理。归纳推理是从观察所给予的材料出发进行的推理，而三段论则是从概念出发进行的推理。我们已经知道了借助三段论所进行的推论具有必然性的特征，也就是说只要前提为真，那么结论就必然为真，比如由大前提"人必有死"和小前提"苏格拉底是人"必然推出"苏格拉底会死"。但是归纳推论却具有或然性特征。虽然在我们已有的经验中，太阳每天都从东方升起，以至于我们几乎不会怀疑明天太阳依然会从东方升起，但是我们依然可以想象某种可以导致太阳无法从东方升起的可能性，比如天神发怒摧毁了太阳。既然这种基于归纳的推理并不具有像演绎推理那样的必然性，那么建立在经验主义上的归纳性知识也都被降低为或然性知识，这就使得经验主义必然与怀疑论相伴而生。休谟正是由于把洛克的经验主义发挥到了极致，也因而将洛克哲学中所隐含的问题充分地暴露出来，才成为迄今为止人们所公认的知识论上的最重要的怀疑论者。

休谟将人对知识的探究分为两类，一类是对观念间关系的探究，一类是对实际事情的探究。对于观念关系的探究主要包括几何、代数和算数等，这一类探究最终会得到必然真理。正如休谟所言，诚然我们在经验世界中不可能找到一个真正的三角形，但是这依然不影响我们通过理性自身而得出三角形有三个角，而且这三个角之和是180度这样一些必然结论。虽然有关观念间关系的知识对于帮助我们整理有关实际事情的知识至关重要，但是只有有关实际事情的知识才算是真正的知识。数学知识只有在服务于对实际事情的认识时，才能获得自身的价值，否则只能算是空洞的思维游戏。在现实生活中，我们首先必须面对实际事情，而对于实际事情的探究则要诉诸观察经验，以及对观察经验的归纳。

关于实体存在与否，以及如果实体存在的话，都有什么实体存在，这些问题在休谟看来都是对实际事情的探究。休谟认为我们实际的经验永远是流动的，只有根据这些流动的印象，我们才能推知外部世界中作为恒常物的实体的存在，以及推知内部世界中作为精神实体的恒常的自我的存在。但是要得出这些推论，我们必须假定在我们昨天的经验、今天的经验和明天的经验，以及在你的经验、我的经验和他的经验中存在着自然的齐一性。因而归纳法的局限性不仅在于其只能获得或然性结论，更在于它是建立在对自然的齐一性的预设之上的。可是我们又不能通过归纳法来证明自然的齐一性，因为这将使我们陷入循环论证。

对自然齐一性的预设不仅是我们断定实体存在的前提，也是我们对实体之间相互作用进行断定的前提。自然科学所探讨的因果关系是一种发生于实体之间的关系。休谟认为我们借助于经验科学而揭示出的任何因果关系也都是建立在对因果关系的齐一性的信仰之上。休谟的这一论断必然会严重地威胁到人们对经验科学之可靠性的信任，难道一切知识最终都只能建立在一种无根据的信仰之上吗？

我们要怎样理解休谟对因果关系的齐一性的怀疑呢？最常用的一个例子就是看电影。相信大多数人都有观看老电影放映的经验，实际上放映电影就是把一张张事先拍摄好的胶片按照先后的顺序依次投射到屏幕上。真实发生的事情就是一个接一个的投影依次呈现。观看这些依次呈现的投影的观众却可以在其中看到精彩的故事情节，电影里面仿佛是有真实的实体性人、物，在发生着真实的事情，具有真实的因果关系。比如在其中我们看到了泰坦尼克号正在下沉，因为它撞到了冰川。这些故事情节事实上都是由我们如何断定电影中有什么实体，以及这些实体间具有什么样的因果关系来决定的，但是这些实体和因果关系并不真正存在，一切只是一场电影而已，真正存在的就仅是一张张依次出现的电影胶片。电影这一例子告诉我们，我们在电影中看到的世界与电影在真实世界中的放映并不具有齐一性。休谟认为我们无法从逻辑上必然地知道我们对自己所处世界的理解并不仅是在看一场电影。经验只是提供给我们在时间上先后出现的一幅幅画面，除此之外经验并没有提供给我们任何实体和因果关系存在的必然证据，我们只是依照着长期以来所养成的习惯来对这个世界做出因果关系方面的认定而已。实际上，我们每个人都如同巴甫洛夫的狗，之所以把铃声当作食物出现的原因，是因为我们已经习惯了先听到铃声，然后看到食物，除了习惯之外，没有任何逻辑上的必然性可以保证我们对铃声和食物之间所存在的因果关系的断定是对的。这也就意味着我们从经验中不仅只能获得或然性的因果关系知识，甚至这些知识有可能全部都是来自幻觉。

二、笛卡尔的沉思

通常认为近代哲学发端于笛卡尔。笛卡尔之所以能够获此殊荣主要归功于他所写的《论方法：第一哲学沉思》。仅从该书的标题中，我们就能感受到笛卡尔与亚里士多德的密切联系。到了笛卡尔生活的时代，经由伽利略、培根等人的努力，经验科学已日渐深入人心，甚至作为科学家的笛卡尔也深受经验主义的影响。但是《论方法：第一哲学沉思》告诉我们，笛卡尔不仅早于休谟一百多年就明确意识到经验主义不可避免地会导向怀疑论，而且他还为后来的哲学家开辟出了一条逃离怀疑论的路径，并由此开创了近代欧洲哲学的理性主义传统。

在六个沉思的概要中，笛卡尔写道："在第一沉思中列出了我们为什么能够怀疑一切事物，特别是物质性事物的各种原因，只要我们还没有除了我们迄今已经拥有的那些科学原理之外的其他原理。"① 笛卡尔这句话直指经验主义的根本问题，休谟的怀疑论实际上可以被看作在为笛卡尔的这句话做注脚。所谓的"我们迄今已经拥有的那些科学原理"都是建立在归纳法之上的原理，而自然科学的主要意图就是发现事物间各种客观的因果关系。可见，在第一沉思中，笛卡尔所要向大家论证的就是休谟要向大家论证的，那就是通过归纳我们不可能发现任何确切的科学知识。不过休谟的思考只进展到这一结论就终止了，而笛卡尔的沉思才刚刚开始。笛卡尔的真正目的就是要找

---

① 笛卡尔. 论方法：第一哲学沉思［M］. 张小勇，译. 上海：上海人民出版社，2023：97.

到归纳之外的其他原理，来向怀疑论宣战。

如果说在第一沉思中，笛卡尔发现所有的经验知识都是经不起理性怀疑的最严苛考验的，那么在第二沉思中，通过对"怀疑"本身的彻底考察，笛卡尔发现了所有经验知识的基础——我思。虽然我有可能在我所认识的内容上把一切都弄错，但是我绝不能弄错"我在怀疑"这件事本身，因为无论我相信我在怀疑，还是我怀疑我在怀疑，我都在怀疑，而怀疑本身就是一种"我思"。因而否认"我思"必然会陷入一种悖论，这就反证了"我思"之存在是自明的、无可反驳的。于是我们从对经验的怀疑中得到了对思维的确信。

更为重要的是通过第四沉思，从对"我思"之绝对认识的证明中，笛卡尔引申出来一条重要的认识论原则，那就是"所有那些我们清楚分明地知觉到的东西都是真实的"①。所谓的清楚分明就是以笛卡尔对"我思"之确认的这种清楚分明为标准。如果这条认识论原则是错的，那么笛卡尔对"我思"的确认就也有可能是错。既然"我思"被认为是不可能有错的绝对认识，那么显然这条认识论原则就必须是对的。

笛卡尔在第三沉思中从"我思"出发，以清楚分明为标准，进一步论证了上帝的存在。对于笛卡尔而言，"我思"作为对自己的经验所进行的自我怀疑就意味着心灵的有限性，因为一个无限的存在是不会在经验知识上犯错的，因而也不会进行自我怀疑。而由心灵的有限性这种不完美可以推知作为无限的、完美的上帝的存在，因为如果没有对无限的认识，我们也就不可能拥有对有限性的认识；既然我们可以清楚分明地通过怀疑认识到心灵的有限性，那么我们就一定可以同样清楚分明地认识到无限性；既然我们清楚分明认识到的东西都是真实的，那么上帝就是真实的。如果上帝的存在是心灵能够对无限性有所认识的前提，那么物质性肉体的存在则是笛卡尔认为心灵能够对自身有限性认识的前提。在笛卡尔看来，任何物质性的事物都是有形的、可分的，而心灵是无形的、不可分割的，就此而言，肉体是容易被消灭的，而心灵则是不朽的。正是基于对上述区别的清楚分明的认识，笛卡尔得出了肉体以及物质性世界的存在。

人的经验知识因此有两个来源。一个来源是物质性的事物对同样作为物质性的肉体的刺激，而物质的有限性就决定了这种刺激是多变的、不持久的

---

① 笛卡尔. 论方法：第一哲学沉思［M］. 张小勇，译. 上海：上海人民出版社，2023：100.

和有限的，这正是为什么任何经验知识都具有不确定性的原因所在。另一个来源则是上帝，其无限性是知识得以可能的前提，因为如果一切都处于变化和不确定中的话，那么也就无所谓有任何知识了。认识之所以可能，那是因为所有的有限事物都是对无限的上帝的有限分有，而无限的上帝也只有在保证着有限事物之存在上，才能够实现自己的无限和完满。这两点是作为怀疑性"我思"存在的前提。如果我们能够确认"我思"的存在，那就意味着上述两点的成立。作为"我思"的心灵只能通过将无限的上帝和有限的事物进行结合的方式实现自己的存在，而如何进行结合，依靠的就是心灵的判断力。在第四沉思中，笛卡尔就表明人负有一种不断作出判断，并为自己的判断负责的天命，这一天命就是人之自由的源泉。人既有做出错误判断的自由，也有通过反思借助于上帝之光清清楚楚明明白白地运用自己的判断力来消除模糊和矛盾的责任，正如笛卡尔在哲学沉思中所做的那样。这一原则就是著名的自明性原则，笛卡尔将其作为自己的方法论的最高原则：

> 第一条：若非明确而明见地认识为真，就绝不将其当作真的接受；也就是说，我在判断过程中要无比认真地避免一切仓促轻率和先入之见；除了清楚分明地呈现在我的理性前面、使我根本无法怀疑的东西以外，在结论中不要多放一点东西。①

需要特别指出的一点是，我们绝不能把笛卡尔所论证的上帝等同于宗教圣书上所记载的上帝。与其说上帝是一个人格化的存在，不如说上帝就是无限，就是作为全部存在之整体的自然和世界。笛卡尔通过无限和有限所要谈论的洞见，其实就是古希腊哲学家们通过"一"和"多"所要谈论的。

三、康德的先验概念论

康德的批判哲学是对笛卡尔哲学的继承，所谓的批判是对笛卡尔式怀疑的延续。康德希望通过批判能够在纯粹理性领域、实践领域和判断力领域找到那些最基本的、无可怀疑的原则。这些原则彼此相互联系，共同组成了一

---

① 笛卡尔. 论方法：第一哲学沉思［M］. 张小勇，译. 上海：上海人民出版社，2023：21 – 22.

个勾环相连的整体，被康德称作"先验自我"，这就是康德版本的"我思"。康德的上述观点主要体现在《纯粹理性批判》一书中，在这一书中，康德尝试着为经验知识的正当性奠基，并为其划定了界限。康德所做的工作因而属于典型意义上的逻辑研究。

康德对经验知识的反思则是从对"经验"这一术语的含义的澄清开始的。虽然康德在《纯粹理性批判》第二版导论中的第一句话就写道："我们的所有知识均始自经验，这点是没有任何疑问的。"但是他继而又写道："尽管我们的一切知识均肇始于经验，但是他们并非因此就全部来自经验。"在《纯粹理性批判》第一版导论中，康德甚至这样写道："经验是我们的知性在处理感觉能力的感觉的原材料时所生产出的第一个产品。"① 这句话让我们可以清楚地看到，在康德看来经验本身就是概念（知性）活动的产物。康德认为人并不是像经验主义哲学所认为的那样，先经由感官获得动荡不居的经验，此后再于其上形成确定性的知识，而是经验本身就已经带有一定确定性的知识了。至于经验主义者所说的经验，在康德看来仅仅是一些经由感官获得的感觉的原材料。由于这些原材料仅仅是心灵面对世界时进行的被动记录，我们可以把这些原材料称作感觉予料。但是任何经验的形成，不仅需要感觉予料，而且需要心灵将它自己的形式加在这些感觉予料上。比如，如果一个人要拥有苹果的经验，仅仅有一些类似于圆形、红色、脆或甜的感觉予料是不够的，还需要拥有苹果这个概念，只有当把苹果这个概念加诸圆形、红色、脆和甜这一组感觉予料之上时，人才会拥有苹果的经验。也就是说，在康德看来哪怕获得最简单的经验，也需要人应用概念对感觉予料进行判断。

康德特别看重那些在所有经验中都必然包含的普遍概念，并将这些普遍概念称作先验的。在《纯粹理性批判》上编中，康德对所有他认为的先验概念进行了全面分析，并就这些概念的先验性给予了论证。首先被康德提起的是空间和时间。与人们通常所认为的不同，在康德看来空间和时间并不是经验给予我们的一种不同于通常具体物体的神秘事物，而是任何对象能够向我们显示的自身所必须依照的参照系，因而空间和时间不是经验性的存在，而是一些先验概念，是我们直观世界的形式。以空间和物体的关系为例，康德

---

① 康德. 纯粹理性批判［M］. 韩林合，译. 北京：商务印书馆，2022：41.

认为我们可以想象一个无限的虚空的空间，在其中没有任何物体，但是我们无法想象任何物体不处于空间之中。这就意味着我们经验到的只是占据有限空间的物体，并没有任何人可以经验到无限的空间。因而康德认为无限的空间只能来自思维的无限性的想象力，而不可能来自于有限性的经验所与，并且因此认为对无限空间的想象是经验到物体的逻辑前提。如果说空间是外直观的形式，在其中世间物体向我们显现，那么时间就是内直观形式，在其中我们的精神状态向我们显现。也就是说我们所经验到的都只是独立于我们的事物被置于我们的概念框架中所获得的现象，而不是独立于我们的事物本身。因而我们基于经验也仅仅能够认识到现象，而不是事物本身。这就是为什么康德哲学中会存在物自体这样一个特殊的概念，用以指处于我们的概念把握之外的事物本身。

康德认为借助于对空间和时间的想象力，对象仅仅是作为感觉经验而给予人，如果要理解这些对象并获得知识，则人们需要进一步地把先验知性范畴应用到感性对象之上形成判断。这些先验知性范畴是理解的先天形式，共有十二个。康德将它们分成四组，每组包含三个先验知性范畴：数量范畴（一、多和全），性质范畴（实在、否定和限制），关系范畴（依存与自存关系、原因与结果、交互作用），模态范畴（可能性—不可能性，存在性—非存在性，必然性—偶然性）。[①] 正因为这些范畴是先验的，因而只能由思维通过对思维自身的反思来获得，所以这些先验知性范畴又被康德称作纯粹概念。

那么进行反思的思维自身是经验的，还是先验的？在康德看来，这个进行反思的自我只能是先验的，甚至是超验的（即超出经验的）。它只是一个统一性原则，既不可能出现在时空中，也不可能被先验知性范畴概念化，因为它的存在在逻辑上甚至先于时空概念和知性范畴。这就是为什么先验自我又被康德称作"先验统觉的统一"，并且认为它不仅仅是先验的，而且是超验的。康德认为哲学之所以与心理学不同，就在于心理学研究的是经验自我。经验的自我要么是空间性的，对应着我的身体；要么是时间性的，对应着我们的记忆、知觉和想象。对经验自我的研究可以诉诸观察、实验甚至内省等经验的方法，但是对先验自我而言，一切经验的方法都将失效。先验自

---

① 康德. 纯粹理性批判［M］. 韩林合，译. 北京：商务印书馆，2022：144.

我只是一个逻辑占位，虽然它统领着一切经验和知识，但它本身并不能在经验中被认识，只能通过纯粹的思维在逻辑中被通达。它就是一个 X，一个不可知的变元。不可否认，从时空概念，再到先验知性范畴，最后到先验自我，康德哲学的逻辑研究意味越来越纯粹，笛卡尔的"我思"也经由康德更为细致的分析工作成为一个具有三层结构的逻辑整体。

康德的另外一个重要的发现就是，只有当知性范畴被应用于有限性的感觉予料之上时，才会获得有意义的知识。如果我们想通过知性范畴对感觉予料所构成的经验总体，也就是作为整体的宇宙进行刻画时就会陷入混乱和矛盾，这些混乱和矛盾被康德称作"二律背反"。比如以下两个论断如果分别来看都是合理的：1a. 世界在时间上有开端，在空间上有界限。1b. 世界没有开端，并且在时间和空间上无限。但是 1a 和 1b 又相互矛盾，不能同时成立。我们永远无法通过经验来判断到底 1a 和 1b 哪个正确，这时候康德说我们永远无法在这些最根本的形而上学问题上获得经验知识，因为这超出了作为有限性存在的人的知性的认知边界。这样的"二律背反"在康德看来有四个，剩下的三个分别是：2a. 每个事物都能被分析为基本元素。2b. 没有什么东西可以被分析为基本元素。3a. 某些事件是自由的和未定的。3b. 不存在自由，因为一切事件都被先前的原因所决定。4a. 宇宙中存在一个必然的存在者。4b. 宇宙中不存在必然的存在者。最后，康德得出结论，上帝作为无限性的存在者既不可以在经验上被证实，也不可以被证伪。

然而康德并不认为思考这些根本的形而上学问题是没有意义的，因为人不仅是认识的主体，也是实践的主体，人在认识中无法达到的界限，却是人在实践中不可或缺的起点。也就是说人虽然不可能获得有关自我、宇宙和上帝的理性知识，但是在实践中却必须按照仿佛是受这些理性知识指引的方式去行动。人的行动不是像动物一般单纯地受感觉予料制约的被动行为，而是具有某种目的的行动。来自感觉予料的经验只有在与人对自我、宇宙和上帝这样的无限事物的构想发生关涉的时候，才能以构成目的的方式给予人以行动上的影响，而这种关涉就是人之自由的源泉。经由这种关涉，人成为为自己的行动立法的道德性存在。这就是康德通过实践理性批判所要得出的结论。①

① 康德. 实践理性批判 [M]. 邓晓芒，译. 2 版. 北京：人民出版社，2016.

康德三大批判的最后一个是对判断力的批判。[①] 无论是把作为无限性的范畴应用到有限的感觉经验之上获得知识，还是基于对无限事物的构想而来的目的指导当下有限境域中的个人实践，所需要的都是一种笛卡尔所强调的判断力，即分辨真假或者分辨好坏的能力。不过康德所要批判的就是上述两种判断力。他认为真正的判断力应该既不是知识上明辨真假的判断力，也不是道德实践上明辨好坏的判断力，而是一种趣味上的审美判断力。在康德看来一个良好的审美判断既不应该偏颇于感性直观，也不能偏颇于理性的观念构想，而应该是两者的完美结合。如果说单纯受感性的影响体现的是人之行动中无目的性的一面，而单纯受概念的影响体现的是人之行动中目的性的一面，那么审美体验的获得则体现的是人之行动的合目的性的一面。所谓的合目的性又被康德称作无目的的合目的性，他在整个自然界中都发现了这种无目的的合目的性。比如说有机体的一切活动都是为了服务于自我保护和繁殖这一自然目的，但是有机体在活动的时候并没有明确地把自然目的当作自己的目的。我们之所以说自然是合目的的，那是因为我们可以通过反思发现自然进程的内在目的。但是我们又说自然的这种合目的性是无目的的，则是因为自然在其实际进程中，并没有事先为自己设置任何目的，合目的性只能通过事后的反思来确认。

康德认为只有在合目的性的意义上理解自然，才能发现真正的创造活动。康德认为美就是一个对象的合目的形式。一个艺术家在创作的时候，既不像一个建筑师那样按照一个事先画好的图纸来行事，但也不是如同一个婴儿一般随意乱画。创造既不是被既定的目的所规定好的，也不是任意而为的，或者说创造是自然不断地再生产出自己的普遍目的的过程。人的自然则体现在以趣味判断为前提的审美活动中。审美判断才是判断力的最高形式。

四、黑格尔与发生逻辑学

在康德之后，黑格尔把逻辑研究推向了一个崭新的高度。在某种意义上，黑格尔之于康德，正如亚里士多德之于柏拉图。可以说黑格尔哲学就是亚里士多德哲学在现代的复活，黑格尔也毫不掩饰自己对亚里士多德的敬

---

① 康德. 判断力批判［M］. 邓晓芒，译. 3 版. 北京：人民出版社，2017.

意，他在《哲学史讲演录》中甚至把亚里士多德称作"一个在历史上无与伦比的人"。①

在黑格尔看来，康德哲学的一个重要的局限性就在于其逻辑研究所得出的仅仅是一些形式的、逻辑的法则，并不能涵盖质料的真理性。对于质料的描述，康德只能诉诸物自体或先验自我这样一些空洞的描述，这些描述所指向的是一些人们无法认识、无法言说但又不得不承认其存在的幽灵。于是康德哲学在这些问题上好像陷入了自我矛盾，那就是我们怎么会确定地知道我们无法认识的东西的存在呢？

黑格尔认为如果要克服康德哲学所内含的这种形式和质料相互分离的二元论，就要将历史学纬度，抑或更准确地说是发生学纬度，引入逻辑研究。借用黑格尔在《精神现象学》一书的序言中描述的，康德在《纯粹理性批判》中所做的工作只能被比作解剖学工作，康德只是在观察一个僵死的东西，并将其解剖成神经、肌肉等更加具体的概念，再按照某种外在形式搁在一起。这些概念只是彼此并列存在着，仅仅具有空间地形学上的共时性联系，而缺乏一种活生生的历时性联系。事实上概念应该是一个不断生长着的有机体的不同环节，"在这个统一体里面，各个环节不仅彼此不矛盾，而且每一个都是同样必然的，正是这个相同的必然性方才构成整体的生命"。② 而质料就是这个有机体，康德的先验范畴作为概念都应是这个有机体生长的产物。我们必须看到，如果能够从生长性的角度揭示出这些概念之间的历时生成性联系，那么这些概念最终将构成一个作为整体的生命。这个生命整体就是作为概念的概念，是作为总概念的最高概念，既是形式，也是质料。

研究这个总概念如何由存在这一最初纯一性状态生成转换为各种子概念，以及这些子概念又是如何可以相互统一为作为理念的统一整体的学问就被黑格尔称作逻辑学。这一逻辑学和亚里士多德的形式逻辑大不同，其不仅仅是逻辑学，还是本体论，也是认识论。就本体论而言，作为逻辑理念在它的他在中构成了自然哲学，研究世界是如何由力这一纯一状态过渡到复杂的生命活动；作为从他在中返回自身的理念构成了精神哲学，研究如何由纯粹的灵魂过渡到包罗万象的绝对精神。就认识论而言，正是因为自然的运动变

① 黑格尔. 哲学史讲演录：第二卷 [M]. 贺麟，王太庆，译. 北京：商务印书馆，2009：283.
② 黑格尔. 精神现象学 [M]. 先刚，译. 北京：人民出版社，2015：2.

化和精神的运动变化都遵循共同的逻辑，所以自然必定是向着可被精神认识的方向生成的，而精神也就是在认识自然的过程中发展自身的。

事实上，黑格尔的《哲学百科全书》也正是由《逻辑学》《自然哲学》和《精神哲学》三个部分组成的有机整体。可见理解黑格尔哲学的金钥匙就在他的逻辑学中，就在他对逻辑研究独特的推进方式中。也正是因为黑格尔的工作，发生学研究成为逻辑研究所不可避免的终点。在本书的第二卷中，我们将专门通过对亚里士多德和黑格尔哲学的进一步介绍来详细地探讨蕴含在其中的发生学思想，在此请允许我们先对黑格尔的观点做一个概要性的介绍。

第四章 哲学与早期心理学

如果说康德以及他所代表的近代哲学是在与自然科学的抗争中重新为自己划分出一份领地，让出经验的领域给自然科学，而为自己保留了先验领域并最终把哲学纯化为逻辑研究，那么当代哲学则要在与心理学的斗争中来为自己赢得地盘，那就是基于康德对先验自我与经验自我的划分，系统地发展出一种先验的主观心理学来与经验的客观心理学相抗争。为了更好地理解这一时代背景，让我们先从客观心理学的诞生谈起。

一、作为哲学家的冯特与实验心理学的诞生

心理学源于古代哲学思想，并且长期以来作为哲学的一个子部门而存在。这种情况一直持续到冯特于 1879 年在莱比锡大学建立了第一个心理学实验室。心理学史学家通常将冯特称作心理学之父，认为正是他的努力才成功地让心理学摆脱了哲学，成为一门真正的自然学科。墨菲和柯瓦奇在《近代心理学历史导引》中写道："冯特发表他的《生理心理学》与建立他的实验室以前，心理学就像一个迷路者，时而敲敲生理学的门，时而敲敲伦理学的门，时而敲敲认识论的门。1879 年，它被确立为一门实验科学，有了一定的活动区域，有了名称。"① 然而很难说心理学史学家们赋予冯特的这种历史地位对冯特来说是公正的。赫根汉在其《心理学史导论》中就引用了卢门撒

---

① 墨菲，柯瓦奇. 近代心理学历史导引 [M]. 林方，王景和，译. 北京：商务印书馆，1980：230.

尔如下的评论指出："在许多课本和课程中描绘的冯特在很大程度上是虚构的，通常与实际的历史人物没有相似性。"①

　　心理学中所流行的对冯特最大的误解就是对其与哲学关系的误解。心理学教科书津津乐道地介绍的主要是冯特早期以生理心理学的名义所做的那些研究，认为正是基于这些研究，他缔造了科学心理学，但是很少有人会意识到，在今天看来这些以生理心理学命名的研究，即便以冯特当时的观点来看也不是标准意义上的心理学，而只能算是神经生理学。冯特所认可的真正心理学是通过实验内省法直接研究意识的心理学，这种方法与哲学家所运用的内省法的差别仅在于前者尝试通过实验仪器对内省进行更好的控制，冯特认为由此获得的内部知觉在结果上更为准确。就实验内省法同样是对经验的直接观察这一点而言，其与哲学内省没有任何实质上的差异。更为重要的是，冯特认为即便使用实验内省法也无法研究高级心理过程，他认为人的高级心理过程是社会文化塑造的产物，因而只能通过历史分析和人类学观察来研究。在他生命的最后 20 年，冯特放弃了实验内省法研究，把其全部热情都投向了此种对高级心理过程的历史和人类学研究，并写出了 10 卷本的《民族心理学》，其涵盖了文化、宗教、语言、神话以及艺术等各种各样的课题。可以说后期的冯特完全转向了哲学人类学研究。

　　冯特自认为康德是对其学术影响最大的人，他的心理学研究本质上更应被算作一种新康德主义哲学，如何理解意识是他心理学研究的终极目标。在前文中，我们已经介绍过康德认为心理学研究经验自我，而哲学研究先验自我，并且研究经验自我有两种途径：一种是研究空间性的身体，冯特的生理心理学所实现的正是此种研究；而另一种就是通过内省研究时间性的记忆、知觉和想象等，冯特的实验内省法则发端于此。至于冯特后期的对人高级心理过程的研究则是对康德实用人类学研究的继承。康德认为实用人类学是在人的实际行动中去研究人的一种方式，是对其先验哲学的应用与延伸，而不是一种心理学。如果说冯特和康德真有什么不同，那就仅在于冯特认为人类学也应属于心理学，不过应该属于不能通过实验进行研究的民族心理学，而不是属于可以进行实验研究的低级心理学。在《生理心理学原理》第五版序

① 赫根汉，亨利. 心理学史导论［M］. 郭本禹，方红，等译. 上海：华东师范大学出版社，2020：304.

言中，冯特这样写道：

> 幸运的是有时会发生这样的事情，在实验的方法不起作用的地方，能够体现心理学客观价值的辅助手段就会找到自己发挥作用的位置。这些辅助手段在全部精神生活（Gesammtlebens）的每一个成果中都有出现，从这些成果中可以向回推断出某些心理学诱因。属于这些成果的首先包括语言、神话和民俗。研究它们不仅离不开当时的历史条件、更对普遍的心理学原理有所依赖，将更早之前的一些现象进一步建构成为一个特殊心理学分支的题材，那就是民族心理学，其成果根本上只是为整个精神探索过程中一般心理学问题提供一个研究所需的工具而已。以这样的方式使得实验心理学和民族心理学成为合乎科学的心理学的两大主要分支。①

虽然冯特认为实验心理学和民族心理学可以友好地携手并肩共同服务于普遍心理学原理的构建，但是事实并不如他所愿。冯特晚年的民族心理学几乎没有对他在心理学中的后继者产生什么影响，反倒是影响了众多人类学趋向的哲学家，其中最为重要的一个就是作为新康德主义继承人的卡西尔，其成名作《符号形式哲学》中就大量地引用了冯特的民族心理学研究成果，晚年的总结性著作《人论》则被认为是迄今为止最为重要的一本哲学人类学著作。冯特晚年的研究还影响了符号互动理论的创立者，即美国著名实用主义哲学家乔治·米德。不幸的是，冯特的实验内省心理学因对内省法的强调而被视作仍未与哲学思辨划清界限，最终难逃彻底被主流科学心理学抛弃的命运。科学心理学真正继承的仅是冯特最不看重的生理心理学，被这样的科学心理学奉为精神之父，真不知道冯特应该感到高兴，还是悲哀。不过科学心理学家们同样不会提及的是，晚年冯特在其所在大学的哲学系发起的一场是否同意心理学从哲学系中独立出去的投票中，投下的是反对票。冯特反对的理由是独立于哲学框架的心理学是不可能有真正的发展的。②

---

①② 吕克. 心理学史 [M]. 吕娜，等译. 上海：学林出版社，2009：39，66–67.

二、布伦塔诺与内经验心理学

1874 年，与冯特出版《生理心理学原理》同年，维也纳大学哲学教授弗朗兹·布伦塔诺出版了他最有影响力的著作《从经验立场出发的心理学》。与冯特一样，布伦塔诺最初希望可以建立一种新心理学来为哲学奠基。他认为真正的哲学方法应该就是自然科学的方法，因而哲学应该采用自然科学的方法代替传统的思辨来展开对心灵现象的研究。不过布伦塔诺眼中的自然科学的方法与今天通行意义上的自然科学方法很不相同，其并不是一种实验的方法，而是一种基于内知觉的经验主义的方法。也正是这一点将布伦塔诺的内省心理学和冯特的实验内省法严格地区分开来。布伦塔诺不仅反对通过实验控制下的内省来研究内在经验，因为实验控制本身就是对内在经验的破坏，而且不赞同冯特所认为的对经验的高级过程不能用内省法研究的结论。他将冯特的民族心理学研究称作发生学研究，而将自己的内知觉经验心理学称作描述心理学，并且认为描述心理学在逻辑上优先于发生心理学。[①]

要想理解布伦塔诺的心理学，就必须从了解他是何种意义上的经验主义者开始。虽然布伦塔诺将自己定义为一个经验主义者，并明确地表示出对康德和黑格尔所代表的理性主义哲学非常反感，但是他所秉承的经验主义却不是基于归纳法的外经验主义，而是基于"理性的直观"的内经验主义。他认为基于"理性直观"的经验而来的内部经验，是使外部经验得以可能的经验，因而也是比外部经验更为纯粹的经验。如果说归纳法是我们经由外部经验获得可错性的有关外部对象的知识的方法，那么"理性直观"就是我们直接由内部经验获得绝对的不可错的内在知识的方法。如果我们要为布伦塔诺的"理性直观"找一个例子的话，笛卡尔通过"我思"对"我在"所进行的直接确认就是所有能找到的例子中最好的一个。就这一点，布伦塔诺也许并不像他所认为的那样敌视理性主义哲学，他只是指明了所谓的思维本身也要基于一种内部经验才有可能。这种内部经验其实就是笛卡尔所说的自明性经验。

布伦塔诺最有影响的观点是他通过描述心理学提出的意向性学说。意向

---

① 施皮格伯格. 现象学运动 [M]. 王炳文，张金言，译. 北京：商务印书馆，2011：74 - 76.

性指的就是心理现象的对象指向性，也就是说：

> 每一心理现象都被一种东西所标识，中世纪经院哲学家称这种东西为关于一个对象的意向的（即心理的）内存在，我们也可以将之称为——虽然还有些模棱两可——关涉一种内容、指涉一个对象（这里不应该被理解为一种实物），或将之称为一种内在对象性。每一心理现象自身都包含作为对象的某物，尽管其方式不尽相同。在表象中总有某物被表象，在判断中总有某物被肯定或否定，在爱中总有某物被爱，在恨中总有某物被恨，在欲求中总有某物被欲求，如此等等。①

布伦塔诺这段对意向性进行界定的极其重要的文字是非常容易遭人误读的。困难在于我们到底应该如何准确理解布伦塔诺所说的内在对象以及其与外在对象和心理活动的关系。有一种理解方式就是把心理活动比做一面镜子的映射，内在对象就是外在对象在镜子中的影像。这就像是在说，当我看到一个杯子的时候，我并不是直接看到这个杯子，而是看到了这个杯子在我心理上的影像。但是这种类比是非常经不起推敲的，要能真正地理解意向性，必须先破除这种镜像隐喻。

首先，内部对象的存在不需要以外部对象的存在为前提。比如我们在回忆或想象一个杯子的时候，不需要真的有一个杯子存在于眼前。甚至我们可以想象一个完全不曾具有外部存在的对象，比如天使或麒麟。但是镜像的存在必须以外部对象的直接实存为前提。其次，我们应该留意到一个杯子的镜像并不就是一个真正的作为杯子的对象。对象是一个整体，而镜像只能是杯子的一个侧面，而不可能是整个杯子。可是当人看到一个杯子，或者想到一个杯子的时候，并不只是在看或是想一个侧面。虽然我们也可以想象一个侧面，但是我们是在想象作为一个杯子的侧面，而不仅仅是在想一个侧面。这两点共同决定了内部对象不是一种镜像。

最后也是最为重要的，那就是内在对象是一个心理现象，而镜像则是一个物理现象，两者根本不属于同一个本体域。如果说物理现象之间的联系是一种因果关系，那么心理现象之间的联系则是一种意向性关系。正因为如

---

① 布伦塔诺. 从经验立场出发的心理学［M］. 郝亿春，译. 北京：商务印书馆，2017：105 – 106.

此，镜子、杯子的镜像和杯子三者之间的关系是纯粹的因果关系，因而也是纯粹的物理现象，其中不包含任何意向性关系。这又是为什么说意向性的内部对象不是镜像的另一个理由。可见布伦塔诺主张一种严格的二元论，他认为这个世界上的所有存在物要么是物理的，要么是心理的，因此凡是不是物理的东西就一定是心理的东西。如果说物理学是自然科学的基础，那么心理学就是除了自然科学以外的其他所有人文学科的基础，包括哲学。

当然这种布伦塔诺式的二元论也有与笛卡尔二元论同样的困难，那就是如何去解释心理现象与物理现象的关系。在布伦塔诺看来，只有内在对象是心理现象，而外在对象和心理活动都是时空中的物理现象。毕竟心理活动本身是一个过程，需要由具体的在时空中存在具有身体的人来实现，其是冯特的实验心理学所要研究的对象，而不是布伦塔诺的意向性经验心理学的研究对象。于是就产生了两个困难，一个是如何解释作为过程性的心理活动与作为对象性的内在对象之间的相关性，另一个则是如何解释作为心理现象的内在对象与作为物理现象的外在对象之间的相关性。事实上，这两个相关问题在二元论上必然是无解的。因为只要能够成功解释这两个相关性，我们就可以在一个更大的框架下思考一种新的统一性。这样二元论就不再是二元论了，而是由一元论派生出来的二元论，因而就是本质上的一元论。在后文中我们会看到，胡塞尔对布伦塔诺的意向性理论的发展最终也正导致了布伦塔诺意义上心理现象和物理现象二元论的破产。

虽然布伦塔诺主张一种严格的二元论，但他认为对内在对象的意向性心理经验是比对外部对象的物理经验更为基础的经验。在此种意义上，他更像是一个唯心主义者，因为几乎所有的唯物主义者都认为外部经验是内部经验的源泉，而不是反之。既然心理现象遵循的不是因果关系，那么以确定因果关系为目标的实验方法就对研究心理现象无效。布伦塔诺认为心理学的首要任务应是从意向性的角度对心理行为进行充分和清晰的描述，并以此为基础提出了他的意动心理学。

通过对意向性经验的描述，布伦塔诺发现了三种基本的心理行为：表象、判断和情感。表象被认为是三者之中最为基本的，其不仅是判断和情感的前提，而且是构成它们的成分。最基本的判断就是真和假，而最基本的情感就是好和坏。真假是以表象是否符合外部对象为标准，而好坏则是以外部对象是否符合表象为标准。无论如何，判断和情感都需要以表象的存在为前提。可见判断和情感就是连接表象和外部对象的方式。而这种连接的存在在布伦塔诺看来则是由笛卡尔式的自明性体验所保证。无论是理论判断还是情感活动，当表象与外部对象符合的时候，就会产生自明性体验。这种自明性体验与意向性一样也是心理现象的本质特征，并且是镜像反映式的物理现象中所必然缺失的。

布伦塔诺还从时间的角度区分出了三种表象，一种是现在时的表象，一种是过去时的表象，另一种是将来时的表象。三者之中又以现在时的表象最为基础，因为过去时的表象并不是过去的表象，而是现在时的过去时（曾经的现在时）的表象，将来时的表象也并不是将来的表象，而是现在时的将来时（将要的现在时）的表象。布伦塔诺这种基于时态对表象进行的划分，后来成为胡塞尔划分知觉、回忆和想象的基础，也是他最为重要的内时间意识学说的源泉。依据内时间意识学说，内时间意识是一种心理性的内在时间，其截然区别于物理性的客观时间，并且客观时间只有奠基于内在时间之上，才能获得自身的意义。此种观点正是对布伦塔诺意义上的心理主义的继承，即认为物理现象应奠基于对心理现象充分描述之上。

总而言之，布伦塔诺界定的内经验心理学所基于的经验不是外部经验，不是冯特通过改变外在事物，用实验创造出来的那种可以通过内省来直接把握的经验。一种绝对意义上的内部经验只能够依靠思维本身，也就是理性直观去考察。这种考察方式在与科学实验法相对照的意义上只能够是描述性的，是思维对思维的直接描述。对此，施皮格伯格在《现象学运动》一书中曾做如下评论：

> 即使对于布伦塔诺来说心理学是科学哲学的基础科学，我们还是必须记住我们所发现的关于这种心理学在他的新思想模式中的改造。因为他的心理学已不再是建立在物理学和生理学之上并期待于物理学和生理学的心理学，而是建立在独立的来源之上的纯粹心理学。它已不再是联想主义的心理学，而是建立在心理现象的"意向的"结构或相关的结构之上并且承认像心理活动中间的自明性这样一些性质的心理学。它是一种不限于单纯的归纳法的心理学，而且是一种考虑到了能够达到直接结构洞察的新型经验的心理学。[①]

---

① 施皮格伯格. 现象学运动［M］. 王炳文，张金言，译. 北京：商务印书馆，2011：88.

三、威廉·詹姆斯：由心理学到彻底经验主义哲学

1890 年出版的《心理学原理》一书使詹姆斯获得了"美国的心理学之父"的称号。当然特别指出这一点并不是要否认詹姆斯在更为广泛的意义上在美国哲学中的教父级地位，他与皮尔士和杜威共同创立了标志着美国本土特色的哲学传统——实用主义哲学。在这里，我们重点要介绍的是詹姆斯如何一步一步地由心理学最终走向哲学。

与冯特一样，詹姆斯也是从生理学转向心理学研究的，甚至早于冯特，詹姆斯在 1875 年就创立了一个小型的生理心理学实验室以满足他在哈佛大学的授课所需，以至于至今心理学史研究者们还在争论，到底是冯特还是詹姆斯才算真正的心理学之父。詹姆斯在哈佛大学的课程主要是探讨生理学和心理学的关系，《心理学原理》就是这一探讨的产物。在这本长达 1 393 页的心理学巨著中，詹姆斯系统梳理了他所处时代的种种心理学研究成果，该书堪称当时的心理学百科全书。不过詹姆斯对于该书的写作却极为不满，他甚至说《心理学原理》是"一堆令人憎恶的、膨胀的、浮泛的、臃肿的、患上水肿病的东西"[①]。之所以如此，最为重要的原因恐怕是由于该书并没有实现詹姆斯写作的最初意图，那就是尝试找到哪怕是一条公认的心理学法则，并以此出发来建立一种真正的心理科学。在詹姆斯对每一种他能搜集到的心理学进行了充分的反思性评论后，他最终意识到并不存在所谓的心理科学。虽然心理学家们在对自己的研究对象和研究方法上百家争鸣、各抒己见，但是其中并没有包含任何真理性的认识，反而尽是一些模糊不清的意见。概而言之，心理学家们要么是在没有搞清楚研究对象的本质之前就盲目地采用自然科学的研究方法，因而陷入了一种把心理学变成伪科学的危险之中，要么就是没有表明自己有充分的理由从哲学中独立出来。因此，在完成了《心理学原理》一书之后，詹姆斯最终放弃了将心理学自然科学化的企图，而全面地转向了哲学研究。

詹姆斯在《心理学原理》开篇就明确地指出写作本书的目的是用自然科

① 霍瑟萨尔，郭本禹. 心理学史［M］. 郭本禹，魏宏波，朱兴国，等译. 4 版. 北京：人民邮电出版社，2011：298.

学的研究成果来说明心理现象，从而使心理学摆脱哲学思辨而成为真正的经验科学。作为一名哈佛医学院的毕业生，詹姆斯认为由研究"大脑得到的经验，必须在心理学所研究的心理活动的条件中占有较为重要的地位……必须把脑生理学作为心理学的基础，或者说它必须包含在心理学之中"，并且号召心理学家成为"大脑主义者"。① 詹姆斯至今仍被认为是意识科学的推动者②，而当今意识科学的根本任务就是探求意识的脑神经机制。

然而詹姆斯很快就发现大脑主义中蕴含了一种理论上的含混，这种含混源于没有真正看清意识与大脑的关系并不是一种因果关系。因果关系是发生在物理实体之间的关系。如果将大脑活动看作意识的原因，那么就意味着大脑活动和意识之间的关系是两个物理实体之间的关系。但是詹姆斯并不认为意识是一种物理实体，毕竟詹姆斯同意笛卡尔的下述观点，那就是物理实体是一种空间中可见的存在，而意识则是非空间的不可见的存在。既然意识不是物理实体，那么意识和大脑的关系也就不应是因果关系。这就意味着我们不能通过对大脑活动的说明来说明意识。就像我们不能用对一个符号的书写过程来说明它的意义一样。因此，即便意识活动必然伴随着大脑活动，我们也只能独立于脑活动来仅就意识本身进行直接描述，才能获得对意识的真正洞察。于是在《心理学原理》题名为"意识流"的第九章，詹姆斯指出："现在，我们开始从内部来研究心灵……心理学有权利在一开始就进行假定的唯一对象就是意识本身，而且这一点必须最先得到处理和分析。"③ 可见此时的詹姆斯已经由生理心理学转向了一种与布伦塔诺所提倡的描述心理学颇为类似的纯粹心理学。这种转向并非偶然，只要我们考虑到詹姆斯与布伦塔诺的得意弟子斯通普夫之间的紧密关系④，就可以知道布伦塔诺的描述心理学是如何可能经由斯通普夫对詹姆斯产生深刻的影响。

不过詹姆斯的描述心理学揭示出了一种比意向性更为根本的描述性的意识特征——意识流。"心理学家所要面临的一个事实就是某种思想在进行着"⑤，这一进行着的思想就是意识流。显然将意识流作为意识的最根本特征

---

① ③ ⑤ 詹姆斯. 心理学原理：第1卷 [M]. 方双虎，译. 北京：北京师范大学出版社，2019：4－5，240，240.

② 李恒威，徐怡. 论威廉·詹姆斯的意识研究 [J]. 浙江大学学报（人文社会科学版），2014，44（4）：33－44.

④ 施皮格伯格. 现象学运动 [M]. 王炳文，张金言，译. 北京：商务印书馆，2011：109－111.

同样是对笛卡尔"我思"的继承。不过詹姆斯没有仅仅停留于"我思"这一空洞的概念，而是为其赋予了五个本质性的描述特征：

> 每一个思想都是个人意识的一部分；
>
> 在每一个个人意识中，思想都在不断地变化；
>
> 在每一个个人意识中，思想都是可感知的连续的；
>
> 它似乎始终在处理独立于自身的对象；
>
> 它对这些对象的某些部分感兴趣，而对另一些则不感兴趣，并且始终对他们进行选择。①

首先值得关注的是，按照这份清单，意向性只是意识流众多本质性描述特征中的一个，而不是唯一一个。其次，意识流显然与赫拉克利特的河流一说具有异曲同工之妙，它们都是"一"和"多"的统一体。对意识流的个人性和连续性的强调体现的是"一"，对意识流不断变化性的强调体现的是"多"。并且第五点中包含了一种既没有被赫拉克利特所强调的东西，也没有被布伦塔诺所强调的东西，那就是包含在选择活动中的主动性，这一点应该被视作笛卡尔"我思"的直接延伸。可以说意识流学说囊括了赫拉克利特、笛卡尔和布伦塔诺三者的智慧，其中需要特别关注的是，如何既是意识流，又能处理独立于自身的对象，而且还能在处理对象的过程中具有选择性。因为对象性本身就暗示着某种意义的不连续性，而意识流则是连续性的。事实上为了解决对象性和连续性之间的矛盾，詹姆斯发展出了一种如何通过语言从连续中建构出对象的学说，对这一学说更为清晰的阐明则体现在胡塞尔现象学与构造相关的论述中。关于这一点，我们会在论述胡塞尔现象学的部分再进行比较详细的探讨。

虽然意识流学说是詹姆斯最为著名的心理学学说，并且这一学说同时还对哲学产生了深刻的影响，比如生命哲学的代表人物柏格森和现象学哲学的代表人物胡塞尔都曾坦言深受詹姆斯意识流学说的启发，但最终詹姆斯还是放弃了意识流学说，而代之以一种奠基于纯粹经验基础上的彻底经验主义学说。与意识流学说相比，这一彻底经验主义学说与布伦塔诺的意向性学说更为接近。

---

① 詹姆斯. 心理学原理：第 1 卷［M］. 方双虎，译. 北京：北京师范大学出版社，2019：241.

詹姆斯之所以放弃意识流学说，最主要的原因是他最终意识到意识流学说仍然不是对内部经验的最纯粹描述，在其中依旧暗含着主体和对象分立的二元论预设。为了克服二元论困境，詹姆斯走向了一种他自称的彻底的经验主义，所谓的彻底性就是要消除任何理论预设而达到"纯粹经验"。詹姆斯认为"纯粹经验"才是世界组成的原始质料，意识性事物和物质性事物都是奠基于纯粹经验之上的一种理论事物。我们究竟应该如何理解这一"纯粹经验"呢？一个最容易的做法就是把"纯粹经验"等同于布伦塔诺意向性学说中的内在对象。只不过在詹姆斯看来，"纯粹经验"并不是一种与外在对象相对的意义上的心理性内在。作为世界最原始的质料，纯粹经验既不是内在的，也不是外在的。所有的内在对象和外在对象都是基于纯粹经验之上的理论建构，因而相对于纯粹经验而言，基于外在对象而来的外在经验和基于内在对象而来的内在经验都是派生性经验，而不是原初经验。在詹姆斯看来，蕴含在布伦塔诺意向性学说中的二元论就源自于他把纯粹经验误认为一种内在对象，这种误认的后果就是使得心理活动和内在对象之间的相关性，以及内在对象和外在对象的相关性变得不可理解。那么詹姆斯又是如何通过把内在对象替换为纯粹经验，来使得心理活动和纯粹经验之间的相关性，以及纯粹经验和外在对象之间的相关性成为可以理解的呢？在发表于1904年的一篇短文《"意识"存在吗？》中，詹姆斯提出了一种可谓他最为天才的洞见：

> 我认为，（纯粹）经验不存在这样的内在二重性；把经验分成意识和内容（外在对象）的不是用减法，而是用加法——即在既定的一段经验上加上其他几套经验，它在和另外一些经验分别联结时，可以有两类不同的使用或职能……（纯粹经验）在一套联合着的结构里扮演知者的角色，精神状态的角色，"意识"的角色；然而在另一套结构里，这同一段未分的经验却扮演一个所知事物的角色，一个客观"内容"（外在对象）的角色。总之，它在这一组里表现为思想，在那一组里又表现为事物。而且由于它能够在两组里同时表现，我们就完全有权把它说成同时既是主观的，又是客观的。①

---

① 詹姆斯. "意识"存在吗？［M］//哈克. 意义、真理与行动：实用主义经典文选. 陈波，尚新建，译. 北京：东方出版社，2007：281－282.

　　我们究竟如何才能理解同一个东西在两套结构里扮演不同的角色呢？詹姆斯认为这就像我们可以理解为什么同一个点可以存在于两条相交的直线上一样简单，纯粹经验就位于意识空间和物理空间的焦点上。用詹姆斯的例子来说，同一个房间既可以是我们个人回忆中的房间，也可以同时是一个物理性存在的房间。前者是意识空间中的房间，隶属于你生活于其中的个人传记史，包含着你对它的规划、回忆和情感；而后者则隶属于这座房间本身的历史，隶属于一个完全可以将你排除在外的物理活动史。就像詹姆斯所说的：

　　　　物理活动和心理活动非常奇怪地形成两个彼此不相容的组。经验，就其为一个房间而言，它占据了那块地方并且拥有那个环境达30年之久。就其为你的意识场而言，可能直到现在才存在。就其为一个房间而言，你的注意力会继续不断地在它里边发现无穷无尽新的细节。就其为仅仅是你的心理状态而言，极目所及也很少能看出新的东西。就其为一个房间而言，一次地震，或者一群人，以及不管在什么情况下，总要一段时间，才可以毁掉它。就其为你的主观情态而言，只要你一闭眼，或一瞬间的幻想就足够把它毁掉。在实在的世界里，火会烧掉它。在你的心里，你可以让火烧它而毫无效果。就其为外在对象而言，你必须每月付出那么多钱才可以住它。就其为内在的内容而言，你可以住它多久都不花钱。总之，如果你按照心理的方向仅仅和个人传记的各种事件一起对待它，则经验中各种各样本来是假的事物也都是真的了，而如果你把它当做一个经验了的实在事物，按照物理的方向来看它，并且把它联系到外在世界中的同它相连带的一些东西上去，则经验中各种各样本来是真的事物也都是假的了。①

　　詹姆斯建立在纯粹经验上的彻底经验主义学说可以很好地解决布伦塔诺的经验心理学中的一些重要困难，其中最为重要的一个就是如何看待表象作为心理的内在对象可以表征外在对象这一事实。如果我们在布伦塔诺作为内在对象的地方区分出作为内在对象的表象和前对象性的纯粹经验的话，那么

---

① 詹姆斯."意识"存在吗？[M]//哈克.意义、真理与行动：实用主义经典文选.陈波，尚新建，译.北京：东方出版社，2007：284.

布伦塔诺的困难就不存在了，因为同一纯粹经验可以放在心理空间里成为表象，也可以放在物理空间里成为外在对象，那么所谓的表象所表象的外在对象就是同一纯粹经验被置于物理空间所获得的对象。这就是为什么每一内在表象都同时是对外在对象的表象的原因。不过詹姆斯的解决方案会引发一个新的问题，那就是如何看待心理空间和物理空间的来源的问题。难道心理空间和物理空间的二分性不是一种新的二元论变种吗？

要破解心理空间和物理空间的二分性，我们必须再次审视詹姆斯是如何理解他所说的纯粹经验的。事实上，詹姆斯把纯粹经验看成唯一的实在，而心理空间和物理空间都是从这唯一的实在的实存方式中被构造出来的派生性事物。关于这一点，詹姆斯写道："我用不着'意识'这一概念就能圆满地界定'能知'现实地、实际地等于什么——就是说，通过世界提供的一系列过渡经验而导向知觉，并终结于知觉。"①

如果要准确地理解詹姆斯这里所说的东西，需要我们再次确认一下他是在何种意义上使用世界和知觉这两个词。詹姆斯认为世界是由作为原初材料的纯粹经验组成的整体，而不是我们日常生活所知觉到的事物组成的世界。人所知觉到的事物已经不是纯粹经验本身，而是对纯粹经验的表象，是纯粹经验被分别置于心理空间和物理空间之后的派生物，并且在詹姆斯看来，知觉的世界也就是被意识到的世界。因此，詹姆斯这句话的意思就是：意识与作为意识对象的知觉世界都是由原初的纯粹经验经过一系列的转化而构成的。而要理解这一系列的转化究竟是一种什么样的转化，就需要进一步转向詹姆斯的实用主义哲学。

在《实用主义》一书的第四节，詹姆斯从"一与多"这一古老问题入手介绍实用主义的思想。之所以从"一与多"的问题入手，是因为詹姆斯认为这一问题是"所有哲学问题中最为核心的问题"②。在詹姆斯看来，以往的哲学，尤其是从巴门尼德和柏拉图开始，都过于强调世界的统一性，而缺乏对多样性的重视，而实用主义则是一种强调多样性的哲学。詹姆斯认为世界的根本特征是变化，因而纯粹经验作为世界的原初材料本身就是一种不断变化中的多样性。"真"作为统一性只是从这一变化的多样性中建构出来的

① 詹姆斯."意识"存在吗？[M]//哈克.意义、真理与行动：实用主义经典文选.陈波，尚新建，译.北京：东方出版社，2007：290.
② 詹姆斯.实用主义[M].李步楼，译.北京：商务印书馆，2012.

相对的"真"，其"真"性只能依据它对世界本身所产生的效果来衡量，这一效果则体现在是否可以进一步促成世界的变化和多样性的生成，只有那些能够促进多样性生成的统一性才具有"真"性。之所以一切"真"都具有相对性，那是因为通过"真"而促成了新的变化的世界，使得需要进一步构成新的"真"成为必然。如果在世界变化了之后，"真"仍停留在世界变化前的样子，那么所谓的"真"就不再是可以促成世界生成的"真"，反而成了对世界多样性的一种限制，这样"真"也就变成了谬误。这种通过不断构成"真"而促使多样性的世界之生成的过程就是实践的过程。实用主义所强调的就是这一实践过程，真的建构只是隶属于这一实践过程中的一个环节而已，其本身并非像传统哲学所认为的那样具有终极意义。知觉的世界就是人在多样性的纯粹经验之上所建构的真事物所组成的整体世界，这一世界具有三种统一性。第一是作为心理主体性的意识的统一性，第二是作为物理客体的外在对象世界的统一性，第三是作为意识和客观对象世界的统一性。知觉世界颠倒了纯粹经验世界中"一"和"多"的关系。在纯粹经验世界中，"多"具有相对于"一"的原初性，而在知觉的世界中，"一"则具有相对于"多"的原初性，因为如果没有对统一性的领悟在先，就不可能会知觉到任何对象。所谓的对象就是那种可以在变化中保持不变的东西。不过，从本体论的角度来看，意识性的知觉世界最终需要奠基在纯粹经验世界之上，因为纯粹经验就是生成本身。

詹姆斯认为在从纯粹经验世界中构建出知觉世界的过程中，人的社会交往起着决定性作用。在《真理这个词的意义》一文中，詹姆斯写道："这个对现实的观念独立于你我之外，由一般社会经验取出来，处在实用主义对真理的定义的基础上。"① 而一般的社会经验使得"同一个这，在数目上同一的纯粹经验的笔（在这里詹姆斯是在用'笔'来举例子），可以同时进入许多意识结构中去，或者换言之，可以是许多不同心灵的一个对象"。② 詹姆斯此处的观点似乎意味着纯粹经验不仅是心灵与客观世界的交汇处，还是心灵与心灵的交汇处，客观对象就是在心灵与心灵的交汇处被构建出来的。可见在詹姆斯看来，与对象一起被构建出来的不是作为个体心灵的私人经验，而

① 詹姆斯. 真理的意义 [M]. 刘宏信，译. 桂林：广西师范大学出版社，2007：123.
② 万俊人，陈亚军. 詹姆斯文选 [M]. 北京：社会科学文献出版社，2007：157-158.

是作为主体间性的社会经验。这一观点后来在现象学中得到了进一步的发挥。除此之外，詹姆斯还认为语言在这种从纯粹经验中建构出社会经验的过程起着决定性意义。关于这一点，我们将结合现象学和匹兹堡学派哲学进行更为详细的论述。

詹姆斯以意识流心理学为出发点，最终建构出一整套独特的哲学体系，与皮尔士和杜威共同成为美国实用主义哲学的三巨头。在 50 岁的时候，詹姆斯为了可以全身心投入哲学思考，甚至主动放弃了哈佛大学心理学实验室主任的职位。如今在心理学界，詹姆斯的影响仿佛已经成为过去，好像他的心理学只具有历史意义，然而在哲学上，詹姆斯的影响则一直持续到今天。

四、科学主义下的客观心理学

当代心理学史家赫根汉和亨利曾说："心理学中永恒的问题基本上是哲学的问题。"[1] 意识问题正是这样一种问题。正是由于对意识现象的关注，冯特、布伦塔诺和詹姆斯等人不仅作为心理学家闻名于世，而且他们最终又都从心理学返回哲学，放弃了把心理学建设成一门独立于哲学学科这一最初企图。这似乎预示着，只要仍以意识现象为研究主题，心理学就不可能获得独立于哲学的地位。

行为主义心理学正是通过彻底否认以意识现象作为心理学研究主题的正当性而成为历史上第一个公认的真正独立于哲学的心理学流派的。不过极具讽刺意味的是行为主义心理学的发起人约翰·华生最初曾在芝加哥大学跟随杜威和摩尔攻读实用主义哲学，因而华生不可能不熟悉詹姆斯的意识流学说。摩尔非常关注心理学的发展，并在心理学课上向华生介绍了詹姆斯的著作。同样也正是詹姆斯的《心理学原理》一书所起到的决定性影响才促使杜威最终走向实用主义哲学。杜威从不掩饰詹姆斯对自己的影响，并经常向自己的学生推荐《心理学原理》一书，他认为此书对实用主义理论的诠释甚至优于詹姆斯专门以《实用主义》为题的另一本著作。[2] 然而詹姆斯和杜威的实用主义哲学却几乎没有给华生留下任何正面影响。关于杜威，华生就曾如

---

① 赫根汉，亨利. 心理学史导论 [M]. 郭本禹，方红，等译. 上海：华东师范大学出版社，2020：738.
② 陈亚军. 实用主义：从皮尔士到布兰顿 [M]. 南京：江苏人民出版社，2020：97.

此评价："我从来不懂他在说什么，对我来说不幸的是，到现在我仍然搞不懂。"① 这就很难让人不去猜测，华生最终走向行为主义心理学是否与他理解不了意识哲学具有密切的关系。在 1913 年的一次名为《行为主义者眼中的心理学》的演讲中，华生就把他对意识哲学的这份敌意表露无遗：

> 在行为主义者看来，心理学是自然科学的一个绝对客观的实验分支。它的理论目标是行为的预测与控制。内省法不构成心理学方法的主要部分，心理学资料的科学价值也不依赖于它们从意识角度参与解释的意愿。努力获得一种动物反应整体系统的行为主义者承认人与动物之间没有分界线。精细复杂的人类行为仅仅构成行为主义者整个研究计划的一个部分。②

华生在这段话里再次清楚地表明了他认为心理学的研究对象应该是客观对象，正是这一点让他把行为主义心理学与意识心理学区分开来。我们已经讨论过布伦塔诺，他明确地区分出内部对象和外部对象，并且将对外部对象的研究归为物理学，认为只有对内部对象的研究才属于心理学。在这一点上，早期詹姆斯所提出的基于意识流现象的心理学也应该被划归为研究内部对象的心理学。即便在詹姆斯最终提出了以非对象性的纯粹经验代替意识流的彻底经验主义学说，作为将纯粹经验置于心理空间而得到的心理对象依然是相对于将纯粹经验置于物理空间而得到的物理对象而言的内部对象。华生则认为心理学应该是研究外部对象的心理学，也只有这样的心理学才是客观心理学。而他眼中的意识心理学则是非科学性的主观心理学，正如他在《行为主义》第一章"行为主义是什么"的开篇强调的那样："当前，美国心理学的主流依然是两个相对立的观点——内省或主观心理学，以及行为主义或客观的心理学。在行为主义出现的 1912 年之前，内省心理学完全是美国各高校心理学研究的主流。"③

接着，在同一章里华生给出了他反对意识心理学的理由，他认为"所谓'意识'既不是一个确切的概念，也并非一个可用的概念"。为了证明自己

①② 霍瑟萨尔. 心理学史［M］. 郭本禹，译. 北京：人民邮电出版社，2011：408，414.
③ 华生. 行为主义［M］. 潘威，郭本禹，译. 北京：商务印书馆，2019：5.

的观点，华生非常具有鼓动性地把人们对意识性灵魂的相信比做原始人对魔力的相信。他认为意识只是冯特发明出来用以代替灵魂的一个术语，因为"意识并不会像灵魂那样完全不可观察。研究者能够通过偷偷地、突然地观察（内省），出其不意地捕捉到意识"，并由此得出结论说詹姆斯将心理学定义为描述并解释意识状态的学科，是"先给出一个心理学的定义，然后根据该定义再去假设所要证明的东西"式的循环论证。继而华生又颇为让人信服地指出意识心理学混乱不堪的现状：

> 你会看到，有些心理学家分析意识所得到的元素就是感觉、感觉的影子、意象。你也会看到另有一些心理学家，他们的分析所得就不只是感觉，还有所谓的情感元素。还有些人的分析结果，还有意志的元素——就是所谓意识中的意动元素（conative element）。关于感觉的类型，有的心理学家认为有几百种，有的心理学家认为只有几种而已。那些内省心理学家就是在这样的情况下分析意识的。现在有很多书详细介绍过那种不可捉摸的"意识"。但是，他们都是怎样去分析意识的呢？他们既不像分析化学上的化合物那样，也不像研究植物生长那样。他们认为，化合物和植物都是物质的东西，研究物质的方法不能用来研究意识。只有内省法——一种向内观察个体内心发生状况的方法——能用来分析意识。
>
> 内省心理学家的主要假设，就是认为存在"意识"这样一个东西，并且能够用内省法来分析。这个假设的结果就是有多少个心理学家就有多少种个人的分析。这导致心理学研究既无法以实验的方法解决心理问题，也无法将研究方法加以标准化。[①]

虽然通过上述文字，华生非常忠实地描述了他所处的那个时代的意识研究的真实状况，但是我们还是认为华生过于轻率地做出了下述对心理学影响深远的论断：

---

① 华生. 行为主义 [M]. 潘威，郭本禹，译. 北京：商务印书馆，2019：9.

我们需要做的就是开始进行心理学的革命，用行为而不是意识作为我们客观研究的对象。在行为控制中出现的课题足够让我们研究好几辈子了，就不要浪费时间去想意识是什么东西。一旦我们投身到这场革命中，将会发现我们很快就会与内省的心理学脱离，就像现在的心理学正与错误的心理学脱离一样。①

首先，我们想指出的是，意识研究中的混乱是华生所处的时代特有的问题，而这一时代的特征就是想把自然科学的研究方法推进到一切知识领域。心理学就是通过自然科学的研究方法来研究意识所做的一次尝试，不过通过《心理学原理》一书，这一种做法已经被詹姆斯充分地证明了是一种错误，这就是为什么詹姆斯最终走向了哲学，而不是继续坚守冯特所开创的实验内省法。华生并没有意识到哲学的发展将会很快改变意识研究的混乱现状。

其次，华生也没有领悟到哲学有着截然不同于自然科学的独特的问题域。如果说自然科学研究的是客观对象，那么哲学研究的则是为什么人能够认识客观对象。尽管我们与华生同样坚信存在着客观对象，并且人也通过行为与其打着交道，但与客观对象打交道并不就意味着对客观对象有认识。灵魂和意识从根本而言都隶属于认识现象。对认识本身的确认，就是认识对自身的认识，先天具有循环论证的特征，笛卡尔的"我思"就充分表明了这一点。正因为以自我确认的东西作为自己的研究领域，因而哲学有着独特的研究方法——逻辑研究。我们上一章尝试向大家论证的就是为什么从前苏格拉底对"一和多"的问题的关注开始，再到苏格拉底、柏拉图和亚里士多德，最后到笛卡尔、康德和黑格尔，这些哲学家的共同之处就在于他们所从事的都是逻辑研究。逻辑研究不仅可以得出确切、清晰的结论，而且华生所向往的自然科学的那种确定性也需要以逻辑研究为前提。

最后，我们想从逻辑的角度来指出华生心理学本身的混乱。①如果华生认为心理学应该以行为为研究对象，而灵魂只是一种过时的信仰，那么为什么还要把心理学称作心理学呢？难道不应像如今很多人一样将其称作行为科学才对吗？②如果华生认为从行为的角度来看，人与动物没有分割线，那么心理学不就是生物学吗？如果是这样的话，同样没有必要保留心理学这门独

---

① 霍瑟萨尔. 心理学史［M］. 郭本禹，译. 北京：人民邮电出版社，2011：415.

立学科。③如果华生认为人的一切都可以从自然规律的角度得到说明，那么意识心理学家的研究活动本身符不符合自然规律呢？如果不符合的话，岂不是意味着并非人的一切都可以从自然规律得到说明？如果符合的话，那么华生又是在何种意义上说他们是错误的呢？

归根结底，华生并没有领悟到暗含在哲学中的下述洞见，即意识以及其内在对象是判断行为的产物，这一特殊的行为既是主观的，也是客观的。说其是客观的，那是因为判断所基于的概念就像"1 + 1 = 2"一样客观；说其是主观的，那是因为每一次判断都是对概念的不同应用。正因为概念不是一个在时空内的存在，因而它不能成为自然科学所研究的客观对象，即便它可以以符号的形式在自然科学的对象域中占据一个位置，但它本质上仍然只能是逻辑领域中的观念对象。也正因为如此，内在对象作为借助于概念所作出的判断也同样不是一种时空中的存在，因而也不能通过自然科学的方法来得到研究。但不能通过自然科学的方法来研究，并不就意味着不能通过逻辑的方法来研究。这些观点在詹姆斯之后，经由当代现象学和分析哲学的发展逐渐地变得越来越为明晰。

虽然华生对客观心理学的构想远远没有其自以为的那样正当，但是不可否认这种客观心理学具有极大的鼓动性，以至于在华生之后的心理学家们开始羞于以意识作为研究对象。即便那些认识到行为主义心理学之局限性的心理学家，他们也不愿意完全重新返回传统的意识研究，而是想方设法找到行为之外的另一种在时空中可观察的客观对象作为意识的替代品，比如基于遗传的生物本能、脑神经活动机制或者计算机的信息处理机制等。在华生之后，最初纠缠在一起的心理学和哲学终于彻底地分道扬镳，这一点在心理学如何呈现自身的历史上表现得一清二楚。在冯特、布伦塔诺和詹姆斯之前的哲学思想，从古希腊先哲到康德，基本都被纳入了心理学史的介绍范围。但是在他们之后的哲学思想，包括20世纪最为重要的现象学和分析哲学，在心理学史上都很少被提及。即便有一些内容比较翔实的心理学史会稍稍提及现象学，那也是将其看成对布伦塔诺意动心理学继承意义上的稍加介绍。而对于分析哲学，我们更是仍未发现有任何一本普通心理学教科书会专门提及。当今著名分析哲学家罗伯特·布兰顿甚至专门写过一篇名为《分析哲学如何有负于认知科学》的长文来论述他为什么认为分析哲学对不同水平认知结构进行逻辑分析所得出的结论是认知、发展、动物心理学家本应该知道但仍完全未知的。① 这些现象非常值得我们去深思。

　　正如倪梁康所说，心理学从诞生到发展的过程中呈现出两个趋向："其一是在内省心理学或主观心理学方面的起步与停滞，其二是在实验心理学或客观心理学方面的进步与发展。"② 冯特、布伦塔诺和詹姆斯在心理学中的命运正与这两个趋向相吻合。他们的心理学最初都试图将主观心理学和客观心理学整合在一起，但最终又都因包含了过多的对主观心理学的坚守而被致力将自身全面科学化的心理学所抛弃，心理学也从此成为客观心理学的代名词。不过这并不意味着主观心理学就不再存在了。客观心理学所取得的仅仅是其在心理学内部的胜利，而主观心理学在胡塞尔等哲学家的努力下，不仅没有消失，反而在哲学范围内获得了更为成熟的形式，对当代思想和文化的影响甚至远远超过了客观心理学。

①　布兰顿. 在理由空间之内：推论主义、规范实用主义和元语言表达主义 [M]. 孙宁，等译. 上海：上海人民出版社，2019：1-46.
②　倪梁康. 意识现象学教程：关于意识结构与意识发生的精神科学研究 [M]. 北京：商务印书馆，2023：29.

第五章　现象学与逻辑研究

现象学是二十世纪最重要的哲学传统之一。埃特蒙德·胡塞尔是其创始人，其余极具影响力的主倡者还有马丁·海德格尔、让－保罗·萨特、莫里斯·梅洛－庞蒂以及伊曼纽尔·列维纳斯。现象学之所以有如此大的影响力，一个原因在于，几乎其后所有德法两国哲学理论之形成，都可以被视为对现象学的拓展或回应。因此，准确理解现象学，不仅就其本身而言意义重大，同时也始终是理解二十世纪后续理论进展的必要条件。

——丹·扎哈维《现象学入门》引言①

一、数学、心理学与现象学

1. 心理学与现象学

对于现象学研究者而言，逻辑研究与现象学的亲缘关系几乎可以算是不言而喻的。胡塞尔第一部重要著作就是发表于 1900—1901 年的两卷本《逻辑研究》，此书被认为是当代现象学的开山之作，在其中整个现象学领域的一系列基本概念首次得到系统性论述。我国现象学专家倪梁康先生对该书给予了如下评价："思想史的记录一再表明，《逻辑研究》是一个巨大的思想宝库，它的影响几乎是无法界定的。可以说它提供了理解 20 世纪西方哲学

---

① 扎哈维. 现象学入门 [M]. 康维阳，译. 北京：商务印书馆，2023：3.

与西方思维的一个基本前提。"① 不过，在我们看来，如果要真正地理解逻辑研究与现象学的关系，首先需要关注胡塞尔建立现象学的一个深层动机，那就是通过逻辑研究来打破科学心理学式的心理主义对现代人思想的束缚，并以此为基础为现代人打开一片新天地。这一新天地就是现象学，它原本就是胡塞尔心目中的心理学所应真正具有的样子。

　　虽然胡塞尔以一名哲学家的身份为世人铭记，但是要真正地了解他，我们不得不提及他与心理学之间的不解之缘。胡塞尔最初是作为一个数学家展开其学术历程的，但是后来由于受到布伦塔诺的影响而转向了心理学。也正是由于受布伦塔诺的影响，他在申请在大学教授哲学的资格的时候，就曾写下了一篇以"心理学分析"为副标题的大学任教资格论文《论数字概念》，尝试论述数字概念的心理起源。他以此论文为基础扩充而来的第一部著作是题献给布伦塔诺的《算数哲学》，并将此书看作"心理学和逻辑学研究"。②在该书中，胡塞尔得出结论认为逻辑概念和逻辑规律都是意识活动的构成物："只要随时看一眼逻辑学文献的内涵，上述说法就可以得到证实。这些文献所讨论的始终是些什么呢？讨论的是概念、判断推理、演绎、归纳、定义、分类等等——所有这些都是心理学，只是根据规范的和实践的观点进行了选择和整理而已。无论对纯粹逻辑学做如何狭窄的划界，人们都无法把心理学的东西从它之中排除出去。"③ 从上述论述中，我们可以明确地看出胡塞尔与他那个时代的哲学心理学家们分享了一个共同的观念，那就是要为"思维"找到一个坚实的自然基础，而不是仅停留在思维通过自身来反思自身的形式逻辑学范围内。

　　然而《算数哲学》一书发表后受到了来自弗雷格的批评。弗雷格认为胡塞尔在该书中混淆了心理学和逻辑学这两个根本不同的学科，试图以心理学研究取代逻辑学研究，因而陷入了心理主义谬误。④ 弗雷格认为数学作为概念虽然可以通过意识来把握，但并不是由意识经验来构成的。正如客观对象，比如一个苹果，也可以用意识来把握，但苹果同样不是由意识经验来构

---

①② 倪梁康. 现象学的始基：胡塞尔《逻辑研究》释要（内外编）[M]. 武汉：崇文书局，2023：初版绪言Ⅱ，7.
③ 胡塞尔. 逻辑研究第一卷：纯粹逻辑学导引 [M]. 倪梁康，译. 北京：商务印书馆，2017：67.
④ 施皮格伯格. 现象学运动 [M]. 王炳文，张金言，译. 北京：商务印书馆，2011：138.

成的一样。因此尝试把数学还原到意识行为与把客观对象还原到意识行为一样错误。弗雷格的批评可谓惊醒了胡塞尔。《逻辑研究》一书的诞生通常被认为是源于胡塞尔对自己前期思想中所暗含的心理主义的一次全面清算。黑尔德曾经对此评论如下："在《逻辑研究》中，胡塞尔反思自身，这些研究使胡塞尔闻名于世。尤其是第 1 卷'纯粹逻辑学导引'引起了极大轰动。这个'导引'的绝大部分是对当时极度统治着哲学并被称为'心理主义'的观点的批判。"①

2. 数概念的起源与心理主义批判

我们已经知道布伦塔诺的意动心理学留给了后人两个难题，一个是意向行为与内在对象的相关性难题，另一个是内在对象与外在对象的相关难题。这两个相关难题都涉及内在对象，因而如何准确理解内在对象就成为解决问题的关键。而数概念就是胡塞尔眼中最为明了的内在对象，这就是为什么他认为对数概念起源的研究有助于解决这两个相关难题。说数概念是内在对象，正是因为在客观对象所组成的外在世界中，我们既不能找到 1，也不能找到任何其他数。尽管我们可以写出数字 1 或其他任何我们所能想到的数，但是这些都不是数本身，而只是数的符号。② 如果我们不承认在意识性的内在的心理世界和由客观对象所组成的外在的物理世界之外，还存在着一个理念的世界作为数的居所的话，那么在排除了数在物理世界中存在的可能性之后，我们就只能认为数是心理世界中的内在对象。

在所有这些算数性的内在对象中，胡塞尔最感兴趣的是"总和"。"总和"就是"一"和"多"的直接统一体，从"总"的角度来说它是"一"，从"和"的角度来说它是"多"。比如 3 就是一个"总和"的示例，要能理解 3 就必须把它理解为一个整体，甚至我们还可以以 3 为单位计数，说一个3、两个3。但是 3 这一个整体又是由多个 1 组成的整体，所以是作为"多"的"一"。显然一个初生婴儿是不能以总和为心理对象的，虽然他可以先后感觉到 3 个苹果所给予他的视觉刺激，但是他并不能将这些视觉刺激综合为由 3 个苹果组成的整体，因此他也意识不到什么是作为总和的 3，更不可能

---

① 胡塞尔. 现象学的方法［M］. 倪梁康，译. 上海：上海译文出版社，2005：13－14.
② 关于这一点，可以参照前面在介绍柏拉图的章节里对符号和理念关系的探讨。

意识到这个总和 3 是一个由 3 个 1 所组成的总和。随着他的生活经验慢慢丰富起来，他首先要有"总和"这一概念，然后才能开始对算数有更进一步的理解。显然他基于经验的意识活动是他能够最终把握"总和"这一作为内在对象的数学对象的前提，这其中所体现的就是意识活动和数学对象的相关性。如何通过这种相关性把"总和"这样的数学对象还原到意识活动上，就是胡塞尔在《算数哲学》中想要完成的工作。

依据此种设想，胡塞尔分析了基于"表象"等低阶心理活动之上的"综合行为"如何作为一种"高阶心理行为"在人们形成"总和"这一内在对象中所起到的关键作用。这时候在胡塞尔眼中，虽然"综合行为"是以低阶心理活动为对象而展开的反思，但是其依然是基于兴趣和选择注意的心理行为，而不是其后来所认识到的逻辑上的先天综合。就像一个儿童要先后经验 3 个苹果，就首先需要在一定时空范围内，把注意力依次集中在苹果之上，而不是集中在放苹果的桌子之上一样。不过问题在于，只要认为"综合行为"依然是一些经验性的心理行为，而不是康德意义上的独立于经验的先天逻辑规则，那么胡塞尔的《算数哲学》就应被视作基于归纳法的经验主义的一个变种。休谟的怀疑论同样适合于胡塞尔，既然归纳法只能产生或然性知识，而数学又是一种公认的必然性知识，其又如何可能仅从归纳法中产生呢？也正是从一个康德主义者的角度出发，弗雷格对胡塞尔的《算数哲学》提出了批评，认为胡塞尔把有关数的一切都看成了表象，也就是"一切都成了一个经验性个人的、在时间上单一化的、心理内界的意识内容"①。

虽然弗雷格的批评让胡塞尔意识到自己的理论在表述上的含混不清——并没有像他后来在《观念 Ⅰ》中那样明确地区分出意向行为（诺耶思，"Noesis"）和内在对象——即意向内容（诺耶玛，"Noema"）的区别②，但是这并不意味着胡塞尔简单地认同了弗雷格的批评。胡塞尔在谈论数学对象的心理学根源的时候，并没有把作为意向行为的表象和作为意向内容的表象等同起来，他只是强调在两者之间存在着相关性，因而意向内容也常常被胡塞尔称作意向相关项，而这种相关性也正是布伦塔诺提出意向性学说所要强调的东西。如何理解这种意向性相关是胡塞尔一生都没有放弃的努力，为此

---

① 贝尔奈特，肯恩，马尔巴赫. 胡塞尔思想概论 [M]. 李幼蒸，译. 北京：中国人民大学出版社，2011：19.
② 胡塞尔. 纯粹现象学通论 [M]. 李幼蒸，译. 北京：中国人民大学出版社，2014：168 – 170.

胡塞尔最终在对形式逻辑研究的基础上构建出了他最具特色的哲学——先验逻辑。弗雷格对于胡塞尔的意义只在于他提醒了胡塞尔，要阐明这种相关性，首先应该独立于意向行为来对意向对象进行逻辑阐明，只有在此基础上，才能进一步转向对相关性的说明。就此而言，胡塞尔即便在写作《算数哲学》的时候也不是一个致力于单方面通过意向行为来说明诸如"数"这样的意向对象的、弗雷格意义上的心理主义者。

我们必须承认布伦塔诺的意动心理学对胡塞尔的深远影响，甚至现象学本身就是建立在布伦塔诺所提出的意向性这一观点之上的。要准确地理解胡塞尔所批判的心理主义的一个关键就是要准确区分出布伦塔诺意义上的主观心理学和客观心理学的不同。如果说主观心理学的核心对象是意向行为，那么客观心理学的核心对象则是心理或思维过程。正像我们前文所特别强调的那样，布伦塔诺认为心理事物遵循的是意向性关系，而物理事物遵循因果关系。按照这种区分，意向行为应从其与意向对象之间所具有的意向性关系的角度来考察，而心理过程作为客观心理学的对象则属于物理事物，无论是作为行为还是脑神经活动，都应从因果关系的角度来考察。胡塞尔用"心理主义"一词所要真正表达的是如下这种观点，即客观心理学混淆了心理事物和物理事物，试图将与内在对象相关的意向行为还原到具体的、因果关系所制约的心理过程上去。这样做的最终结果就是取消内在对象的独立性，同时也把意向行为等同于心理过程。而这些都正是布伦塔诺所要反对的，因为他认为对物理事物的经验应该奠基于对内在对象的经验之上，而不是反之。在此种意义上，胡塞尔对心理主义的反驳显然是对布伦塔诺观点的延续。

可见在胡塞尔眼中的心理主义是一种基于客观心理学的心理主义，而非基于主观心理学的心理主义。如果不是这种客观心理学式的心理主义普遍存在于华生之后的整个心理学之中，也许其更应该被称作物理主义才对。胡塞尔曾将这种基于物理主义的客观心理学比作计算器心理学，他说："（计算器）对输出的符号的整理与联结是根据自然规律来调节的，就像算术定律为它们的含义所要求的那样。但是想从物理上解释这个机器的进程，没有人会去引用算术规律，而只会去引用力学规律。这种机器当然不会思维，它不理解自己和自身成就的意义。"① 可见胡塞尔认为思维应从意义和理解这些主观角度才能得到真正说明，而不是从因果机制这样的客观角度。而意义与理解是源于意向性事实，属于规范性领域，受逻辑必然性，而非因果关系的调节。或许黑尔德的总结更形象地描绘出当今客观心理学所基于的那种胡塞尔所致力反对的心理主义的特征："它将关于正确的思维的问题与用现代临床心理学语言来说明思维过程和对我们大脑中神经生理学板块构造的自然科学经验描述混为一谈。"② 在此种意义上，布伦塔诺和詹姆斯都不应该算作胡塞尔眼中的心理主义者。为了更好地理解这一点，我们需要进一步来看一下胡塞尔是怎么理解作为内在对象的数与作为客观对象的数的区别的。

3. 数学与符号世界

布伦塔诺意动心理学中的两个相关性难题的第二个就是如何理解内在对象与外在对象的相关性，这种相关性在数学上体现为作为意向内容的数与作为符号的数之间的相关性。这一相关性同样是胡塞尔在《算数哲学》中要探讨的重要议题。胡塞尔将作为意向对象的数看作对数的真正表象，即内在对象，而将作为符号的数看作数的非真正表象，即外在对象，或客观对象。在胡塞尔看来，数的真正表象不是通过计数而得来的，而是一眼就能够瞥见的直觉。比如我们伸出一只手，并不需要通过一根一根地去数手指就能知道这是 5。这时候 3、4、5 这样的一些数学符号所表示的数的真正表象是分别作为一个整体所给予我们的，我们并不知道 3 是由 3 个 1 所组成，也不知道 4 是由 4 个 1 所组成，5 是由 5 个 1 所组成，更不知道 4 比 3 多 1，5 又比 3 多 2 等，我们只知道 3、4、5 分别是不同的整体。但当这个数的整体所包含的潜在的数量大到一定程度的时候，比如对于 13、14、15 而言，我们就无法再通过直观就能够分辨出它们的区别，因而 13、14、15 在数的真正表象上会被我们等同地看作"多"。很多原始部落的人甚至会把 3 以上的数都称作"多"，他们所能拥有的数学符号也因此只有 1、2 和"多"。

为了能够准确地区分那些我们共同称作"多"的数之间的差别，人们就需要借助于数符号进行计数。当通过计数行为，我们成功地把各种各样的

① 胡塞尔. 逻辑研究 第一卷：纯粹逻辑学导引［M］. 倪梁康，译. 北京：商务印书馆，2017：84.
② 胡塞尔. 现象学的方法［M］. 倪梁康，译. 上海：上海译文出版社，2005：15.

"多"转换成数字符号的时候，比如转化成 13、14、15 的时候，我们就能够再次在直观上对它们进行区分，但是这种区分是建立在对数的真正表象进行符号化所得到的对数的非本真的表象的基础上的。虽然我们一眼就能够看出这些符号化了的数的区别，但是我们仍不能在本真的表象上一眼就能够看出这些不同的"多"在符号化之前的区别。数符号要成为计算的工具，就要依附于一种计数规则，自然数系统就是一种最为简单的，也是最为原始和最为基础的计数规则。最小的自然数是 1，1 同时也是所有其他自然数的基本单位。每一个自然数可以被看作 1 和 1 的后继，或者是 1 的后继的后继以至无穷。而后继同样就是 1。因而 1 的后继是 1+1，即 2。2 的后继就是 2+1，即 3。为了计数的方便，人们还建立了进位的规则，最常见的进位规则是十进制，这样我们只需要从 1 到 9 这 9 个基本数符号，再加上一个占位符号 0，就可以以方便的方式将巨大数量的"多"符号化，以帮助我们对其进行直观的把握。每一个懂得这一计数规则的人都很容易区分一亿和一亿零一的差别。但是在本真的数表象上，这种区分几乎是不可能的。

从我们日常的理解来看，胡塞尔的这一观点极具颠覆性。在日常生活中，我们每一个人都习以为常地把数的符号当成数本身。当我们向别人伸出五个手指的时候，我们希望他人能一口说出的是 5，而不是手。我们以为手指就是数本身，而很少仔细思考它只不过是通过意义诠释才能指向数本身的符号。对于那些我们创造出来的数字，比如 1、2、3 而言，情况就更是如此了。为了突出作为外在对象的非本真的符号数和作为内在对象的本真数的差别，胡塞尔将以记号为中介的计数行为称作"空范畴行为"，并认为作为外部对象的数的符号需要奠基在作为内部意向内容的数直觉之上，而不是反之。或者更准确地说，意识所觉察到的那个独立于意识的符号数，是由意识从内在于自身的意向内容那里建构起来的。这些我们每一个学会了算术的人所习以为常的具有准确量的数并不是被直观到的数，也因而不是意识的直接对象。

胡塞尔对算数的思考同样适合于几何学。胡塞尔认为作为意向内容的几何空间也不是我们现在所能想象的空无一物的空间，而是只能通过对物的构造过程的澄清才能够得到说明的空间。胡塞尔曾从认识的发生秩序的角度划分出依次递进的四种空间：日常生活的空间、纯粹几何学的空间（表象的）、应用几何学的空间（即自然科学式的物理世界）和形而上学的空间（解析几何学式的）。在胡塞尔看来，只有日常生活的空间才是最本真的空间，而其他三种空间都是本真空间经由对象化而来的非本真空间。这种作为本真空间的日常生活的空间作为意识的内在对象而存在："我把它看作科学之外的意识的空间，是所有人（不管是小孩还是成人，学者还是门外汉）在活生生的感知和想象中所发现的、与多重感官性质有着不可分的关联的（或更好的说是相互渗透的）空间。"① 这种活生生的感知和想象就是对各种各样具体的物及其属性的表象，不过与这些表象一同给予人的是一种众表象间通过相邻、包含等关系所形成的统一体。比如我们可以拥有关于"物、人、房子、树木、桌子等的表象，但是它们并非是在一个单纯的集合联系中，而是在一个直观统一体中（例如一处风景、一条道路、一个房间等等）被给予的，它们作为直观的相对独立和相对自我封闭的子单位而被引入其中"②。可见，在胡塞尔眼中，本真的空间作为直观统一体与作为"总和"的本真数具有天然的联系。不过本真空间比本真数在起源上更加原始，因为本真数作为"总和"表示的是单纯的集合联系，这种联系相对于直观统一体是第二性的关系。因为只有在一个个直观统一体的基础上才能构成集合联系。就像我们看到一个苹果是一个直观统一体行为，而看到三个苹果则是集合了三个直观统一体的集合行为。

　　然而如果对直观统一体是如何被给予意识进行进一步的分析就会发现，任何一个直观统一体都只有被放置在一个视域中才能被给予。如果以一个杯子作为直观统一体的话，那么这个杯子要么是放在桌子上的一个杯子，要么是放在柜子里的一个杯子，而不可能是一个没有任何缘由自己飘浮在空中的杯子。这里的桌子或柜子就是杯子作为直观统一体被给予我们的视域。虽然我们的意识只聚焦于这个杯子之上，仿佛并没有注意到桌子的存在，但是只要你想象一下如果你仅仅看到一个杯子没有任何支撑地飘浮在空中你会有多么的惊奇，你就知道你已经潜在地把杯子视作必然放置于桌子或任何其他东西之上的杯子了。同样，放置杯子的桌子也需要自己的视域，正如桌子也不可能像杯子一样没有任何支撑地飘浮在空中一样，桌子也要靠地面来支撑。虽然当我们将意识对准作为桌子的直观统一体的时候，地面并没有成为我们

①② 奚颖瑞. 数学、逻辑与现象学：论胡塞尔思想的发端［M］. 杭州：浙江大学出版社，2018：75，77.

意识的直接对象，但是其同样是作为桌子的视域而已经潜在地被给出了。地面作为杯子之视域的桌子的视域，同样也是杯子的视域。此外，视域和作为直观统一体的对象可以相互转化。当我们注视着杯子的时候，放置杯子的桌子就是视域，而当我们注视着放了杯子的桌子的时候，杯子就成为视域。甚至我们有能力把杯子和桌子合在一起作为一个共同的直观统一体，但是这个新的统一体同样需要它的视域。对象与视域的关系就像山外有山、天外有天一样。当我们翻过一座山，会在其后发现另外一座山，以此类推直到无穷。胡塞尔认为这个无穷就是所有直观统一体之为对象所被置于的总视域——世界。用胡塞尔的话来说，任何一个直观统一体都是在世界中被给予我们的。万事万物都在这个世界中，彼此作为对象和视域互相转换。我们注视着杯子的时候，桌子就沉入了世界之中，而我们注视着桌子的时候，杯子又沉入了世界之中。虽然世界中的每一部分都可以从视域转变成对象，但是世界本身作为一个整体永远只能是视域性的。这样的一个作为总视域的世界就是本真的空间。如果这样的一种本真空间被称作生活空间的话，那么作为总视域的世界则可以被称作生活世界。

通过对本真的生活空间进行抽象，我们首先获得了一些初步的几何对象，比如点、线、面或体。这些初步的几何对象不是作为物的直观统一体，而是作为物与物，也就是物与视域的界线的直观统一体。这些点、线、面作为初步的几何对象仍不是真正意义上可以脱离物和其所处的视域而单独被观察的点、线、面，因而仍不能算做几何学对象。真正的几何学对象是我们对这些初步的几何对象进行符号化的产物。这时候，点就是我们点在一张白纸上的一个点，线就是我们画在白纸上的一条线，面就是我们用一条曲线在白纸上圈出的一片圆。更为重要的是，我们还给它们进行了命名，把它们称作"点""线""面"，这样我们就有了脱离事物和视域，仅仅通过符号单纯思考点、线、面的能力。只有借助这些几何符号，几何学才有可能，因而几何学的对象并不是本真的生活空间，而是在本真生活空间之上进行抽象和概念化而得到的几何符号。

正是基于概念化的几何符号，我们才能构想出一个没有任何事物于其内的纯空间。把这样一个纯空间按照三个纬度进行数字化，也就是把几何符号纳入计数的规则系统，就可以把这个空间中的任何一点赋予一个唯一的坐标值，依此种方式我们建立了解析几何学。以几何学空间为容器，我们可以把所有的物理事物置于其中，测量其位置、体积和大小。牛顿物理学就是在这种几何学空间上建立起来的。万有引力所体现的实际上就是两个物体在几何学空间意义上的位置关系。首先相互发生引力关系的两个物体被在几何符号的意义上抽象为两个质点。然后根据连接这两个质点直线的长度，测定它们之间的距离。最后得出结论——两物体之间的引力与距离的平方成反比。因而我们可以把物理学所描述的世界看作基于几何学空间的世界，这样的世界是对生活世界进行数学符号化的结果。如果我们把生活世界视作本真的话，那么物理世界就是非本真的。

4. 符号世界与生活世界

胡塞尔从发生学的角度将我们对世界的领悟分成了三个层次：生活态度下的世界、自然态度下的世界和科学态度下的世界。为了方便，我们将这三个层次分别称作生活世界、自然世界和科学世界。他的这种划分与他对数学的理解密切相关，生活世界就是本真的数学世界，而自然世界和科学世界都是经由对生活世界进行符号化而来的世界。它们的不同则在于自然世界的符号化源于人们日常生活的以言语为中介而进行的交往，而科学世界的符号化则是在自然世界的基础上进一步进行纯粹的数学符号化的产物。

如果说自然世界主要是由杯子、苹果等这样与人们的日常生活经验密切相关的自然事物和与其相应的以命名为主的自然语言所构成，那么科学世界就是由原子、分子等这样非日常生活经验所能触及的理论事物和数学符号化的逻辑语言所构成。鉴于生活世界是前符号化的世界，因而我们并不能对其在符号思维的层面上进行反思，我们仅能凭借直觉，以与其未分离的方式生活于其中。当我们通过命名将我们在生活世界中展开直觉化的生活时所遭遇的事物用语言标示出来的时候，比如把我们正在吃着的一个苹果称作"苹果"的时候，我们就已经开始把以生活世界中本真地存在着的苹果从生活世界的整体性中分离出去，将其以符号的方式非本真地置于语言世界中，这时候我们才有了可以对自身在生活世界中的遭遇进行反思的能力。不过这也注定了这种反思的非本真性，因为我们所反思的只能是我们生活于其中的生活世界在语言中的一个投影，而不是生活世界本身。这种借助符号所展开的反思也改变了我们与世界的关系，如果说我们只能生活于生活世界中，那么我们借助语言而对生活世界的反思却让我们仿佛站在世界之外，这就是我们会迷惑于我们在自然世界中的出生和死亡的原因。无论是思考出生，还是思考死亡，都是一种仿佛站在世界之外的思考，此类思考在形成对世界的自然态度之前是不可能的。

对世界的自然态度的形成可以说是人类发展进程中最为重要的一环。只有在自然态度下，人在生活世界展开生存的过程中所获得的主观性的个体经验才有可能成为在人与人之间通过教化活动进行传递的知识。知识正是将经验进行符号化的产物，文化传承和积累的过程正是借助符号进行知识积累的过程，由此，人也将自身提高到一种远超出动物性存在的存在高度。但是我们不能因此而忽视在经由符号化的知识活动所形成的自然态度的背后所隐藏着的一种巨大的危险，尤其是在人们不知不觉地颠倒了生活世界和自然世界的关系的时候。胡塞尔不断地强调只有生活世界才是本真的世界，而非本真的自然世界只有寄生于生活世界之上才能获得自身真正的意义。也就是说人们通过符号化而来的自然世界所形成的所有反思都是建立在生活世界之上的，并且最终也都需要反哺于生活世界的生成与发展。但是实际上人们所做的却往往是将生活世界当作一个主观任性的、多变的和不成熟的世界，因而是需要被客观的、清晰的和确定性的自然世界所取代的世界。于是人们越是执着于自然世界之中的是是非非，就越会远离生活世界。

科学世界就是自然世界在致力于将世界客观化的进程所能达到的终点。数学被认为是最为客观的符号，是符号的符号。通常自然语言符号被认为是不可能被完全翻译的，就像虽然我们认为英文的"apple"就是汉文的"苹果"，但是这种等同仍只是一种大致的等同。虽然中国人眼中的大部分"苹果"都被英国人称作"apple"，但是我们不能否认非常有可能有某种被中国人称作"苹果"的水果，英国人并不叫它"apple"。但是在自然语言基础上进一步抽象而来的数学符号却是在不同语言中可以被完全翻译的。中文中的"一"绝对地等同于英文中的"one"，中文中的"三角形"也绝对地等同于英文中的"triangle"。因而如果将世界日常语言化，我们所得到的仍是一个具有文化和语言相对性的非绝对客观性的世界；而如果将世界数学符号化，我们所得到的就是一个独立于任何文化和语言，以及历史的绝对的客观世界。这样的一个世界就是科学世界。如果人的意识和心理在本质上是主观性的，那么在科学世界中就将注定找不到意识和心理的位置。如果我们认为只有这个绝对的客观的科学世界才是唯一真正的世界，那么主观性的人之灵魂最终将不可避免地在这个科学世界中沦落为无家可归的状态。这就是客观心理学所最终走向的道路。在把意识和灵魂要么逐出心理学的研究领域，要么还原为作为客观的科学世界中存在的躯体和脑活动之后，人们也终将将自身生存的意义虚无化。

胡塞尔认为对数学本源的追溯可以将蕴含在客观心理学及其背后的科学主义中的谬误予以彻底揭示。我们不能脱离发生学进程，将主观性的生活世界和客观性的科学世界之间的对立绝对化，更不应该单方面地承认科学世界而否认生活世界。我们应该意识到如果没有生活世界为其奠基，科学世界就如同一只尝试在真空中飞翔的鸟儿，虽然鸟儿在空中翱翔的时候并没有意识到空气的存在，但是这绝不意味着空气对于飞翔而言是不重要的。现象学的任务就是再次将作为空气的生活世界向作为飞翔着的鸟儿的科学世界揭示出来。

二、内在意向性现象学

1. 悬置、意向性与现象学还原

胡塞尔认为在科学已经全面侵入并主导了人们意识生活的现代世界，哲学肩负着帮助人们恢复对世界之本真意识的使命。要做到这一点，人们首先需要学会的就是将在自然态度和科学态度下所形成的符号化的世界意识悬置起来。当然胡塞尔要悬置符号世界并不是因为符号世界是非本真的，而是因为他认为现代人太容易沉浸在符号世界之中而无法注意到更为本源性的生活世界。面向生活世界的现象学态度通常被面向符号世界的自然态度和科学态度所掩盖、所遮蔽，将自然态度和科学态度进行悬置将有助于人们重新发现这更为本源的现象学态度。胡塞尔形象地把悬置比作加括号，也就是把基于自然态度和科学态度的符号世界放到括号里。结合胡塞尔对布伦塔诺意向性构成的三个纬度的划分的改造而来的"意向行为—意向内容—客观对象"这一新划分，悬置符号世界的目的就是通过将客观对象放进括号里，以更加凸显意向性结构中所包含的作为构成客观对象之基础的"意向行为—意向内容纬度"。进行了悬置以后，我们所得到的新的意向性结构可以表述如下：意向行为—意向内容—（客观对象）。

　　悬置而不是取消客观对象，还有另一层至关重要的考虑，那就是我们并不能直接谈论前符号化的"意向行为—意向内容"。任何直接谈论都必然要把被谈论的东西符号化，这就意味着前符号化的东西一经谈论就不可能是其前符号化的本真状态了。也就是说当我们谈论"意向行为—意向内容"的时候，不可避免地把其变成了客观对象。但是这并不意味着我们完全不可以谈论"意向行为—意向内容"。如果胡塞尔的观点是这样的话，那么他就没有必要做任何关于现象学的讲座，写任何关于现象学的书了。不能直接谈论并不意味着不能间接谈论，我们可以把加括号，也就是悬置，看作胡塞尔发明的间接谈论前符号化的东西的一种方式。将客观对象加上括号提醒大家的是我们所真正要谈论的并不是客观对象本身，而是通过直接谈论客观对象来间接谈论构成客观对象之本源的前符号化的"意向行为—意向内容"。于是意向性结构可以重新表述如下：意向行为—意向内容 =（客观对象）。也就是说，胡塞尔认为我们只能通过谈论客观对象的方式来间接谈论"意向行为—意向内容"。这样现象学态度看起来就似乎和符号态度不是完全对立的。括号的存在就为了在保证统一性的前提下，提醒这种差别的存在。括号提醒着我们要时刻注意不要沉迷于括号之中的符号性存在，而是要遵循括号的指示，绕到符号的背后去领悟其前符号化的意义。在胡塞尔看来，进入现象学的最为关键的一步就是学会如何使用加括号进行悬置的方法。甚至现象学本身就是通过学会如何正确地对客观对象性进行加括号的方式来完成的。

　　如果我们把"意向行为—意向内容"这一整体称作意识的话，那么意向性结构就可以进一步简写成：意识 =（客观对象）。这一简化的结构可以突出胡塞尔的意向性结构和布伦塔诺的意向性结构中的一些内在不同。按照布伦塔诺的论述，意向性中最重要的问题是围绕着内在对象展开的两个相关性，一个是心理过程，或用胡塞尔的话来说是意向行为和内在对象的相关性问题；另一个是内在对象和外在对象的相关性问题。可以说这两个相关性问题都没有在布伦塔诺的意动心理学中得到令人信服的解释。而在胡塞尔的现象学中，意向内容并不像内在对象在布伦塔诺那里那样拥有独立的地位。在胡塞尔的意向性结构中，意向内容并不仅凭自身就与客观对象相关，而是和意向行为一起作为意识整体地与客观对象相关。在胡塞尔看来，客观对象是将内容进行符号化的产物，而意向内容是前符号化的，因而也是非对象性的。虽然意识先天具有进行对象化活动的倾向性，但是意识本身并不包含任何已经被符号化的客观对象。客观对象作为符号化的内容只能是意识之外的对象，因而也只能是外部对象，而不可能是内部对象或主观对象。这也是胡塞尔不再把内在对象称作对象，而是称作内容的原因。这样一来意识和对象之间的关系就不再是主观性的内在对象和客观性的外部对象之间的对象与对象间的关系，而是非对象性的主观性意识与对象性的客观对象之间的一种非对象与对象的关系。这样我们就更不可能再把意识和对象的相关关系误解成因果关系了，因为因果关系只能存在于两个对象之间。意向性作为非对象性的意识与客观对象之间的关系只能被看成一种符号关系，是意义与对象的关系。意义经由符号化得到了对象，而对象作为符号经过悬置则会得到意义，就像一个人用一支黑色的笔写一个"白"字所体现的那样，作为一个对象，它是黑色的，只有将它的黑色进行悬置，我们才能绕过它的对象性存在洞察其"白"的意义。这里面包含的就是意义与符号性对象之间的意向性关系，而不是对象与对象之间的因果关系。

在悬置的基础上，胡塞尔进一步提出了"现象学还原"这一最为重要的现象学方法。如果说自然态度和科学态度认为世界以及其中的客观对象是独立于意识的对象，那么通过悬置，人们将会发现这些所谓的客观对象最终只能是向着意识显现的对象。这种将客观对象向主观意识显现的回溯就被胡塞尔称作"现象学还原"。如今现象学被明确地界定为研究事物如何向意识显现的学问。如果说经验是对作为客观对象的事物的经验的话，那么对象向意识显现的条件也就是经验得以可能的条件。因而现象学还原在康德哲学的意义上可以被看成一种先验的方法。

2. 内在意向性：意义与对象的双向建构

通过悬置，我们得到了意识 =（客观对象）这一意向性结构。我们可以说意识是客观对象之意义的构成活动，而客观对象则是意识通过意义构造来超越自身所达到的彼岸。于是意识本身作为"意向行为—意向内容"就可以被改写为"意义构成行为—意义"，下文中我们将此进一步简称为"行为—意义"。从这一点我们也可以看出现象学和华生所代表的心理学上的行为主义对于行为之理解的根本不同。在现象学中，行为和意义是一个整体，行为永远是意义构成的，而意义也永远只能是行动中的意义，只有经过符号化之后，我们才能分别单独谈论行为和意义。心理学的行为主义的问题就在于其试图在否认行为与意义之间的意向性关系前提下，单独从因果关系的角度谈论环境和行为的关系，这样的行为主义其实只有建立在符号化的基础上才有可能。但是行为主义者对于这一点并没有任何意识。

在胡塞尔看来，行为—意义不仅是一种意向性结构，而且比"意识 =（客观对象）"这一意向性结构更为本源。为了区别这两种意向性，我们可以把"行为—意义"称作内在意向性，也就是内在于意识的意向性；把"意识 =（客观对象）"称作外在意向性，也就是意识超越自身达到自身之外的意向性。内在意向性也是一种超越，但是仍是在自身之内的超越，这种超越在意识之内逐步建构起不同层次的意义。不同的意义构造则会促成不同的内容之显现，通过符号化，这些显现最终会成为不同的主观对象性知觉①。正如梅洛－庞蒂在《知觉现象学》中所强调的：

> 在先验意识（先验意识即前符号化、前对象化意识）面前，世界在一种绝对透明中展开（透明意味着是在自身之中，而不是在自身之外），并被哲学家负责从其结果（所谓的结果就是最终所构成的符号化的客观对象）出发进行重构的一系列统觉（统觉就是意义构成行为）贯穿地赋予生机。于是我的红色感觉被统觉为某一被感觉到的红色的显示，被感觉到的红色被统觉为一个红色表面的显示，红色表面被统觉为一块红色纸板的显示，而红色纸板最终被统觉为某一红色的东西（即这本书）的显示或侧影。因此，可以对意识进行界定的正是让某种质料意指一种更高级现象的统握、意义给予、积极的含义运作，而世界不外乎就是"含义（意义）世界"。②

梅洛－庞蒂的这段话里隐含着一种非常重要的对意义构成行为机制的说明。首先，我们看到这样一种进程：由红色显示—红色—红色表面的显示—红色表面—红色纸板的显示—红色纸板—红色的东西的显示。我们如何理解红色的显示、红色表面的显示等这些被加上了"显示"二字的词语与红色、

---

① 胡塞尔认为知觉是最本源的外在意向性，对象最初是通过知觉给予意识的，在此基础上回忆和想象等其他外在意向性才有了可能。
② 梅洛－庞蒂. 梅洛－庞蒂文集　第 2 卷：知觉现象学［M］. 杨大春，张尧均，关群德，译. 商务印书馆，2021：7.（括号里的文字是笔者为了方便读者理解而加上去的。）

红色表面这些没有加"显示"二字的词语在表达上的不同呢？实际上加上了"显示"二字的词语表达的是意识层面的东西，也就是意义。而没有加"显示"的词语表达的是主观对象层面的东西。这样我们就会发现在梅洛－庞蒂的叙述中隐含着一种对意义和主观对象之间的相互建构过程的描述。先是在作为意义的红色显示上建构起来作为主观对象的红色，然后作为主观对象的红色又反向建构起作为意义的红色表面的显现，如此类推，直到由作为主观对象的红色的纸板建构起作为意义的红色东西的显示。我们知道作为红色东西的显示进一步经过符号化，将会得到一个纯粹个体性的外部对象——这本红色的书。这一意义与主观对象的双向建构，预示着一种发生现象学，也就是从意识与主观对象在交相生成的过程中来阐明意识与主观对象之必然的相关性。无论是意识还是主观对象，都不可以脱离对方而独存，因为真正实存的永远是作为意向性之两极相伴而生的"意识—对象"。

其次，在所有这些不同层次的显示中，有一种最为原初的显示，任何其他的显示都是以此为基础而被构建起来的。这一最为原初的显示被胡塞尔称作原初的被给予性，代表着意识中最为被动的方面，用我们现在比较熟悉的心理学术语，可以把这原初的被给予性称作感觉。通常心理学意义上的感觉仅是感觉器官对外在刺激的被动接受，而知觉则建立在对感觉的主动解释之上，但是我们用来表示胡塞尔称之为原初的被给予性的这个感觉与心理学意义上的感觉并不完全等同。这一我们视作现象学意义上的感觉并不是纯粹的被动性的，在其中同样包含着主动的"综合行为"，也就是说此种最原初的被给予性依然是一种统觉，而非单纯由感觉予料所构成的感性杂多。纯粹的感觉是最纯粹的意识经验，就是詹姆斯意义上的意识流。在这一意识流的一极是不断变化着的感觉行为，另一极是作为感觉主体的先验自我，也就是詹姆斯意义上的主我。从这里我们就可以看出现象学对笛卡尔、康德和詹姆斯哲学的继承。胡塞尔主张哪怕经历了最为彻底的悬置，我们仍能保留一种对世界的持续体验，这种体验就是一种流动起来的笛卡尔式的"我思"。感觉行为带来的是意识中流动的一面，而先验自我则代表着意识中稳定不变的一面。于是在感觉层面上具有"行为—意义"结构的内部意向性又可以被具体表述为：感觉—先验自我。"感觉"对应的是行为，而"先验自我"就是最为原初的意义。如果我们考虑到胡塞尔是在一种现象学还原的意义上非对象性地谈论意识流的话，那么这一最为原初的被给予性其实就是晚期詹姆斯所说的纯粹经验。甚至如果我们从古希腊哲学"一和多"的关系以及柏拉图的理念论来看，感觉作为最原初的知觉显现就是最初的理念活动，也是最为纯粹的灵魂（意识）状态。关于这一点，黑尔德曾做出如下评述：

> 感觉作为意识的"实项"因素自身并不与对象之物发生联系。它们具有非对象性的内涵，但这内涵是非课题地作为基础在"发挥着作用"，意识可以根据这个基础朝向对象；只有通过感觉，感知的意识才能获得对象世界的颜色、口味、形状、气味这些财富。所以，对于世界的显现而言，在感觉中已经包含着质料。但是这种质料——胡塞尔采用相应的希腊语表述："Hyle"，即德语的"材料"——首先必须用来为意识显现一定对象的特征和关系。要做到这一点就要将杂多的感觉内涵对象化，并且将它们立义（即建立意义）为某种从属于对象的统一性的东西。被感觉之物以这样一种方式被解释、"被统摄"，以致对象之物在它之中"展示"出自身。胡塞尔对一个古希腊词"Noesis"（即诺耶斯或意向行为，与被称为诺耶玛的意向内容相对应）——它标志着一种注意和倾听的行为的进行——做了自由发挥，用它来称呼上述对"质料"、"第一性的立义内容"的构形，或者说，对它们"赋予灵魂"（灵魂就是先验自我）。通过这种对统觉中质料的意识行为活动上的构形，被感知的事物就构造起了自身。①

最后，梅洛-庞蒂的这段话还意味着知觉的对象是作为殊相的个体，其出现是经历一系列的感觉建构后的最终产物。而真正意义上的知识活动的最初对象就是作为殊相的个体。人们通常所拥有的第一份知识就是知道了某一个体的名字，这是对作为个体的知觉对象进行符号化的产物。符号化的对象以名字的形式存在，也只有以名字为中介，知觉对象才成为可以在人际通过语言进行交流的客观对象，人也由此从感觉之上建构起了知识大厦。胡塞尔认为符号化的过程所经历的次序与对象化过程所经历的次序正好相反。后者所经历的顺序是由感觉到知觉，而前者所经历的顺序则是由知觉到感觉。也

---

① 胡塞尔. 生活世界现象学［M］. 黑尔德，编. 倪梁康，张廷国，译. 上海译文出版社，2017：12.（括号里的文字是笔者为了方便读者理解而加上去的。）

就是说首先经由语言命名而符号化的客观对象不是红色，也不是红色表面或是红色纸板，而是这本书。从符号化的角度，儿童首先学会说这本书，然后再学会说这是一本红色的书。而从对象化的角度，儿童则是首先学会以红色为内在对象，然后再学会以红色的书为内在对象的。

3. 内部的被给予性与自我的权能

由上述分析我们可以得到三种对象被给予我们的方式。第一种是感觉的被给予性。按照这种方式，对象以非对象性的感觉材料的方式被给予我们。第二种是知觉的被给予性。按照这种方式，对象以某物的方式被给予我们。第三种是符号化的被给予性。按照这种方式，对象以概念的方式被给予我们。这三种被给予方式中，最为基本的就是知觉的被给予性，胡塞尔将这种最基本的被给予性也称作直观的被给予性。感觉的被给予性不能被称作直观的，是因为在其中仍没有任何对象可以被直观到。符号化的被给予性也不能被称作直观的，是因为在其中包含着借助于符号性概念进行推理的成分，因而是间接的。而通过知觉被给予的某物既位于由感觉的被给予性引发的对象化过程的终点，也位于由概念所引发的符号化进程的起点，某物所处之处就是对象化和符号化两个进程的交汇处。缺乏了被感性对象化所充实的符号化最终导致空概念，而缺乏了符号化的感性对象仍不能算做真正的独立于意识的客观对象。只有通过知觉被给予我们的某物既是被对象化所充实的，也是可以被直接符号化的，承担着作为明见性这一本原性的被给予性的角色。因而，胡塞尔认为对知觉的现象学描述在现象学中具有基础性地位。

知觉是某物作为某物整体的给予直观的产物。这首先意味着知觉不是某一感觉孤立运作的结果。当我们看到一个红苹果的时候，我们不仅通过视觉感觉到它的红，而且我们还由此拥有了对它是甜的这样一种味觉期待。同时，我们也期待着拿起它的时候能感觉到它的硬度、质感和重量。这一切在知觉上都是在我们看它的时候，连同视觉一起被给予我们的。即便我们只考虑视觉本身，我们发现事情依然不是视感觉直接给予我们什么，视知觉就给予我们什么，视知觉所给予我们的更像是在时间中不断变更的视感觉的一次综合。当我们看到一个苹果的时候，在感觉上苹果只是作为一个侧面，比如说正面，被给予我们的。可是我们知觉到的绝不仅是苹果的正面，而是一个既有正面，也有背面，还有上面和下面的整体。我们对苹果的视知觉更类似于我们把一个苹果拿在手中，按照各个方向转来转去而获得的这一流动的感觉进程凝结为一瞬间所得到的东西。虽然在一瞥之瞬间，我们看到的只是苹果的一个侧面，但是与这一作为侧面同时给予我们知觉的却并不仅是一个侧面，而是在流动的感觉进程中，从各个角度共同给予我们的这个苹果的所有可能的侧面。只有以这种方式，我们才能看见作为某物而被整体给予我们的苹果。

总而言之，某物作为知觉的对象是通过知觉被给予性给予我们的，但是知觉被给予性又是对种种不同的感觉被给予方式的一种整合。当感觉从某种角度给予我们某种映射的时候，同时也诱发了种种可能的其他的感觉被给予方式。只是这些被诱发的被给予方式不是一种当下在场的被给予方式，而是一种潜在的、非直接在场的被给予方式。这些潜在的、非直接在场的被给予方式被胡塞尔称作"内部的被给予性"。外部的感觉被给予性只有与这些内部的被给予性相互合作才能产生对某物的知觉。这些内部的被给予性作为纯粹自我权力范围之内的东西也被胡塞尔称之为"权能"。通过感觉被给予的感觉材料的意义就取决于这种自我权能，任何知觉物也只有在由权能所展开的游戏场中才成为可能。这一游戏场就是"视域"。

作为内部的被给予性的权能与作为外部被给予性的感觉之间存在着一种期望与被期望的关系。当我们看到苹果的前面的时候，权能则引发我们对苹果之背面的期望，也就是当我们转动苹果的时候，我们对接下来将要感觉到什么已经有了一种预期，不过这种预期是潜在的、非直观的预期。当这预期可以被进一步的感觉所直接充实的时候，我们甚至完全不会意识到这种预期的存在。但是当我们转动手中的这个被我们视作苹果的东西，并将它的背面转向前面的时候，如果我们看到的并不是我们潜在地预期到的苹果的背面，而是比如一个梨的侧面，那么我们的预期就落空了。这时候我们就会感到失望，也就因此处于一种失能状态。我们会为此感到惊讶、奇怪，我们希望可以通过进一步的探索搞清楚到底为什么会这样，并以此来更新我们的权能，从而能够对某物潜在的、非直接的可能的被给予方式有一个更丰富的把握。可见，先验自我的权能以及某物得以展现的视域是在期望的落空与恢复中不断地得到扩展的。这一扩展是意义通过行为不断建构自身的过程，是一个发生的过程，这一过程被胡塞尔称作"构造"。从不同的角度来看，构造就是意义的构造、权能的构造、先验自我的构造，以及视域的构造。

发生性的构造过程是超越于意识之外的、来自于感觉的被给予材料与意识内的被给予的权能合作的结果，感知觉就是对这一发生性构造的体现。哪怕是最初级的感觉也不仅仅是一种被动的接受，而同时包含着作为先验主体之权能的主动性。眼睛有着看的权能，耳朵有着听的权能，这些感觉中所蕴含的权能首先在生物演化中逐步形成并直接遗传给生物个体。但是这些对于个体而言先天得来的权能还会在后天借助于与环境的交互影响继续被扩充。就像一个儿童如果生活在英语的环境中，那么他感知英语的权能就会被构造起来；如果生活在汉语的环境中，则感知汉语的权能会被构造起来。同时，一个懂英语的人在混杂有各种语言的喧闹声中更倾向于听到英语，而懂汉语的人于其中则更倾向于听到汉语。因此一个人的听的权能如何被构造起来，既取决于他被动地听到了什么，也取决于他主动地去倾听什么。正如黑尔德所说："为了使我的对象环境中的颜色、形状、温度、重量等等确定的外观对我成为被给予性，我们必须相应地运动我的眼睛、脑袋、手等等。"① 可见，感知觉中所包含的是一种内部意向性结构：一边是作为行为的切身运动，另一边是作为意义建构的感知觉内容。

4. 内时间意识及其构造功能

基于权能而对感觉展开的分析最终将胡塞尔现象学揭示出了一种更为深层的意识体验：内时间意识。胡塞尔认为内时间意识是"行为—意义"这一内在意向性结构得以发生的起点，非常不同于我们日常生活中所理解的时间。他认为我们日常生活中所理解的时间已经是通过钟表等计时手段符号化的时间，也就是作为外在于意识之客观对象的客观时间。这种对客观时间的意识深深地遮蔽了内时间意识这一最为本真的也最为原初的时间意识。要想获得对内时间意识的把握，首先就需要通过悬置，将客观时间还原到其在意识上的显现来得到内时间，即主观时间，然后再将内时间还原为纯粹主体的权能，这样才能得到被胡塞尔称作内时间意识的东西。让我们先从内时间与客观时间的区分谈起。

20 世纪的时间哲学处处充满了詹姆斯的影响，柏格森和胡塞尔都曾直言詹姆斯的意识流学说对自己的直接影响。实际上内时间就是詹姆斯意义上的

① 胡塞尔. 生活世界现象学［M］. 黑尔德，编. 倪梁康，张廷国，译. 上海：上海译文出版社，2017：16.

意识流，柏格森又把此种意义上的时间形象地表述为绵延。我们前文已经论述过，詹姆斯的意识流与赫拉克利特的河流问题有着异曲同工之妙，不同之处仅在于赫拉克利特的河流是感性世界中的外在河流，而詹姆斯的意识流是心灵中的内在河流。无论是现实中的河流还是内在的意识流，其根本的特征都是连续性的流动，詹姆斯提出意识流学说也正是为了强调意识的连续流动性这一本质特征。意识流与建立在符号化基础上的对象性意识具有根本性的不同。通过语言进行的命名活动会截断这连续性的意识流，使其断裂成一个个不连续的片段。例如，我们通过词语所想到的苹果与我们实际所看到的苹果是完全不同的。我们永远不可以通过感觉经验一次性去把握住苹果这个整体，而只能通过从不同视角所进行的连续性的看的过程中所获得的连续性印象来把握苹果，这便是意识流的特征。但是通过"苹果"这个词来思考苹果的时候，我们就不需要经过上述这样一个意识流过程，仿佛词可以帮助我们一下子就把握住整个苹果。词作为一个概念所起到的功能就是将意识流截成片段，然后再把这些片段压缩成点。不过詹姆斯认为经过这样转换以后，意识流就失去了固有的流动性，变成了一个一个跳跃的点。这种差别就是我们经历一件事和我们描述一件事的差别。于是我们就有了两种意识状态，一种是连续性的意识流，一种是离散性的对象性意识。这两种意识状态分别对应着两种时间意识，即被柏格森称作的主观时间和客观时间。

柏格森认为客观时间和主观时间意识分别源自两种不同的看待事物的方式。一种是绕着事物走的外观方式，一种是进入事物内部的直观方式。物理学家通常采用外观的方式来认识事物，因而物理学家所谈论的时间是外在时间或客观时间。而哲学家通常采用内观的方式来认识事物，所以哲学家所谈论的时间更多的是内时间或主观时间。在柏格森看来，主观的时间是绵延，是我们生活于其中的持续性的经验流，是事物的生成过程，由生命冲动来推动。我们只能通过直觉来认识绵延，对绵延的任何反思和分析都会破坏这一直觉，从而使这一本真状态面目全非。因为反思和分析必须借助于符号来进行，这时候我们就不再是直接经验事物本身，而是在经验事物本身的符号。符号究其本质是一种将内在进行外化，也就是把时间性的绵延空间化的产物。一方面，内在的直觉只有被转换成外在的符号才可以使人与人之间的交流成为可能。毕竟直觉只能是私人性的，只有转换成表情、动作、语言等空间中的对象性存在，才会被他人所感知。但是另一方面，这种符号性外化又必然会对直觉的内在本性进行遮蔽，因而也会对事情本身产生遮蔽。

柏格森指出著名的"芝诺悖论"就是这种遮蔽的产物。众所周知，芝诺否认事物的运动。比如芝诺说一支飞箭是静止的，因为其在每一瞬间都只能在空间占有一个单一位置，所以这支箭在每一个瞬间都是静止的。既然每一个瞬间飞箭都是静止的，而时间又是由每一个瞬间所构成，那么在整个飞行时间内，这支飞箭就应该都是静止的。显然这里产生了矛盾。柏格森认为，之所以会产生芝诺悖论，是因为芝诺的如下假设：每一瞬间都有一个单一的空间相对应，就像钟表上的每一秒都有一个单一的指针位置与其相对应一样。而真正的时间并不是由一个一个时间点组成的，而是持续的流动。在时间中并不存在任何瞬间，也就是当下。因为瞬间似乎是一个静止的点，但时间中根本不可能有任何静止的点。之所以我们会误以为有作为静止的时间点的瞬间，是因为我们已经习惯了把时间外化为空间性的符号。钟表对时间的指示就是这一符号性外化的典型表现。我们越是依赖钟表来指示时间，作为时间之本真属性的延绵就对我们隐藏越深。

胡塞尔的时间现象学显然深受詹姆斯和柏格森的影响，同样强调意识之中的内时间或主观时间和意识之外的客观时间的差别，也同样认为客观时间应该奠基于主观时间之上。但是胡塞尔结合他通过感知觉分析所得出的权能理论，获得了一种甚至比内时间或主观时间更为本真的时间，即他所说的"内时间意识"。我们可以把"内时间意识"想象成仍未流动起来的意识流，也就是说"内时间意识"并不以绵延为自身的属性。这样的"内时间意识"只是一个永恒的"在场域"。不过这个"在场域"并不是一个僵死的"在场域"，而是一个随时准备着被激发而流动起来的"在场域"，其可以分别从前瞻和后顾两个角度被规定，就像一枚硬币分别可以从正面和反面来规定一样。前瞻意味着对某种将要到来的充实的期待，而被充实了的前瞻则会立即沉淀为后顾，在这被更新了的后顾的基础上，又会形成新的前瞻，以及需要被继续充实的新期待。整个内时间意识就是这样一种由前瞻和后顾相互映照着的意向性结构，我们可以把其写作"后顾—前瞻"。这一"在场域"可以被称作永恒的"当下"，而时间就是流动起来的"当下"。过去是过去了的当下，现在是当下的当下，而未来则是将要到来的当下。这一作为"当下"的"在场域"被胡塞尔视作人最原初的经验，人类其他经验都由此派生而来，因而对其的把握又被胡塞尔称作"原印象"。

海德格尔则在胡塞尔对"内时间意识"描述的基础上，用其独具诗意的语言对时间的内涵进行了更为深刻的揭示。海德格尔将胡塞尔的"前瞻"和"后顾"凝结成了一个词：期备。①"备"相当于胡塞尔所说的"后顾"，而"期"则是胡塞尔所说的"前瞻"。只是曾经被胡塞尔用两个词所表示的东西，现在被海德格尔用一个词来表示了，于是人们就更容易理解那种"内时间意识"的统一状态。"期备"这一描述和我们每个人日常都具有的一种体验完美地相吻合，那就是机会只会留给那些有准备的人，同样每个人也都在对未来有所期待地准备着。"期备"这种对时间的本真意识所体现的正是我们每个人的权能，以及在世生存的本真状态，也是主体之能动性的先验源泉。

5. 内时间与知觉、回忆与期望

内时间意识作为意识的原点，也是时间的原点，只是作为先验主体的权能而存在。如果说一切经验都是在时间进程中的流动，那么内时间意识在本质上就是先验的，是处于时间进程之外的。因而对于内时间意识，我们无法形成任何直观，只能从由其所激发的直观中通过思维推理间接地对其有所把握。我们意识所能产生的最原初的直观就是意识流，或是感觉流，这种最原初的直观就是流动起来的内时间意识所形成的内时间。从多样性的角度而言，内时间就是永远变化着的感觉。从统一性的角度而言，内时间就是一个人在感觉上所获得的经验性的自我统一性。这一经验性的主体就是知觉的主体，他所知觉到的物就是作为内时间意识的"在场域"在流动着的内时间上的投射。由于内时间的流动性，这一投射也就具有一种相对性的流动性。基于这种相对的流动性，知觉就产生了两个变形，一个是作为离去中的知觉，另一个是作为到来中的知觉。前者在现象学上被称为回忆，而后者在现象学上被称为预期。

任何命名都暗藏着对真相的遮蔽。要想真正地理解"回忆"和"预期"，也必须对这种命名采取一种悬置的态度。我们必须时刻保持清醒，要把"回忆"和"预期"放在内在意向性的范围内去考察。当然，"回忆"和"预期"作为内在意向性领域内的东西，也可以通过符号化成为外在意向性

---

① 海德格尔. 存在与时间 [M]. 陈嘉映，王庆节，译. 2 版. 北京：商务印书馆，2018：461.

领域中的客观对象。我们将符号化的"回忆"和"预期"分别称为"记忆"和"想象"。结合对时间的考察，我们可以得到一种包含三个层次的发生学结构。位于最底层的是海德格尔称之为"期备"的内时间意识，也就是先验自我。在中间层上流动的期备首先构成了"知觉"。在知觉中，与"期"对应的部分又分化为到来中的知觉，也就是"期望"；在知觉中，与"备"相对应的部分又分化为离去中的知觉，也就是"回忆"。到来和离去分别是"期望"和"回忆"所对应的内时间属性。与知觉对应的内时间属性是"当下"。不过需要特别指出，"当下"并不是与到来和离去相并列的当下，而是到来和离去的统一体。"当下"就是到来向离去的滑动。最后，流动的"期备"在符号化后则构成了"客观对象"。而客观对象中与期望相对应的部分就变成了"想象"，与回忆相对应的部分变成了"记忆"。而知觉仍然是知觉，只不过在这时候的知觉拥有了一个在客观时间上的属性——现在。同时与"想象"和"记忆"所对应的客观时间属性则分别是未来和过去。这时候现在就成了与过去和未来并列的时间属性，三者截然不同。过去的就是过去，未来的就是未来，而现在也就是现在，在其中既不包含过去，也不包含未来。

只有在内时间的角度上，我们才能准确地把握胡塞尔所理解的知觉、预期和回忆之间的关系。当我们在回忆和期望的时候，我们同时就是在知觉。在此种意义上，回忆就是把曾是带到了当下，期望就是把将是带到了当下，而脱离了离去中的曾是和到来中的将是的当下是不存在的。真正的当下只能是一个姿势，一个在离去和到来之间的滑动，在其中曾是和将是紧密地拥抱在一起，两者之间并不存在任何如同现在那种分割过去和未来的界限，因而知觉就是作为曾是的回忆和作为将是的期望的融合。回忆和期望也具有如同知觉同样的活生生的直观性。当我们在回忆和期望的时候，我们就是在直接地看、听和触摸，而不仅仅是在想。能够把回忆和期望进行区分的仅仅是一种态度。伴随回忆，我们带有一种确信的态度；伴随期望，我们带有一种不确信的态度。而知觉既是一种确信，也是一种不确信。通过符号化将回忆和期望与知觉分离，化作独立存在的记忆与想象以后，也就因此失去了回忆和期望中所具有的那种知觉性的直观性和生动性。这就是为什么成人更擅长抽象的记忆与想象，而儿童更擅长具体生动的回忆与期望。

三、外在意向性现象学

1. 客观时间与符号、图像与指号

通过悬置，我们把符号性的客观对象放在括号里，以此凸显出内在意向性领域，以及与此相连的内在对象的构成过程。胡塞尔认为只有在对内在意向性进行充分考察的基础上，我们才能正确把握客观对象性的意义，因为作为客观对象之构造机制的外在意向性只是内在意向性的延伸。首先，符号化是对知觉对象的符号化，而知觉对象则是前符号化的内在意向性构造的成就。其次，符号本身也需要首先被前符号化的内在意向性构造成为一种知觉对象后，才能承担起来作为意义承载者的符号功能。

说起符号，虽然我们首先想到的就是文字，但更为原初的符号却是语音。无论是从个体发生还是在种系发生来看，都是先出现了声音语言，再出现文字语言，这也是符号构造所应遵循的必然逻辑次序。文字作为知觉对象的符号须以语音为中介，因为语音才是知觉对象的第一序列的符号，而文字作为语音的符号仅是知觉对象的第二序列的符号。如果我们把文字或语音作为符号所表达的意义放进括弧里进行悬置，以考察符号本身之与我们的感性给予性，我们不仅会发现语音是通过听被给予我们的、文字是通过看被给予我们的，而且还会发现语音是以内时间性的方式被给予的，具有连续性和流动性，而文字是以客观时间性的方式被给予的，具有间断性、跳跃性。由语音向文字的过渡其实也就是由内时间向客观时间的过渡。文本就像是计量声音在流动的时间进程中连续性变化的钟表，而文字就是文本这个表盘上的刻度。在习得文字阅读之前，儿童对语音的知觉与对事物的知觉都是内时间性的，因而在本性上也更为相互契合。

事实上，人最初所发出的语音也正是与他的知觉紧密地融合为一体的。语音在成为具有表达意义功能的符号之前，首先是一种情感表达，这就是为什么我们会说哭声和笑声是婴儿最初的语言。基于现象学，情感源于我们基于回忆而来的期望被充实还是落空的判断。可见作为流动起来的期备的知觉必然伴随着起起伏伏的情绪，以及由情绪所引发的语音。因而我们可以说知觉与声音语言具有共同的根源，它们最初是作为一个共同的整体而存在，只

是后来才发生了分离，其中一部分成为纯粹内在性的知觉，而另一部分成为能够将内在性的知觉进行外化而得到表达的语音。于是我们发现知觉虽然作为一种内在意向性，但是其本身就已经蕴含着通过声音超越自身达到自身之外的权能。这一超越性就是它可以指向外在对象的根源，是内在对象和外在客观对象之相关性的根源。

　　声音与知觉的分离是以对象化为前提的。首先是声音和知觉的整体分别沿着声音和知觉两个方向的对象化。然后是声音自身的对象化——也就是音节化，以及知觉自身的对象化——也就是形成物知觉。声音的音节化最终为文字化奠定了基础，而文字本身则又要建立在对象性知觉的基础上，因而声音的音节化还需要配合以物知觉的对象化才能最终使文字的产生成为可能，于是我们就有了对物知觉的对象化如何使得文字的产生成为可能做进一步分析的需要。这时候我们会发现在物知觉和文字之间所具有的一个中间阶段，即"图像"。在有文字之前，人们除了使用声音语言进行沟通之外，还会使用图画进行沟通，比如人们不仅可以通过声音语言来表达"五个苹果"，也可以在地上画出五个苹果来表示"五个苹果"。这时候画出来的图画和声音语言并没有任何直接联系，画出来的东西类似于我们所感觉到的事物的一个侧面，不过通过这个侧面，我们可以借助想象而仿佛知觉到整个事物，因而图画具有把事物带到知觉现前的作用。通过图画所具有的此种功能，就可以把我们用来表达"五个苹果"的语音与图画自身建立对应关系。这时候，我们可以说语音是对图画的描述，同时也可以说图画是对语音的描述。在这种相互描绘的关系中，最终语音获得相对于图画的优先性，也就是说从相互描绘逐渐过渡为图画对语音的单方面描绘，语音最终将不再描绘图画。当图画成为单方面对语音的描绘后，通过图画而带来知觉现前化的功能也就变得不再重要，这时图画也因此向着越来越方便于描绘语音的方面去改变自身。这就是为什么很多文字最初都是图画性的象形文字，然后会通过渐进性简化，最后都慢慢成为单纯描绘声音的拼音文字的原因所在。

　　在图画最终变成了描绘语音的文字以后，借助于文字所进行的符号化也就改变了人们对语音的本真知觉。连续的语音流也因此被截成了一个一个独立的片段，这些片段以字、字母或词为一个独立单位，被文字化的语言所表达的知觉也因此失去了流动性，整体性的知觉世界也因此变成了由一个一个独立的客体堆砌而成的世界。借助于词，我们可以把意识的注意力一下子就集中在某一个作为整体的客观对象之上，而不再需要在每次思考某物时，都要通过知觉在连续性的感觉进程中费力地把它先建构出来。因而借助于语词把知觉对象进行符号化将极大地减少意识的负担，使得通过推理来把握事物与事物之间的关系变得更加容易，从而也极大地增进了思维和意识的权能。但是符号化也是有代价的，那就是当我们再去试图回忆或去想象的时候，我们所获得的往往就只剩下通过语词所记录下来的抽象意义，而失去了知觉本身的活灵活现。不仅如此，语词也改变了人们对事物的态度。在知觉中，没有任何事物能够是永恒的，河流是流动的，人是在慢慢变老的，房屋也是越来越破旧的，但是词语使事物仿佛可以永恒不变。即便苏格拉底在两千年前就已经死了，但是借助于词语，我们在今天仍可以像他依然活着那样去谈论他。

文字的出现也同时改变了图画和知觉的关系。如果说在文字出现之前，图画直接作为知觉对象的一个当下的感性侧面而把知觉对象活生生地带到意识中，那么现在人们由图画所直接得到的也许只是一个名字，这时候图画也就分有了文字符号的功能。比如当我们看到一幅风景画的时候，我们往往只是看到山川和河流这些文字性符号的意义，除非我们能够静下心来，放弃命名而产生的抽象化，而仅仅是以一个欣赏者的角度来观赏这幅风景画。也就是说，在我们的思维变成了被语言符号所主导的思维之后，我们只能借助于"悬置"这一加括弧式的现象学方法才能再次经验到本真的知觉。

通过语言符号将内在于意识的知觉对象外化为客观对象之后，世界也由知觉性的生活世界转变为客观世界。从客观世界出发，主导性关系就不再是主观意识与客观对象之间的意向性关系，而是客观对象和客观对象之间的指号关系。这时候"苹果"一词作为客观世界中的存在者就仿佛不再需要以知觉为中介，而是仅凭自身就可以指向客观世界里的苹果。这样，指号性的符号关系就化身为一种不依赖于意识主观性的客观关系。人们对自然事物的认识就是对指号关系的认识，在这一层面上，闪电是雷声的指号，岩层是年代的指号。正如海德格尔在《存在与时间》一书中所指出的，自然界中的万事万物正是靠着指号性关联而相互指引的整体，所谓的认识就是解读世界中的各种指号。①

---

① 海德格尔. 存在与时间［M］. 陈嘉映，王庆节，译. 2 版. 北京：商务印书馆，2018：109–117.

科学致力于探讨的因果关系，究其根本也是一种指号关系。作为原因的事物就是作为结果的事物的指号。当我们洞悉了因果关系之后，就能够遵循原因的指引而达到结果。不过因果关系作为自然事物的指号关系应被视作第一自然意义上的指号关系。所谓的第一自然就是排除了人之独特性的自然，是科学所描绘的完全独立于人的权能意识之构造作用的自然。在第一自然之上，事实上还存在着第二自然。第二自然则是人生活于其中，不能与人的生存活动相脱离的自然，包括语言、建筑、艺术、工具和各种用具在内的那些基于文化传承历史而来的社会建构物。虽然第二自然只能寄生在第一自然之上，但是在其中蕴含着众多非第一自然意义上的指号性。"红灯停，绿灯行"，作为指导人行动的指号关系并不是第一自然意义上的指号性，而是人类社会建构的第二自然意义上的指号性。虽然一开始儿童并不能发现这种第二自然意义上的指号性与第一自然意义上的指号性有什么不同，比如他们往往会把一个物品的名字当作这个物品的第一自然属性，认为其是绝对不可以被人去更改的。但是随着年龄的增长，他就会越来越意识到，有一些指号性是先天必然的，而另外一些指号性则是可以被后天改变的。虽然先天和后天之间的分野并不总是那样分明，但是只有那些先天必然的指号性关系才是科学所要致力于探究的因果关系。

2. 范畴对象与客观观念

到目前为止，我们的讨论主要是围绕着知觉意向的构造作用和符号化来展开的。但是胡塞尔现象学不仅仅讨论知觉意向，还讨论范畴意向。如果知觉意向最终指向的是物，那么范畴意向性最终指向的是视域中潜在的知觉物与知觉物的关系。胡塞尔认为我们不仅仅是在直观到物，在直观物的同时我们还必须潜在地能够直观到物所处于的视域。任何对象都只能建立在与其相应的背景上，背景的变更必然会带来对象的变更。因而能够直观到某物也就意味着对某物作为对象所处的背景能够有所意识。正如我们前文所分析过的，我们虽然直观到的是一个杯子，但是这个杯子是作为一个放在桌子上的杯子而给予我们的，桌子就是杯子得以被直观的视域。当我们变更注意力将意识集中在桌子上的时候，我们就产生了对桌子的直观，同时对杯子的直观则下沉为桌子得以直观的视域。这时候，如果通过符号化，我们就能同时得到两个客观对象——杯子和桌子。但是仅仅揭示出背景中所有潜在的对象物，仍不能将整个视域揭示出来，在视域中包含着比对象物之和更多的东西——那就是对象物彼此得以关联的方式。我们说"杯子放在桌子上"，这个通过"上"字所符号化的就是一种事物间通过方位相关联的方式。胡塞尔认为意识不仅可以通过知觉以物为对象，而且可以以物之间的关系为对象。这些关系就表现为大小、颜色和形式等。这些关系性的对象就是范畴对象。

"范畴"一词在古希腊语中的本意是对某人的指责或控告，比如，当雅典人指责苏格拉底亵渎神明时，"亵渎神明"就是他们赋予苏格拉底的范畴。后来范畴的意思延伸为对事物的思维规定性，而思考就是借助于范畴去规定事物，也就是做判断。思考或判断的语言学形式被称作"命题"。所有的命题都具有主谓结构，主语是被判断的对象，谓语是作为范畴的规定性。命题并不仅仅指向事物，而是指向对事物的规定，也就是事态。如果说知觉意向性的对象是事物，那么范畴意向性的对象就是对事物的规定。范畴意向性须以对事物的意向性为前提，就像要能够指控"苏格拉底亵渎神明"须以知道苏格拉底是谁为前提一样。因而胡塞尔把知觉意向性称作简单的意向性，而范畴意向性则是一种复杂的意向性。

最为基本的范畴就是类范畴。如果说面前的这个苹果作为物是知觉对象，那么作为这个苹果所归属的类——苹果——就是范畴对象。我们知道大多数名词都是类名词，比如桌子、椅子、人、星星、狗等，这些都是对范畴对象的符号化。表示颜色的词同样可以被看成一种特殊的类名词，虽然颜色不能脱离于物而存在，但是我们可以依据颜色而把物归类，比如我们可以把所有红色的东西放在左边，把所有绿色的东西放在右边。以此类推，表示形状的词也是类名词。甚至还有一些比颜色和形状更为抽象的类名词，比如正义、公平、善、恶等，这些对象甚至都不可能在任何意义上被感官把握到。这些抽象的类名词所表达的对象也被胡塞尔称作范畴对象。此外，还有一类范畴对象，它们作为物与物的关系而存在，比如大、小、高、矮、远、近、上、下等，甚至诸如万有引力定律这些物理定律在本质上也是作为物与物的关系而存在，这些也是胡塞尔现象学意义上的范畴对象。

真正的问题就在于范畴意向性究竟是如何被充实的。显然当我们说"你有 5 个苹果，我只有 3 个苹果，你比我多 2 个苹果，这不公平"的时候，作为数字的 5、3、2，比较词"……多……"，以及"公平"这些显然都不是知觉意向性的对象。它们作为范畴对象表达的只是知觉对象之间通过相互规定而来的关系。有一种观点认为对这种作为关系的范畴性意向性的充实是建立在感性直观基础上的一种间接充实。这种观点认为我们首先获得作为感性直观的物知觉，然后再通过思维推理获得对知觉对象之间关系的领悟而最终得到事态。这就意味着只有知觉对象才能被感性直观所直接认识，而事态只是我们通过对感性直观所获得的直接认识进行推理而获得的间接认识。但是现象学分析告诉我们事情并不是这样的，因为在知觉对象被给予我们的时候，范畴对象总是以知觉对象视域的方式同时被给予了。人们不可能仅仅直观到物，而不能直观到范畴。

另一种观点认为范畴对象是语言的建构物，因此意识是经由对语言的感性直观而达到对范畴对象的直观的。毕竟人所能够思维到的每一个范畴，都有一个语言上的存在物与其对应，人所能够理解的每一个事态，也都在语言上有一种命题表达。只要我们能够理解语言，那么我们就能经由对语言的感性直观获得相应的范畴直观，这就是为什么一个初生婴儿不能形成对三个苹果的范畴直观，而一个会说话的正常学龄儿童可以的原因。但是这种观点也经不起仔细推敲。如果说基于范畴直观对意义的把握是习得语言的产物，那么这就等于说把握意义就是把握语言的含义。可是语言的含义又是来自哪里呢？毕竟语言的感性存在并不等同于语言的含义。"apple"和"苹果"在感性存在上几乎毫无共同性，这一点儿也不影响它们可以具有大致相同的含义。正如我们前面所提到的，只有人们在由知觉上对苹果的熟识而来的感性直观的基础上，才能让我们赋予"apple"和"苹果"这两种完全不同的语言感性形式以相同的语言含义。因此我们应该坚守知觉意向性的原初地位，并将范畴直观建立在对物的感性直观的基础上，而不是尝试将范畴直观建立在对语言含义的直观之上。

事实上，范畴对象与知觉对象在我们的内在意向性领域内是作为一个整体而存在的。在知觉对象中已经隐含了范畴对象，范畴对象也不可能脱离于知觉对象而单独存在。知觉对象和范畴对象的分离也正是符号化的产物。当内在的知觉对象通过符号化成为外在的客观对象之后，范畴对象也随之通过符号化成为客观观念。数学就是范畴对象通过符号化而成为客观观念的最终产物。数字 1 作为数符号，只是表示抽象掉了所有客观对象之后的纯粹的类关系，而几何图形所表示的也只是抽象掉所有客观对象之后的纯粹空间关系。通过符号化，对象和范畴仿佛变成了可以彼此独立存在的东西。然而如果我们通过悬置将两者还原到内在意向性的本源上，就立刻会发现对象和范畴的关系只是一体两面的关系，而不是两个不同个体的关系。

3. 本质直观与本质还原

胡塞尔的现象学探讨并没有停留在对象和关系范畴的层面上，而是进一步深入本质的层面。对对象及对象间的范畴关系的探讨被胡塞尔称作形式本体论，而对本质的探讨则被胡塞尔称作质料本体论，胡塞尔认为质料本体论是一种比形式本体论更为深层的现象学。要理解现象学对对象和范畴所作出描述的必然性，必须进一步进入对本质的探讨。本质体现的是对象的根本属性，因而质料本体论所涉及的就是对不同种类对象所依据的不同根本属性的探讨，以及据此来划分不同的本体域。这些本体域的划分与行为—意义—对象这一意向性构造的内在逻辑结构紧密相连。

胡塞尔认为我们可以从不同的层面上去直观一个对象，比如当我们直观到一个苹果的时候，这意味着我们也直观到一物，如果我们没有能力直观到一个物的话，我们是不可能直观到一个苹果的。同样如果我们直观到苏格拉底，这就意味着我们潜在直观到一个人，因为如果没有能力直观到一个人的话，我们绝不会直观到苏格拉底。苹果的本质就是物，而苏格拉底的本质是人。不同的本质把对象划归为截然不同的对象域。我们不可能把苹果直观成人，也不可能把苏格拉底直观成物。因为物和人在本质上是不相同的，而在知觉所给予我们的对象性的感性直观中已经潜在地包含了本质直观。这种包含虽然是潜在的、视域性的，但又是逻辑上必然的。当我们用一句话，即"苏格拉底是人"将苏格拉底的本质通过"人"这一词语进行符号化时，作为我们在知觉到苏格拉底时背后所蕴含的本质直观才开始作为一个明确的观念对象走向了意识的前台。在进行符号化之前，正如我们的知觉也只是前概念、前语言的直观一样，我们的本质直观也是一种前概念、前语言的直观。

从某种意义上来说，本质应该被看成一种类范畴。但是和一般的类范畴不一样，本质是所有类范畴的类范畴，是最为基本的类范畴，也是带有必然性的类范畴。胡塞尔认为借助于想象而进行的本质变更可以帮助人们发现本质。比如我们可以想象一个苹果变大一点儿，或是变小一点儿，但是我们绝不可以想象一个苹果不在空间中，因而空间性就是包括苹果在内的任何物理对象的本质。如果失去了空间性，物理对象就将不再是物理对象了，而不是物理对象的苹果也将不再会是苹果。本质变更作为一种重要的现象学方法，也被胡塞尔称作本质还原，即将对象还原到它的本质域上去。这种还原作为严格的概念分析过程，虽然不同于现象学还原，但是需以现象学还原为前提。因为只有将自然对象进行悬置，我们才有可能触及作为对象之视域的本质域。扎哈维在《胡塞尔现象学》一书中将这一重要的现象学方法概述如下：

> 这个变更必须被理解为一种概念分析，在那里我们尝试想象对象如何和现在不一样。最终，这个想象性的变更将会带领我们达到确定而不能再变更的属性、即不能再改变和越过的，而又不会使这个对象不再是它所是之物的那一类。这个变更最终使我们能够区分对象的偶然属性和它的本质属性，前者是可能与现在不同的属性，后者是使这个对象成为它那类对象的本质结构。根据胡塞尔，如果通过本质变更，我能够成功地建立一个视域，使对象在其中改变但又不失掉其类型的同一性，那么我就获得了一个本质洞见，即本质直观。①

胡塞尔对本质域的研究构成了其《现象学的构成研究——纯粹现象学和现象学哲学的观念 第 2 卷》② 一书的主体。这本书分三个部分分别论述了物质自然、动物自然和精神自然三个本质域。胡塞尔认为在意识中所能构成的所有客观对象都可以被划分到这三个本质域中。物质自然就是所有客观对象所组成的本质域，就是我们在自然态度和科学态度中所遇到的那些所有外在于我们自身的客观存在物。通过现象学分析，我们最终会发现与这些客观对象相对应存在着非对象化的先验自我，即主我。借助客观对象对先验自我进行的反思则会让我们得到经验自我，即客我。这种反思得到的客我是将非对象的主我对象化的产物。这样的对象性自我既带有客观对象的特质——这就是每一个自我所具有的躯体，也带有先验自我的特质——这就是在每一个躯体中又居住着活的灵魂。此类对象所组成的本质域就是动物自然。最后，从心灵通过对知觉对象进行符号化构造出客观对象的角度来看，每一个客观对象又都具有意义，就像每一个躯体都具有灵魂一样。对意义本身通过语言等

---

① 扎哈维. 胡塞尔现象学 [M]. 李忠伟，译. 北京：商务印书馆，2022：49.
② 胡塞尔. 现象学的构成研究：纯粹现象学和现象学哲学的观念　第 2 卷 [M]. 李幼蒸，译. 北京：中国人民大学出版社，2013.

方式进行符号化，我们就得到了观念对象。由观念对象所组成的本质域就是精神自然。

通过上述分析我们可以看到，物质自然、动物自然和精神世界这三类本体域共同作为"行为—意义—对象"这一意向性构造的产物，彼此必然相互关联。由此而组成的整体就是所有视域的视域，也是所有本质的本质，这就是胡塞尔所说的生活世界。对于普通人而言，这一生活世界始终被自然态度和科学态度遮蔽着。只有经历了艰苦的现象学还原和本质还原后，胡塞尔才最终为现象学确立了这一根本课题。

四、生活世界现象学

1. 身体与物

通过对客观对象的悬置，胡塞尔揭示出客观对象的前对象意识内相关极——内在意向性。然后胡塞尔进一步尝试从对象化和符号化的角度说明如何在内在意向性上构造出客观对象，并在此基础上进一步通过本质还原结合意向性构造过程来说明客观对象的本质域，最后揭示出生活世界作为客观对象所组成的客观世界的前对象性对应极。以这种方式我们可以得到一种全新的意向性结构：生活世界—客观世界。在客观世界中具有三类对象，一类是物质性的物体，一类是具有生命的个体，还有一类就是作为精神性存在的人。奠基于客观世界之上的自然科学倾向于将物质性的物体作为其他两类对象的本源，认为无论是生命个体还是精神性的人最终都还是物质性存在者。但是在生活世界中，物质性的物体、生命个体和精神性的人之间既不是彼此孤立的，也不是某一个可以被还原到另一个之上的。这三者应被看作一个不可以分离的整体，任何一者都不可以脱离于另外两者而独存。从现象学意义上的身体出发，可以让我们更好地理解这一思想。

如果说知觉在客观世界的构造中起着基础作用，那么身体则在生活世界的构造中起着基础作用。我们已经知道知觉对象的构造需要两个方面的被给予性，一个是作为外在给予性的感性杂多，另一个是作为内部被给予性的权能。身体就是权能在空间中的具身化存在。看的权能需要一双眼睛，听的权能则需要一对耳朵。眼睛和耳朵都是某个身体的一部分。由于知觉对象作为空间对象只能够对一个可以在空间中具身化的主体显现，因而知觉的主体不可能是一种在空间中没有居所的自由漂浮物。在知觉将对象作为空间中的彼处呈现给主体的同时，也就同时在空间中为主体分配了一个叫作此处的位置。这就是为什么看一定是从空间中的某处去看，听也一定是在空间中的某处去听。

主体不仅依靠身体在空间中具有一个位置，更为重要的是主体要依靠身体实现自己在空间中的运动。知觉的内时间本性已经告诉我们一个知觉对象是在流动的知觉流中被构建起来的。而流动的知觉流的实现主要是通过身体的主动运动来实现的。知觉期待的充实不是等待着我们面前的某物慢慢地把背向我们的那一面转动到我们眼前来实现的，而是通过我们从某物的前面绕到某物的后面去看来实现的。因而权能不仅具身化为空间中的一个身体，同样具身化为这一身体在空间中的运动能力。这就意味着身体不只是空间性的物质性的自然，而且是一个具有能动性的、自我运动着的自然，也就是说身体还是动物性的自然，是一个具身化的主体。知觉从来都不是被动接受客观对象从外部单方面所给予的刺激的产物，而是作为主体的身体通过运动去主动探索的产物。正是通过运动，身体超越了当下，得以在主观视角的连续变换中构造出独立于主观视角的客观对象。

虽然身体因占据一个空间位置而可以被视作一个客观对象，但是这并不是作为主体的身体最为本源的形式。身体的主体性应从其前空间对象的形态，也就是内时间的角度来理解。可以说主体性就是生命体验。人们常常将生命比作在时间内流动的一条河流，这种比喻所透露出来的就是对作为主体之身体的前空间化形态的理解。作为一个空间对象，活的身体和死的身体并没有本质的差别，它们的不同仅在于一个是活的、有生命的，而另一个是死的、无生命的。这种具有生命与否的差别不是一种在空间上所能直接呈现出来的差别，在知觉上我们并不能一下子就区分出睡着的人和刚去世的人的不同。活的身体和死的身体的差别是一种朝向未来之可能性的差别，活的身体仍将在运动中保持着作为主体的统一性，它可以去继续知觉、去想象、去回忆，但是死的身体是已经失去了作为主体之统一性的躯体，它不仅不可以去知觉、去想象、去回忆，甚至它之空间性的对象统一性也将随着时间而迅速解体。死的身体已经不再是真正的身体，而仅仅是一个肉体，即一具没有内在意向的、没有意识的，也没有灵魂和真正的内在统一性的尸体。

身体在内时间性的连续运动中所体现出的生命力就是内时间意识的化身。首先，生命是一种欲望，一种在变化中维持自身的欲望。正是这种欲望推动着身体运动起来去寻找对象，以便把它吞下化为己有，并以此维系自身。其次，生命是超越，就是一切意向性的源泉。生命在"备"中呈现为一种倔强的意志，而又在"期"中完成不断地自我超越。然后，生命是不断扩张着的权能，是意识得以构造对象所需仰赖的那个世界视域。最后，生命还是一种情感，它因被充实和扩展而快乐，也因落空和凋零而悲伤。这样的一个拥有生命的身体是一个由内时间意识所构成的前对象化的统一整体。随后，伴随着对象化的进程，这种统一的系统被局部化为一个个次级系统，如手、眼睛、耳朵等，这时候身体在时间上的不可分割性转变成在空间上的可分割性。

胡塞尔提醒我们必须注意我们谈论身体的两种截然不同的方式，不能混为一谈。一种方式就是谈论作为主体的身体，另一种方式就是谈论作为对象的身体。当我们照镜子的时候，我们会在镜子中看到自己的身体。这个身体就是作为对象的身体，它是空间性的，具有外形和五官。但是那个注视着镜中影像的身体则是作为主体的身体，这一作为主体的身体虽然因为注视这一行为而在空间中具有一个位置，但是这一位置仅仅是一个作为知觉出发点的此处，而不具有空间广延性。当我们透过镜子观看这最初作为此处的出发点的时候，它的权能就被空间化为一个个空间性广延物——由各种器官所组成的躯体。这一方面意味着身体本身就具有可以被空间对象化的潜能，但另一方面也意味着如果人们不能认清这一从作为主体的身体出发向作为对象的身体进行构造的过程的话，就会产生一种误解，人们会以为感知觉是构成对象性身体之器官各自的属性，而不是主体性身体的属性。于是视觉成为眼睛的属性，听觉成了耳朵的属性，触觉成了皮肤和手指的属性。我们的听、看和摸仿佛也就因此成为彼此相互独立的感知行为。这时候我们就会拥有两种相互对立的关于自我的体验，一种是来自主体自身性的前对象性的先验统一性体验，另一种来自对象化自身性的多样化经验。与此相对应，我们同样也具有两种知觉对象的方式，一方面我们知觉的对象就是一个统一性的物，这与我们主体的身体相对应；另一方面我们知觉的对象是各种类型的感觉材料的堆积，这一点则与我们的对象的身体相对应。

很多长期以来令人困惑的哲学问题就是由于没有认清上述这种对立性而

造成的，其中一类问题就是关于我们如何知觉到某物，也就是实体的问题。从现代科学的角度来看，我们是通过感觉器官把握外在物体的。我们的眼睛看到颜色和形状，我们的耳朵听到声音，我们通过手指和皮肤感受到材质和重量，由此我们的感觉器官分别独立地获得了各种类型的感觉材料。但是我们是如何得知这些感觉材料都是集中于某物之上的感觉材料的呢？如果某物是经由这些分散为多的感觉材料所构成的，那么这种构成所基于的原则是什么呢？如果某物本身是可以被直接感知的，那么什么感觉器官可以直接感知某物而不是某物的属性的呢？此类问题不是自然科学所能回答的，当然也不是把自己视作自然科学的心理学所能回答的。作为某物的空间对象的存在是自然科学的一种预设，科学知识只能建立在这个前提之上，却没有能力仅凭自己就可以证明这个前提。

哲学与自然科学不同，它所关注的并不是可以从经验中得到证明的东西，而是试图阐明经验得以可能的前提。正是从逻辑的和先验的角度，哲学给予了某物必然存在的证明。从现象学的角度来看，某物是先于对象性经验的，就像与物对应着的主体性的身体先于对象性身体一样。没有一个先验的、统一性的主体性身体前对象的存在，也就不可能存在能够看的眼睛、能够听的耳朵和能够摸的手。没有一个先验的、统一性的物前对象的存在，同样不可能有颜色、形状和声音等感觉材料能够被给予。也许我们会犯下把不属于同一物的感觉材料误归为某物的经验性错误，但是我们绝不会在认为无论是什么感觉材料，一定是来自某物的感觉材料这一点上犯逻辑错误。要知道，苹果对于作为动物性自然的身体而言可不只是一个可以被感知的属性的集合，而是一个终将要被吃掉的东西。可以满足我们动物性的生命需求的不是红色和酸甜的味道，而是作为实实在在的物而存在着的苹果。正是在试图通过消灭苹果使其与主体性身体融为一体的这一叫作"吃"的活动中，苹果作为某物向着主体性自身显现了出来。

2. 他人与符号

生活现象学所要阐明的另一个重要问题就是他人的问题。通过对身体的分析，我们已经说明了为什么身体既是空间中的物质性自然，也是具有生命的动物性自然，以及为什么从主体性的身体的存在可以推出我们必然会在空间存在中遭遇他物这一事实。但是现象学能否说明主体性身体也必然遭遇到其他主体性身体，也就是他人呢？即便作为主体性身体的我们可以像遭遇到他物那样遭遇到另外一个对象性身体，但是如果我们不能把主体性身体同时赋予这另外一个对象性身体的话，我们又将如何区分出我们遇到的是对象性身体，而不仅仅是一个物呢？

在胡塞尔看来，要破除这一难题，我们必须看清楚主体性身体和对象性身体之不同的根源。如果说对象性身体是一种躯体化存在，那么主体性身体就是一种人格化存在，而人格化指的则是对先验自我的人格化。在前文中我们已经指出在"感觉—先验自我"这一内部意向性结构中，先验自我对应着"行为—意义"中的意义。如果说意义通过符号化得到了对象的话，那么先验自我经由符号化就得到了对象性身体。如果从符号的角度解读对象性身体的话，那么对象性身体就成为对先验自我，也就是意义的表达。于是先验自我与对象性身体的关系就是"意义—符号"这样一种意向性关系，主体性身体就是这一意向性关系的具身化，因而主体性身体可以在意向性关系上解释为"先验自我—对象性身体"。这样我们是否可以遭遇他人的问题就成为我们是否有能力把我们所遭遇的对象性身体看作符号进行解读而获得作为其意义的先验自我的问题。这一能力并不是一个人出生时就具有的，就像一个人一出生并不具有能够把语音听做语音并赋予其含义的能力，而是要经过一段时间的学习才行一样，一个人要拥有把他人的身体看作符号而解读出其心灵的能力，也要先经过一段学习。一个对象性身体不仅仅是一块会活动的肉体，还是一个会发出声音、面带表情，以及不断变换着姿态的永远在运动着的身体。正是在学会如何把这些身体的运动变化像对语言一样进行解读之后，人们才意识到所遭遇的这一对象性身体中所呈现出的主体性身体的一面。

于是他人存在与否的问题就成了我们如何学会把对象性身体当作符号进行解读的问题。而我们能否学会这种本领的前提是，是否存在他人能够把我们的对象性身体当作一种可以在其中解读出意义性的先验自我的符号进行解读，这就是为什么一个初生婴儿只能生活在由他人所组成的社会群体中才能顺利地发展出其意识生命的原因。一个人类社会的弃儿虽然可以在狼群中被抚养长大，但是由于狼并不具有把其当作具有先验自我的对象进行解读的能力，狼孩儿也就不可能发展出解读他人身体之符号意义的能力。同时，一个人对其自身之先验自我的觉察也是在对他人将自己视作主体性身体进行解读这一过程进行不断地解读中才逐渐获得的。这就意味着没有能力将其他对象性身体作为符号进行解读以洞察其主体性身体的人，同样也没有能力将自己视作主体性身体。

既然知觉到物这一点意味着主体性身体在先的显现，而一个人的主体性身体的显现又意味着他人主体性身体的在先显现，因而能够在世界中遭遇到物的人也必然会在世界中遭遇到他人。这样我们就不是分别得到了对物、自我和他人的意识，而是一起获得了由三者所构成的不可分割的整体的意识。这一不可分割性的整体就是生活世界。为了同时突出生活世界的构成性结构，也不因此丧失其整体性，胡塞尔特意把生活世界写成"生活世界—主体间共在—身体性主体"。从身体性主体来看，主体性是符号化的具身性存在。但是这种符号化的具身性存在必须靠着其他主体的解读才得以可能，因而身体性主体就必然是与其他身体性主体共在的身体性主体。这种共在就被称作"主体间共在"。在主体间共在的意义上，物并不是一种主体性身体的私密对象，而是主体间性的公共对象，这就是为什么我们虽然总是从不同的角度来注视一个对象，但是我们又总是能够意识到我们从不同角度所注视的是同一个对象的原因。因而意识的对象总是客观对象，并不存在任何意义上的私密性对象。同时，所谓的主观性永远是相对于客观性而言的主观性。虽然我们对客观对象的把握带有主观性，但是仍能意识到我们带有主观性的把握所把握到的是一个客观对象。这个我们所把握的客观对象构成的整体作为世界，不仅包括物，还包括作为自我的和作为他人的对象性身体。但是无论是物、自我还是他人，其对象性存在又都是一种符号化的存在。从符号化的角度来看，物、自我和他人是相互分立的，但是这三类符号所呈现的意义却又把三者组成了一个共同的整体。如果把知觉视作总是浸透着意义的知觉的话，那么我们在知觉的时候就并不仅是站在物之外去观察物，而是在看到物的时候还同时看到了作为视域的自己和他人。同样我们也不是站在他人之外观察他人，在看到他人的同时，我们还看到了作为视域的他人眼中的我们自己。这个作为客观对象世界之意义的世界就是我们与他人和他物共同生活于其中的世界，是一个我们永远无法置身于其外而静观的世界，一个我们永远无法去问出在我们出生之前或是我们死后会变成什么样的世界。这就是生活世界。

3. 先验自我与世代生成的生活世界

生活世界是一个先验的世界，一个前对象化的世界。如果客观对象化的科学世界的根本法则是永恒，那么生活世界的根本法则就是生成。客观对象是某种可以在时空中持存的东西，而生活世界中一切都是流动的。在科学世界和生活世界之间同样具有一种"一和多"的关系。科学世界作为符号化的世界，作为一切都可以通过数学符号进行计算的世界，在胡塞尔看来是在本真的生活世界之上被构造出来的非本真的世界。这一构造的意义具有两面性。一方面，生活世界具有一种将自身符号化的内在动力，这种动力所体现的就是生活世界自身的主体性。符号化本身可以被视作生活世界自我生成、自我推动的一种方式，但是符号化同时也暗含着一种对生活世界自身的威胁，那就是在生活世界将自己绝对化为永恒的科学世界，以至于遗忘了自身之流动性与生成性这一本源的时候，这样的遗忘最终将使生活世界丧失生命性。当然，这种遗忘并不会真的发生在生活世界身上，而只是会发生在我们这些本应能够在意识上去领悟生活世界之本性的被称为人，并分有着生活世界之先验主体性的这一类特殊存在者身上。对生活世界如何通过符号化来推动自身的生成与发展的阐明构成了生成现象学的主要任务，而对在这一过程中所潜藏的危险的揭示则构成了胡塞尔批判科学主义的出发点。

胡塞尔认为我们需要从"生活世界—先验自我"这一意向性结构中去理解发生现象学。发生现象学所关注的就是生活世界通过意义构造来实现的自我推动，这种根植于生活世界的主动性就是先验自我的源泉。生活世界的自我生成同样也就是先验自我的自我构造。我们必须把主体性身体中的主体性与先验自我中的主体性区分开来。前者是人格化的主体性，具有多数性，可以有你的主体性、我的主体性和他的主体性之分，但是先验自我并不是你的主体性，也不是我的主体性和他的主体性，先验自我就是生活世界本身，具有唯一性。你、我和他的主体性只不过是通过身体化的方式对生活世界之先验自我的分有，这种分有就像柏拉图所说的殊相对共相的分有一样。人格化的主体性作为殊相是"多"，而先验自我作为共相是"一"。

我们已经知道胡塞尔将先验自我视作一种基于内时间意识的权能，既然先验自我指的又是生活世界的主体性，那么我们就可以说内时间意识就是生活世界的权能。胡塞尔的这种观点也体现着对柏拉图理念论的继承。在《蒂迈欧篇》中，柏拉图把时间视作感性世界中的事物，它是对永恒这一理念的图像。① 时间在柏拉图看来就是生成变化，是所有感性世界中的事物所共同呈现出来的那个"多"。但是这个"多"，之所以被称作生成变化，而不是纯粹的杂多，正是因为它还是永恒的图像。永恒就是绝对的"一"，是最高的理念。不过希腊文中的"永恒"一词在被柏拉图用来特指永恒之前，其本意是生活、生命力的意思。实际上在柏拉图的哲学里，"理念"一词也同样包含着活力的含义。所谓的理念准确地说就是活力的形式。感性世界的事物正因为是对理念的分有，也同时就是对生命和活力的分有，这正是感性世界中的事物不断生成变化的原因。在此种意义上，先验自我就是理念，就是永恒，就是生命和活力，就是生成化育着的生活世界的理念。

正因为先验自我就是生命，就是活力，因而生活世界的本质是动物性的自然，而精神性的自然与物质性的自然都是从原初性的动物性自然上构造出来的派生性自然。这一构造过程就是生活世界的发生，婴儿的人格化过程则是对这一发生过程的重演。我们每一个人都是作为动物性自然出生，然后经由人格化而成为作为主体性身体的精神性的自然，最后才形成了仿佛可以排除主体性而仅从客观化的物质自然的角度去看待自身和世界的能力。人格化的他人的存在对这一发生进程起着决定性的推动作用。如果我们仔细考虑婴儿最初的生活，我们立即会发现婴儿作为动物性自然并不是像自然科学所描述的那样直接和纯粹的物理事物打交道，环绕着婴儿周围的大都是由他人建构而来的文化性事物，以及作为这些文化性事物之维护者的他人。婴儿最初所获得的对世界的理解，并不是伴随着围绕着物理事物协调自身的过程而来的对非主体性的物理世界的理解，而是伴随着围绕他人和他人所维系的文化事物来协调自身的过程而来的对文化世界以及其缔造者，即分有了先验自我的他人的理解。从吃奶、穿衣、使用餐具，到所居住的房屋以及被成人背在身上走来走去等，婴儿最初的活动方式，以及活动所涉及的事物，几乎都已经打上了来自他人所建构的文化烙印。他人就是儿童联系自身与所有其他一切事物的纽带，就是儿童最初所面对的那个生活世界的主人。儿童对其所处的生活世界中所包含的文化传统的意识，就是对沉淀于其中的作为他人之化身的先辈意志的意识，就是对先验自我之意识。

---

① 柏拉图. 蒂迈欧篇［M］. 谢文郁，译注. 上海：上海人民出版社，2003.

在进入一个文化传统并最终产生对先验自我的意识的过程中，儿童同时将意识到他人和他物之间的不同。儿童秉承生物性自然与物理世界打交道的方式，在最初会不可避免地与来自文化传统的要求相互冲突。虽然儿童在习惯了使用勺子吃饭以后，每次吃饭都会主动使用勺子，但是儿童最初使用勺子却并不是出于个体的主动性，而是应作为文化传统代理人的成人的要求使然。当儿童秉承其动物性自然用手去抓饭时，成人就会把饭拿开，并把勺子递过去，只有儿童用勺子舀饭，而不是用手抓饭的时候，成人才会允许他继续吃。这时候儿童一定会感受到一种强大的力量在与自己的生命意志做对抗，那就是来自他人的意志，这种在他人意志中所体现的主体性就是首先出现在儿童主体性意识中的东西，甚至儿童也是透过他人意志对自己意志的否定才最终意识到自己也具有同样类型的意志和主体性的。而那些自身没有向儿童显现出此种对抗性的主体性意志的东西，比如勺子，则就向儿童呈现为他物。

他人对儿童生物性自然意志的对抗是一种有意识的、带有教化意义的对抗，他人同样具有一个童年，在他人的童年也经历过同样的过程。如果来自他人意志的否定可以增进一个人的生命权能，那么其就能够完成由被动接受的他人意志向个人主动去实施的自我意志的过渡。也只有那些可以普遍增进个人权能的意志才能够被一代又一代人主动继承下来，最终形成一种文化传统。每一种长期传承的文化传统中都凝结着前人的经验、生命意志以及更为深远的期备。从出生起，儿童的所有活动都是在与他人的意志所代理的文化传统相博弈的前提下展开的，先是不得已被动地按照他人的意志所体现的文化传统的要求去行动，然后过渡到主动地按照这些要求去行动。这一过程体现的就是胡塞尔所说的主体性的被动发生。我们可以毫不夸张地说，儿童的主动性和对世界的认识最初都来自他人。儿童周围的他人代理着一种什么样的文化传统，儿童就在其中发展出一种什么样的世界知觉，一种与维系他所在的文化传统的他人所共有的世界知觉。承载着文化传统的生活世界本质上就是一个共主观性的世界，这样的世界是一个通过教化世代相传的世界。

以教化和文化传承为纽带的社会生活就是人赖以生存的这个生活世界，其中所包含的规范性正是人性成长的源泉。正如马克思所说，人是社会关系的总和。而所有的社会关系都体现在人与人以共同的生活世界为背景所展开的竞争与合作游戏中。以下中国象棋为例，要使这种游戏能够进行，参与对弈的双方都需要遵守共同的规范，比如，象走田、马走日、炮翻山、帅不能走出老巢等。这些由对弈双方所共同承认并遵守的规范构成了一个使象棋对弈成为可能的生活世界，如果对弈任何一方不懂这些规范，或是故意破坏这些规范，那么游戏就不能进行下去。学习下象棋就是进入一个既定的规范性的文化传统的过程，但是即便遵守着同样的规范和传统，每个棋手仍然可以发展出自己独特的走法，就像我们每个人虽然都分有同样的先验自我，但是又都可以发展出自己独特的人格一样。也正是这种既同也不同，才使得竞争与合作成为可能。

生活世界就是一个巨大社会游戏场域，在其中人与人玩着竞争与合作的游戏，既继承着先辈们所建构的文化传统，也不断地构建和更新着其中那些已变得陈旧的规范，以使得游戏越来越有乐趣。每个参与其中的人从中获得了成长，并收获了各自的主体性意识。在所有类型的生活世界游戏中，有一种特殊的游戏对人和生活世界的自我建构起着至关重要的作用。这就是语言游戏。习得一门语言就是在进入与他人共在的生活世界的过程中习得一种传统性的发音习惯，并习得这些发音是如何与相应的生活世界中的事物相对应的规范，比如把妈妈叫作"妈妈"，把苹果叫作"苹果"。在习得这些语言游戏的基本规范之后，儿童就可以和周围的成人展开语言游戏了。语言游戏既包括竞争的成分，也包括合作的成分。从竞争的角度讲，语言游戏的双方谁能说服对方就算赢，但说服同时又是共识的达成，带有合作的意味。借助语言符号，人们可以把自己对世界的认识外化，对于生活在同一个生活世界中的人而言，此种外化可以把个人视角的独特性向他人呈现出来。比如你看着的立方体的正面是蓝色的，而我看着同一个立方体的背面是红色的，如果你不把你所见说出来，我不把我所见说出来，我们都会以为对方看到和自己同样的颜色，因为我们都知道我们看到的是同一个立方体。但是如果你向我用语言报告说"这个立方体是蓝色的"，我听到后就会立刻反驳你说："不对，这个立方体是红色的"，这时候我们就发生了分歧，这种分歧正是由语言揭示出来。为了消除这种分歧，我们产生了竞争关系，我想向你证明我说的是对的，你想向我证明你说的才是对的。于是我尝试着把我看到的那面转向你，向你证明立方体是红色的。但是在我看到的背面被转向你的时候，你看到的正面也随之转向了我，这时候我就看到了你曾经看到的蓝，而你则看到了我曾经看到的红，于是我们会意识到我们都错了。这个立方体不是蓝的，也不是红的，而是一面蓝，一面红，这时候我们就达成了新的共识。与此同时，我们也理解到，虽然我们生活在一个共同的生活世界中，但是我们也因此而具有各自不同的视角。

之所以说语言游戏是对于人的发展而言最为重要的游戏，还因为人的一切文化传承都只有靠着语言游戏才有可能。文化就是用文字固定下来的由人们通过语言游戏所达成的共识，这种共识作为传统凝结着我们生活世界的规范。每一个新生儿进入由文化传承所建立的生活世界的过程也就是其成为一个合格的语言游戏者的过程。在语言游戏中，要么他被别人说服，要么他说服别人，要么他与他人达成新的共识。语言游戏既有保守的一面，也有开放的一面，人们通过语言游戏达成的共识不断地作为新的传统丰富着人们所共有的生活世界，这就像是本真时间意识中的后顾；越来越丰富的生活世界传统则又使未来的人们所能玩的语言游戏的可能性更加丰富，这就像本真时间意识中的前瞻。因而语言游戏具有那种时间现象学所描述的本真时间意识的结构。语言游戏是人自我教化的途径，是知识传递和生成的途径，是人创造未来和希望的途径。

在所有这些不同层次的语言游戏中，最高层次的就是科学游戏。所有的科学理论都是一种写作，正是借助于文字的记录，生活世界在自我生成过程中所构造出的意义和规则可以被写下来，成为一种脱离了具体的事务、时间地点甚至时代性等主观视角性的绝对客观性事物。科学世界就是在这种绝对的客观性的意义上被构造出来的。靠着文字，人们的竞争与合作游戏可以成为跨时代、跨地域的游戏。扎哈维对此评价道："作为被写下的东西，意义能够传诸后世，并且融入到知识的整体中，而被一代又一代的科学家所利用和添加。正如胡塞尔在《几何学起源》的著名的附录中所说的那样，全面而复杂的理论的发展要经过几个世纪，而如果没有写作的记录和保存功能，它们就是不可能的。"① 因此，科学世界是主体性生活世界经由语言游戏所进行的自我推动所能达到的最高层次。

不过，胡塞尔提醒人们，当人们沉迷于对科学世界所体现的最高客观性进行坚持不懈的追求时，最容易忘记的就是人之构建科学世界之理想的最终达成将意味着语言游戏的结束。在绝对客观性面前是不允许有任何旧事物被

---

① 扎哈维. 胡塞尔现象学 [M]. 李忠伟，译. 北京：商务印书馆，2022：185.

更替，也不需要任何新事物继续生成的。一切据理力争在绝对的客观之前都将显得毫无意义，从此人们再也无须靠着相互说服来达成任何新的共识。于是在人造就了绝对化的科学世界的过程中，也亲手为自己的主体性准备好了墓地。对此扎哈维继续评论道："作为某种集体记忆和知识的贮藏，写作有着重要的构成性影响（参见 Hua 15/224），但是，在胡塞尔看来，它也和两种危险相联系着。首先，胡塞尔让人们关注语言的诱惑力（参见 Hua 6/372）。我们很容易被植根于语言的那些传承下来的假设、理解结构和解释形式所诱惑，而不是依赖于严格的明证性而生活和行动（参见 Hua 4/269）。其次，人们必须留意一个危险的客观主义。当观念物和它们与主体相关的起源相分离时，很容易完全忘记起构成作用的主体性。最终，胡塞尔认为，这两种危险都要对现代科学危机负责。"①

五、总结

1. 沉思的现象学与逻辑研究

如果亚里士多德把求知视作人之本性的说法是恰当的话，那么人在本性上就被置于一种二元论式的危险境地。这种危险首先表现在知识和事物的分离上。如果由事物组成的整体被称作世界的话，那么人对事物和世界的认识本身到底是不是世界中的一物呢？这一问题甚至比胡塞尔在《现象学的观念》一书中所追问的还根本。在那本书中，胡塞尔说："生活和科学中的自然的思维对认识可能性的问题是漠不关心的"，而现象学哲学的使命就是要追问"认识如何能够确信自己与自在的事物一致，如何能够"切中"这些事物？自在事物同我们的思维活动与那些给他们以规则的逻辑规律是一种什么关系呢？"胡塞尔此时所流露出来的还仅仅是知识与事物的符合性问题。而事实上他所关心的则是比符合性问题更为根本的问题，那就是知识，以及从事知识活动的人，在世界中的地位问题。

作为身体性存在，人生活于世界中，并作为一个世间事物与另外的世间事物打着各种各样的交道。但是作为知识的拥有者，人不仅与世间事物打交

---

① 扎哈维. 胡塞尔现象学 [M]. 李忠伟，译. 北京：商务印书馆，2022：185.

道，而且对自己是在与什么打交道，以及如何与其打交道能有所认识。不过这些认识还不可避免地具有可错性，以至于如何避免犯错成为人独有的忧虑，人与人之间友爱、纷争与怨恨也无不与此相关。地球和太阳都不会忧虑到底是谁围绕着谁在转，忧虑这个的是人。为了弄清到底是太阳围绕着地球转，还是地球围绕着太阳转，而不惜消灭不同意见者也是人。可是作为世间事物并不需要拥有任何知识，更不会因此而犯错，它需要的只是自行其是。犯错的只能是人，只能是不断在认识着的人。他不仅生活于世间，还要对他基于认识而来的生活抉择之正当性负有责任。对于人而言，知识既是荣耀，也是力量，至少在同等可能性上是灾难。既然如此，究竟知识之意义何在呢？会犯错的人究竟还是不是世间事物呢？

胡塞尔认为只要不对知识论中所潜在蕴含的这种二元论根源进行更进一步的反思，人们就不可能真正明白知识的地位、意义与可能性。因为认识主体和客体的两分性是知识论的预设，而这种预设的原初性已经被笛卡尔否定了。我们已经知道，笛卡尔将"我思"确立为一切知识的本源，并由"我思"这一认识论主体推出了"我在"这一存在主体。这一思路凝结在笛卡尔的"我思故我在"之中。虽然哲学史上往往把笛卡尔视作身心二元论传统的开启者，但是我们不应把这看成他最深刻的洞见。恰恰通过第一哲学的沉思，笛卡尔借助"我思"确立了思维和存在的同一性。这一点与亚里士多德的沉思可谓一脉相承。胡塞尔也将自己的哲学视作一种沉思，并以《笛卡尔式的沉思》① 写下了自己最为广泛阅读的现象学导论。

沉思无论是在亚里士多德的意义上，还是在笛卡尔的意义上，以及最终在胡塞尔的意义上都指的是一种思维与存在同一的状态，是人所能达到的最高存在境界。然而沉思却又是沉沦于日常生活中的人们最难以进入的一种状态。人们虽然善于思考，却非常不善于沉思。这主要是因为在日常生活中，人们的思考通常被一种基础而又根深蒂固的自然态度所限制。这一自然态度基于一种对形而上学实在论的不自觉的信仰，即对独立于心灵的实存的信仰。我们认为我们睁开双眼所看到的都是那些不以我们意志为转移的世界。太阳之所以从东方升起，并不是因为我们愿意看到太阳从东方升起，而是因为这就是一个独立于我们认识的事实，我们只能被动地接受这一事实，而不

---

① 胡塞尔. 笛卡尔式的沉思 [M]. 张廷国，译. 北京：中国城市出版社，2002.

能随意改变它。这一建立在由我们所信仰的且独立于我们意志的事实所组成的世界就是客观世界。自然科学也正是建立在自然态度这种对客观世界的信仰之上。正是这种自然态度诱使我们陷入了二元论困境：一边是完全由主观性所主导的意识，另一边则是完全由客观性所主导的世界，中间仿佛存在着一条永远无法跨越的鸿沟。胡塞尔从事现象学的根本动机就是尝试找到一种帮助人们通过沉思来克服这条鸿沟的方法。

可以说进入沉思的第一步就是学会如何将经验的对象性内容进行悬置，以关注指向经验的结构。这样就会发现，虽然在内容上来看，每个人的主观经验都各不相同，但是这些主观经验却具有一致的经验结构，这就是持续流动的意向性。对这一最基本的经验结构本身的洞悉构成了一种被胡塞尔称作原初经验的经验。这一仍未对象化的经验也就是詹姆斯所说的纯粹经验。对原初经验的再发现赋予了现象学研究一种新的出发点，那就是考察每一种经验对象是如何在原初经验的层面上显示自身的，这样一种考察被称作现象学还原。通过现象学还原的方法，在流动性的意向性基础上，胡塞尔进一步提出了明见性、视域、共主观性、他者、世界、构造等先验逻辑范畴，用以对作为主体性的经验结构本身进行描述。在这一层面的现象学沉思被胡塞尔称作静态现象学研究。

在静态现象学的基础上，胡塞尔进一步将沉思引向了对主体性的经验结构自身是如何被构造出来的思考，提出动感学说探讨意识通过先验逻辑范畴主动统摄自身内容这一能力的发生学根源。这一沉思让胡塞尔发现了作为意识在发生学意义上的基础性构造的内时间意识。各种静态现象学所涉及的意向性的先验逻辑范畴都是内时间意识经过一系列动态转换的产物。内时间意识就是一个非客体化的先验自我，身体是这一先验自我客体化的对应物。内时间意识正是透过身体与世界以及世界中的他者身体的互动过程来完成对主体性意识的构造的。这一过程就是胡塞尔要通过发生现象学所研究的内容。同时也由于这一过程是先于主体意识的，因而也是先于原初经验的，所以发生现象学又被称作先验现象学。

如果说基于对内时间意识的沉思，胡塞尔揭示出了先验自我这一发生学现象学根基，那么下一步现象学的任务就是通过先验自我来阐明与先验自我结对而在的"他者"和"世界"的发生学根基了。晚年的胡塞尔正是把现象学沉思推进到这一步。在他看来，"先验自我""他者"和"世界"从生成的角度上看并不是互相孤立存在的三种不同事物，而是同一个整体的三个面向。这一整体被胡塞尔称作"生活世界"。"自我"与"他者"作为身体性的共在，围绕着世界中的事物而展开的生存活动构成了整个"生活世界"的生成性动力。对于整个"生活世界"的生成性分析，尤其是对生活用品、生产工具、符号和语言、风俗道德和社会制度等所构成的文化世界的生成性分析，所构成的现象学主题被胡塞尔命名为"生成现象学"。

　　胡塞尔一生的探索构成了逻辑研究的典范，现象学发展的三个阶段也正体现了逻辑研究逐步深入的三个层次。静态现象学所体现的是逻辑研究的形式层次，也可以被称作形式逻辑，通常的逻辑学就仅仅停留在对形式逻辑的探讨上。但是胡塞尔并没有仅仅停留于对形式逻辑之先天必然性的阐明上，而是进一步尝试去揭示形式逻辑之先天必然性的根源，这一尝试就把现象学引向了发生现象学。发生现象学尝试通过对形式结构在发生上的必然逻辑顺序的阐明来说明形式逻辑为什么是先天必然的。在发生现象学上，各种形式逻辑构造之间不再是在形式上的简单可逆，形式上简单可逆的背后事实上隐含着一种不可逆的奠基关系。就像在形式上，加法和减法互为逆运算，因而 $1+1=2$ 和 $2-1=1$ 在形式逻辑上是等同的。但是在发生上，加法和减法之间的关系已经不再是一种可逆的关系，减法需要加法为自身奠基，而不是反之，因而加法在发生逻辑上先于减法。通过对形式逻辑之先天构造的发生学追问，最终胡塞尔得到了先验自我，也就是"原—自我"作为最为原初的发生学原点。一切形式逻辑上的先天构造经过逐步还原，最终都将奠基在这一原点之上。如果说静态现象学所秉承的是康德意义上的形式逻辑研究，那么发生现象学所秉承的就是康德意义上的先验逻辑研究。在先验逻辑的基础上，胡塞尔又把现象学推到了第三个层次，即生成现象学。生成现象学要揭示出先验自我的源泉，这时候胡塞尔发现如果从发生学的意义上来看"先验自我"的话，那么通过交往与他人在世界中的共在构成了"先验自我"自身得以发生的逻辑前提，这一个层次的现象学是建立在交往逻辑，也就是辩证逻辑的基础上的。可见现象学研究自始至终都是建立在诉诸逻辑而展开的反思之上，虽然现象学研究的结论可以在经验世界中得到验证，但是现象学并不是靠经验观察得到这些结论的。

　　基于逻辑的沉思最终把胡塞尔引领到生活世界现象学。在这一被科学世界所遮蔽的本真的世界状态中，世界就是主体，主体就是世界。人的知识活动只是人们在生活世界中展开生存和实践活动的延伸。知识并不是人置身于世界之外冷静旁观的产物，而是人们在生活世界中通过殊死搏斗做出的生存决断。所谓的客观性也不是独立于个人抉择的客观性，而是人在共主观性的交往过程中所达成的共识，是交往中的每一个参与者都要为之肩起责任的主观承诺。正是沉思对生活世界的再发现，最终帮助胡塞尔克服了自然态度和科学态度中所不可避免的二元论倾向，获得了对主观性思维和客观存在之同一性的领悟。不过，在胡塞尔致力于沉思现象学的同期，科学心理学则走上了一条完全与之相反的道路。

2. 当代科学心理学之现象学批判

我们已经知道自从华生建立了行为主义心理学后，客观心理学几乎成为科学心理学的代名词。在天文学、物理学、生物学、数学等各门学科逐渐走向成熟并从哲学中独立出来以后，心理学曾是哲学的最后阵地，也是在对世界之理解越来越科学化的今天仍能使人们可以保持着对生活世界有所领悟的最后途径。如果心理学最终也被完全去主观化而成为一门像物理学一样的客观学科的话，那么人就将丧失这一领悟生活世界的最后途径，与此紧密相连的后果就是人也终将丧失人之成为人的意义源泉。这就是为什么胡塞尔会将对作为客观心理学之思想根基的心理主义的批判作为贯穿于其整个现象学发展历程背后的一条主线。胡塞尔不仅在《逻辑研究》一书中以对心理主义的批判开启了现象学，而且在《欧洲科学的危机与超越论的现象学》这本胡塞尔最后一部重要著作最为中心的部分又回到了对现象学和心理学之间关系的探讨。

也许现象学作为一门以探究意识和主体性为自身使命的学科才是胡塞尔心目中理想的心理学所本应该真正成为的样子。胡塞尔致力于拆解客观心理学所带给人们的假象，目的就是恢复他心目中心理学这一本应该具有的形象。然而历史总是善于捉弄那些不善于沉思的人们。如今心理学作为客观心理学已经成为一种成熟的文化建制，大学心理学系作为维系和传承这一文化建制的专门机构，也将胡塞尔视同一个异己而完全排斥在自身之外。也许这就是胡塞尔现象学作为影响 20 世纪人类思想思潮，却几乎没有对心理学自身的发展起过任何决定性影响的原因所在吧。不过，我们认为能否严肃地对待来自胡塞尔现象学的质疑事关心理学长久的未来。接下来我们将结合现象学所提供给我们的"行为—意义—（客观对象）"这一基本意向性框架，来对行为主义心理学之后的科学心理学的发展做一个简短的评析。

前文在论述胡塞尔对心理主义进行批判的章节，我们已经分析了现象学和行为主义心理学的根本分歧。强调意识和主观性的现象学通过将客观对象放到括弧里予以悬置的方法来使人们将思考集中在对前客观对象性的"行为—意义"这一主观性意识结构的关注。而行为主义心理学所做的正与此相反，其更强调从客观对象的角度来展开研究，甚至因此取消了从"行为—意义"这一主观意识结构来理解行为的必要性。行为主义的做法不是像现象学那样先将行为意义化，然后通过将意义符号化来达到客观对象，而是不以意义为中介直接将行为进行客观对象化，然后研究作为客观对象的行为与作为行为对象的客观环境之间的因果关系。于是现象学上的"行为—意义—（对象）"这一意向性结构就被行为主义心理学简化为"行为—对象"，也就是"刺激—反应"（简写为 S – R）。于是意义这一传统的内在心理内容在行为主义心理学的研究领域里消失了，这样心理学就成为一门完全不需要诉诸内在反思而仅凭外观察就可以展开的学科。

但是人们很快就发现了行为主义心理学的不足，因为即便动物实验也表明对于有机体而言，刺激和反应的连接并不总是具有一致性。比如一只小白鼠在饥饿的状态下和不饥饿的状态下对食物刺激的反应就不一样，这就意味着有机体的内部状态在刺激和反应之间起着中介的作用。于是认知心理学又把行为主义心理学通过去掉"意义"而得到的"行为—对象"这一二元结构变回了三元结构"行为—有机体内部状态—对象"（简写为 S – O – R），这里的 O 就占据了曾经被取消掉的"意义"的位置。不过，就像我们不能把行为主义心理学的行为理解为胡塞尔现象学上的行为一样，我们也不能把 O 理解为现象学上的意义。在现象学上，行为和意义都是前客观对象性的主观领域内的东西，而在行为和认知心理学上，行为和 O 都是对象性的客观领域内的东西。尽管作为有机体的内部状态，与行为相比，O 具有一定的内在性，但是这种内在性仍是空间性的内在性，是一种在逻辑上仍可以被直接外观到的内在性，而并不是诸如意义这类在逻辑上就已经注定了只能通过主观性思维才能把握的非空间性的内在性。

在认知心理学将 O 作为中介引入了 S – R 这一二元结构后，科学心理学所面临的主要挑战就成了如何才能做到对 O 进行客观观察和描述。对 O 进行客观观察的最为简单直接的做法就是打开一个人的躯体，比如他的脑壳，直接去观察内部。但是这样的做法往往无异于杀人，虽然可行却并不可取。于是心理学要想顺利地发展，就必须找到更为人道也更为便捷的方法来研究 O。到目前为止，依赖着技术革新，心理学总共找到了三种主要的观察 O 的间接方式。也正是沿着这三种不同的观察 O 的间接方式，发展出三种心理学研究的重要取向。

第一种取向是基于信息加工理论的认知心理学。采用信息加工理论对 O 进行研究是建立在人机类比的基础上的。也就是说信息加工理论把作为人内部状态的神经运作机制等同于人工智能机的运算机制。如果我们设计出的计算机能够像人一样完成某样任务，那么就意味着计算机完成任务的内在机制与人完成任务的内在机制是一样的。虽然打开人的大脑去看人在完成任务时是如何运作的是不人道的，但是打开计算机去看其内部是如何运作的就不会存在这样的问题。更何况，计算机的内部机制本就是人设计出来的，要了解它的内部机制，我们只需要把设计它的图纸拿过来就可以了。第二种取向就是通过脑功能成像的方法来研究 O。虽然我们不方便把人的大脑直接打开，但是我们可以使用一些现代医学仪器，通过测量脑电、脑部的血流变化等方式，间接地观察人在从事某种活动时内部的神经运作机制。这种神经成像技术还通常结合信息加工理论一起使用，用来验证通过人机类比所得出的一些结论。第三种取向就是遗传学研究。现代生物学认为有机体的内部运作机制很大程度上是由遗传来决定的，因而我们同样可以结合个体的遗传结构来推测有机体的内部运作机制。最终科学心理学认为通过人机类比、脑功能成像和遗传学研究所分别得出的结论应该相互印证。

从现象学的角度来看，这三种心理学研究都是在对象化的层面所展开的研究，最终所得到的仅能是对行为、有机体和来自环境的刺激三者之间关系的因果阐明。无论科学心理学的研究方法如何先进，由于缺乏意向性的视角，其注定无法揭示出人之生存活动的意义。心理学虽然发现了对象之间的必然联系，却不能透过这些联系去进一步发现这些对象背后的意义构成，不能看出作为客观对象的行为、有机体和来自环境的刺激最终都是对同一意义进行符号化的产物，更意识不到这三种客观对象之间所存在的必然性的因果关系都奠基于它们所共同具有的意义。也正是由于缺乏对意义这一深层纬度的觉察，科学心理学无法揭示出我们作为主体生命的独特性，以及我们进行自由抉择的能力和我们在与他人一起共建美好社会生活中所肩负的不可推卸的责任。

也许胡塞尔会认为心理学所真正应该向现象学学习的就是如何把这些心理学上的客观对象给放到括弧里去。通过这种方式将会揭示出来行为从来都是具有意义的行为，环境也总是具有意义的环境，同样有机体的内部状态也是由意义建构来决定的。这就是为什么胡塞尔认为科学心理学只有在作为现象学沉思的一个先导的层面上才能获得其正当性，也就是说科学心理学只是为现象学悬置准备好了各种需要放入括号里的对象。因而现象学并不否认科学心理学研究的现象学意义，正如现象学也不否认自然科学的意义一样。真正的问题只出现在当科学心理学误认为自己的研究结论就是终极结论的时候，就像人们误认为科学世界就是那个唯一真实的世界一样。

胡塞尔认为近代在欧洲兴起的自然科学建立在一种割裂了认识行为和知识对象的错误前提下。自然科学试图不考虑主观性的认识行为，直接达到对独立于认识行为的客观性知识对象的认识，并且认为完全由客观性知识对象所组成的世界，也就是科学世界，就是世界的全部。而胡塞尔认为这样的客观世界并不存在，其本质上只是人的一种虚构，因为任何对客观知识对象的构想都应该透过其与主体性认识行为的关系才能被真正理解。自然科学对客观知识对象的强调导致了对这一根本性关系的遮蔽，也连同遮蔽了认识行为真正的含义。因为要正确地理解主体性认识行为，也必须透过其与知识对象的关系才能获得。科学心理学中所暗含的心理主义就是这种遮蔽的最终产物，因而也是科学主义或曰客观主义的最高表现。心理主义所要做的并不是透过认识行为和知识对象的关系来理解作为心理活动的认识行为，而是要把认识行为当作一种科学世界中的知识对象来认识。这样的心理学所给予人们的只能是一种假象，尽管是颇有诱惑力的假象。无论是冯特、布伦塔诺，还是詹姆斯，甚至弗洛伊德都是受这种假象的诱惑而走向心理学之路的，尽管他们最终又都以有意或无意的方式试图去避免这种诱惑。受着这种假象的诱惑一路向下，最终心理学发展到了要否认意识是自身研究对象的地步。当代的科学心理学家们要么认为意识本就是一种如同幽灵与鬼魂一般的幻觉，要么认为其就是不重要的神经生理活动的伴随物。科学心理学真正的研究对象要么是躯体行为，要么是脑神经活动，因为只有这些才算是在科学世界中具有真实位置的知识对象。

　　然而科学心理学对待意识的态度是极其草率的，他们罔顾这样一个诚实的笛卡尔早已经充分给予了证明的事实，那就是作为我思的意识之于一切客观知识的优先性。当然，他们还不至于荒唐到在他们从事科学心理学研究的时候否认自己是在有意识地进行着研究，他们只是有意或无意对这种意识在认识上的基础地位视而不见。与科学心理学家不同，胡塞尔坦诚地承认了意识的基础地位，认为任何知识活动都必须是在意识的基础上进行的知识活动。他认为意识并不在由知识对象所组成的科学世界中，而是这一科学世界的前提。这就是胡塞尔为什么认为不可能像心理学那样仅希望通过任何自然科学研究就能获得对意识的真正说明，而是只有通过艰苦的现象学沉思，人们最终才能获得对意识之本质的领悟。

第六章　由弗雷格到布兰顿：分析哲学与逻辑研究

弗雷格是公认的现代逻辑的创始人。他的《概念文字》（1879）是具有划时代意义的第一部现代逻辑经典文献，他建立了第一个一阶谓词演算系统，为现代逻辑的发展奠定了坚实的基础。现代逻辑的产生和发展对哲学产生了十分重要的影响，使它在 20 世纪发生了重大变化，产生了"语言转向"，形成了与传统截然不同的形态——分析哲学和语言哲学。

——王路《逻辑与哲学》①

一、弗雷格与胡塞尔

1. 语言还是意识

弗雷格，也就是那个把胡塞尔从心理主义之梦中惊醒的人，正是当今公认的分析哲学的奠基人。基于逻辑主义所展开对心理主义的批判构成了胡塞尔和弗雷格共同的哲学主题，但是两个人却在解决意义问题时采取了截然不同的进路，这种不同也是 20 世纪分析哲学传统和现象学传统对立的根源。简单来说，胡塞尔现象学研究奠基于意识研究，而弗雷格所开创的分析哲学则奠基于语言研究。因而分析哲学的兴起也通常被认为掀起了一场哲学中的语言学转向，即从传统的意识哲学转向了更具有现代意义的语言哲学。这种

---

① 王路. 逻辑与哲学［M］. 北京：清华大学出版社，2019：94.

转向颠倒了人们对语言与意识关系的传统看法。在语言学转向之前，人们通常认为语言奠基于意识之上，是对意识和思想的表达。因而意识问题较之于语言问题更具原初性，语言问题应该通过对意识问题的阐明而得到阐明。但是语言学转向之后，分析哲学家们则认为意识奠基于语言之上，意识和思想反而成了语言活动的产物。这样语言问题就被赋予了较之意识问题而言的原初性，意识问题反而要通过对语言问题的阐明才能得到阐明。

语言问题的本质也就是符号问题。如果说客观对象是符号化的产物，那么胡塞尔基于还原现象学而做出的对客观对象的悬置就是把符号化活动所体现的那种存在于意义与客观对象之间的外在意向性关系进行悬置，从而凸显出外在意向性关系所奠基于其上的、更为本真的、存在于行为和意义之间的内在意向性关系。弗雷格的语言哲学所做的则正好与胡塞尔相反，从现象学的分析框架出发，我们甚至可以认为弗雷格所做的是要对内在意向性关系进行悬置，从而将外在意向性关系凸显出来。虽然我们对胡塞尔现象学怀有极大的敬意，但是我们也不得不承认，弗雷格的这种做法同样具有无可争议的正当性。因为任何认识都是通过语言来表达的认识，如果没有经过符号化，我们对内在意向性就无法进行任何的讨论。就连胡塞尔也必须承认他的现象学本身就是语言活动的产物，并且基于符号化而来的外在意向性会反过来影响内在意向性本身。而且语言本身又不像意识那样私人化，无论是作为声音符号，还是作为文字符号，语言都在物理世界中拥有自然科学意义上的合法性，具有可被第三人称可公度性的客观性身份。这样人们就很难再像指控对意识的哲学研究是在研究幽灵那样去指控对语言的哲学研究了。

如果能够意识上述几点，那么到底是应该从意识出发来阐明语言，还是从语言出发阐明意识，就似乎仅是一种基于偏好的个人选择。或许存在于意识和语言之间的关系是一种双向性的、相互奠基的交互关系，就像一枚硬币的正反面一样。虽然探究的本性需要我们有一个原初的出发点，但是我们既可以选择从意识出发，也可以选择从语言出发，无论从何者出发，我们最终都会达到同样的终点。这就意味着现象学和语言哲学之间的对立并不像人们最初所认为的那样尖锐，两者最终殊途同归。事实上，哲学进入 21 世纪以来也正是沿着现象学和分析哲学相互融合的方向发展的。在现象学传统中，越来越多的人开始引进分析哲学的资源来拓展自身，用以强调符号语言对前言语之意识的反向建构作用。分析哲学在语言学转向之后则又一次迎来了向心灵哲学的回归，在语言表达的边界再次发现了作为前语言的意识的奠基作用。

2. 语言的意向性结构

弗雷格倡导哲学研究应从语言出发，由此传统哲学所关注的根本问题——心灵与世界的关系，则被替换成了语言与世界的关系。语言和世界之间的关系也是一种意向性关系，但是是一种与意识和世界之间的意向性具有本质性不同的意向性。如果说意识与世界之间的关系是非对象性意识与对象性世界之间的关系，那么语言与世界之间的关系则是对象与对象的关系。虽然人们总是会不自觉地把意识置于对象性世界之外，但是从不会怀疑语言要么作为被发出的声音，要么作为被写下的痕迹，是地地道道的对象世界中的存在者。到底语言是如何实现对世界中的其他对象的指示性关涉的呢？"太阳"何以能被用来指称正午的天空中那个炙热而明亮的天体呢？难道这种客观对象与客观对象之间的关系需要以主观性的意识为中介吗？

对于这最后一个问题，弗雷格作为反心理主义者，坚决地给出了一个否定性的答案。虽然如此，弗雷格也认为语言和客观对象之间的关系是一种中介关系，只是这个中介者不是主观意识，而是涵义。于是弗雷格从语言出发也得出了一个类似于现象学的意向性结构，那就是：句子—涵义—对象。为了更加突出两种方案的相似性，我们可以将胡塞尔和弗雷格所分别提出的意向性结构对比如下。

> 胡塞尔从意识出发：行为—意义—对象
> 弗雷格从语言出发：表达式（句子）—涵义—对象①

通常认为在这种表面的相似性之下隐藏着根本性的不同。对于弗雷格而言，无论是表达式、涵义还是对象，都是客观的。而对于胡塞尔而言，只有对象是客观的，而行为和意义都只能从将对象进行悬置而得到的前对象性的主观性的角度去把握。当然，我们不能否认意义在现象学中所具有的特殊地

---

① 史密斯. 现象学在分析哲学中的应用［M］//毕明安. 牛津分析哲学史手册：下. 江怡，主译. 北京：中国社会科学出版社，2023：1148.

位。尽管它只能从主观性的角度去把握，却是一种建立在主观性之上的共主观性。既然在现象学中并不存在主客之间的截然对立，认为一切客观都是源于建立在主观性之上的共主观性的话，那么意义本身作为共主观性的产物，也就必然带有强烈的客观化倾向。这样看来，胡塞尔所说的意义与弗雷格所说的涵义就没有初看上去这么不同了。

弗雷格和胡塞尔的不同更体现在行为和表达式的不同。因为行为在胡塞尔看来是彻头彻尾的主观性，而弗雷格所说的表达式，比如一句话，则是一种客观存在。但是如果我们考虑到胡塞尔眼中的行为永远是与意义相伴而生的行为，是可以做意义解读的行为，而不是行为主义眼中的那种不需要从意义角度去考察的行为的话，那么就很难说主观性行为就真的不具有任何客观性的成分。这似乎意味着即便在行为和表达式之间，胡塞尔和弗雷格之间的差别也并不如初看上去的那么大。更何况在后期的胡塞尔又提出了现象学身体这一概念，于是任何行为在胡塞尔看来最终都是一个身体活动，应被看作一个自我表达的具身姿态。弗雷格的继承人则提出了言语行为这一概念，认为对表达式的考察应奠基于对更为基本的表达行为的考察之上，就此而言，任何表达式背后都隐藏着有一个具身的表达者的表达行为，因而也是一个具身姿态。这样看起来在胡塞尔和弗雷格之间实际上就没有什么根本性差异。我们只能说弗雷格没有像胡塞尔那样明确地揭示出一个前对象领域，而胡塞尔则没有像弗雷格那样对语言表达背后所隐藏的符号机制进行充分的说明。因此，我们认为弗雷格和胡塞尔之间的关系应该是一种相互补充的关系，而不是一种相互对立的关系。

3. 数的本源：先验逻辑还是形式逻辑

弗雷格和胡塞尔还共同分有一个哲学的出发点，即算数哲学。我们已经论述过胡塞尔最初尝试把数还原到行为，并且正是由于弗雷格的批评，胡塞尔才意识到自己的这种尝试中暗藏了心理主义的危险，然后通过《逻辑研究》一书展开了对心理主义的批判，并最终走向了一种类似康德哲学的先验逻辑学。弗雷格作为一个数学家，也长期从事数学基础的研究，他致力于从形式逻辑推出数学，并且为了实现这一目标，改造了传统的亚里士多德的形式逻辑系统。在《概念文字》一文中，弗雷格设计出了一种严格符号化的形式语言，并以此为基础建立了一阶谓词演算系统，成为现代形式逻辑，即符号逻辑的奠基人。① 此后，他写出了《算术基础》一书，尝试借助他所建立的符号逻辑来定义数。②

我们知道康德将知识分为分析的和综合的两种。分析的知识是形式逻辑的，具有先天必然性，比如"A＝A"这一逻辑的第一定律——同一律——所表达的就是这种分析性的先天知识。不过分析性知识只是形式上的，缺乏任何实质性的内容，而综合知识则是经由后天经验归纳而来的知识，因而不是先天的。比如"天下乌鸦一般黑"就是一种综合知识，在"乌鸦"这一概念中并不先天分析性地包含着"黑"这一概念，因而我们不能像确认"A＝A"这样仅凭形式逻辑分析就能够确认其正确性，而是需要经过后天的经验观察才能保证在"天下乌鸦一般黑"这句话中所表达的"乌鸦"和"黑"之间的联系的正确性。不过，虽然这样的综合知识不像分析性的先天知识那样空洞，包含有指向世界的实质性内容，但是这种知识却不具有必然性。康德不同于前人之处在于他认为存在着一种先天综合知识，这种知识既具有分析知识上的必然性，也具有综合知识上内容性的充实性。数学知识就是康德眼中的典型的先天综合知识，他认为 2＋5＝7 虽然必然为真，但并不是形式逻辑的真，因为无论如何我们也不能从对 2 和 5 的逻辑分析中得出 7 来。康德认为要能够正确地计算出 2＋5＝7 需要诉诸一种思维上的综合能力，正是这种综合能力赋予了人们将 2 和 5 合并为 7 的能力。对于这种综合能力的构成性分析是先验逻辑学的主要任务，可见先验逻辑并不是单纯地不涉及内容的形式推理，还涉及对内容是如何被给予的逻辑分析。就此而言，胡塞尔的数学哲学是对康德先验逻辑学说的继承，因为在胡塞尔看来，人们通常习以为常的算数只是将本真算数进行符号化的产物，而本真的算数则奠基于先验自我的意义构造之上，此种构造也就是内容被给予之方式的构造。

弗雷格并不赞同这种康德—胡塞尔式的基于先验逻辑学的数学观。他在《算术基础》一书中试图向人们表明算术命题也是分析性的，因而是奠基在形式逻辑之上的。他自称成功地改进了康德的观点。③ 弗雷格认为康德对于数的认识是建立在自然语言之上的，因而误把 2、5 和 7 当成了三个不同的对象。如果 2、5 和 7 是三个不同的对象的话，那么显然我们仅凭分析 2 和 5

---

① 弗雷格. 弗雷格哲学论著选辑 [M]. 王路，译. 北京：商务印书馆，2006.
②③ 弗雷格. 算术基础 [M]. 王路，译. 北京：商务印书馆，2011：122.

这两个对象自身不可以得出第三个对象 7。这正是造成康德认为数学命题不是分析命题的根源。事实上，弗雷格认为数本身并不是对象，其只有与概念联合起来才能指向对象。如果说概念是用来规定对象的，那么数则是用来规定概念的。通过这样的分析，弗雷格表明对象、概念和数分别属于三个不同的层级。如果说一个概念所规定的对象作为其外延共同形成一个集合的话，那么 2 这个数就意味某概念下的两个对象所组成的集合，5 这个数则意味着某概念下的 5 个对象所组成的集合，7 这个数则意味着某概念下由 7 个对象所组成的集合。于是 2 + 5 的意思就是把某概念下由两个对象所组成的集合和由五个对象所组成的集合放在一起所形成的新集合，显然这时候得到的是一个具有 7 个对象的集合。如果我们能够看清楚这一点的话，就会发现 2 + 5 中已经分析性地包含了 7，不再需要任何综合性的成分在里面。康德之所以认为 2 + 5 并不分析性地蕴含着 7，是因为他受符号的诱惑，认为每一个符号应该分别对应着一个独特的对象。如果是这样的话，2 和 5 本身作为对象当然并不能分析地隐含着 7 作为对象。其实不然，数是用来规定概念的高阶概念，而不是用来规定对象的初阶概念。数的意义就在于与其他概念连用的时候，为这些概念指派对象。正如"苹果"一词对应的就不是作为具体对象的某一个或某一些实存着的苹果。只有当我们说"这个苹果"的时候，借助于"这个"，我们的话语才特别地针对了某一个作为对象的苹果。又如说"有两只老虎"这句话就是通过"两只"这个数给"老虎"这一概念分配了两个对象。任何情况下，作为对象的都只能是一个个苹果或老虎，而不能是 1、2 或任何其他数。这样的话，如果说概念仍需要对象来作为内容充实自己，那么用于计算的数本身是不需要对象来充实的，2 + 5 = 7 就仅仅是一个不涉及任何具体对象性内容的形式运算。也就是说，无论是对于老虎这一概念来说，还是对于苹果这一概念来说，以及对于任何其他概念来说，2 + 5 都等于 7。这就是弗雷格认为算术是不涉及任何对象性内容的纯粹形式运算的原因所在。

弗雷格认为类似于 2 + 5 = 7 这样的一些算术运算的正确性，应该独立于对人是如何具体的从不理解到理解这些数学命题的心理学进程描述，而仅从形式逻辑上得到证明。因而无论是像康德那样诉诸先验统觉，还是像胡塞尔那样诉诸意义构成过程，用非形式逻辑的元素来为算术奠基，都具有心理主义的嫌疑。弗雷格认为应该把理解和证明相互区分，理解是一个事实过程，而证明则是一个逻辑进程。虽然任何逻辑进程的实现都需要诉诸人的具体的理解过程，但是这一具体的、事实性的理解过程并不能决定逻辑本身的正确与否。这样看起来弗雷格对算术的认识确实与他自认为的那样，与康德和胡塞尔都大不相同。但是实际上事情也许并不如此。首先，就像我们前文不断强调的那样，胡塞尔与弗雷格一样反对通过事实过程，而不是通过逻辑来说明算术。此外，更为重要的是，为了说明算术是一种纯粹的形式逻辑，弗雷格分出了对象、概念和数三个依次奠基的层次。也就是说，概念的涵义需要奠基在对象之上，而数的涵义则需要奠基在概念之上。如果从这种奠基的涵义上来看，一个人对数的认识就需要以对概念的认识为前提，而对概念的认识则又需要以对对象的认识为前提。接下来我们是否可以继续说对象性的认识则需要以前对象的意义建构为前提呢？如果可以的话，我们不就沿着弗雷格所提供的思路走上了胡塞尔的现象学还原之路吗？这再一次表明了，也许弗雷格和胡塞尔之间的差异只是一种表面上的差异，他们之间的共同之处，远比弗雷格所认为的差异要多。

二、弗雷格与语言分析

1. 概念文字与符号逻辑基础

弗雷格出版于 1879 年的《概念文字》一书的副标题是"一种模仿算术语言构造的纯粹的形式语言"。这个副标题明确地告诉我们弗雷格希望借助他对算术符号的分析来改造形式逻辑。该书标志着现代逻辑的开始。

严格意义上来说，算术也是一种符号语言，就如同我们的口语和书写这些自然语言一样。不过弗雷格认为算术语言是一种完美的语言，不像自然语言那样容易对使用者产生误导。很多哲学问题的产生其实都是由于表述哲学问题所使用的自然语言本身在表达精确性上的缺陷所造成的伪问题，就像我们前文不断提及的那个起源学难题"到底是先有鸡还是先有蛋"一样。其实哲学家早就意识到谈论哲学，应该首先规范谈论哲学所适用的语言，因为哲学是基于推理的反思活动，而自然语言因自身的缺陷容易误导人做出错误的推理。古希腊的智者们就利用了这一点，才仅凭口舌就能够说服别人相信一些奇怪的结论。比如说智者们在言辞上论证了跑得快的兔子永远追不上跑得慢的乌龟，显然这一结论不符合人们的日常直观。

亚里士多德提出三段论，用以将自然语言的论证结构清晰化，其目的就是为了降低自然语言在推理上的含糊性，从而尽量减少因语言而产生的误导。莱布尼茨曾经也提出一种愿望，希望能够建立一种普遍的、没有歧义的理想语言，这种理想语言可以把推理变成一种如同数学一般的运算，这样每当人们因言辞发生争论的时候，仅凭用这种理想语言进行准确的计算就可以解决所有争议了。哲学家们早就想把自然语言改造成如同算术一般在推理上完美无瑕的语言了，只是这种希望一直没有实现。现在看来，之所以这种希望没有实现，主要出于如下两个原因。其一，算术语言的表达力度远不及自然语言，尤其是缺乏表达情感的力量，因而单纯使用算术式的语言进行交流是不能满足人们的日常生活需要的。其二，人们也仍没有清楚地认识到算术语言与自然语言的不同和相同之处到底在哪里。只有解决了上述问题，才有可能真正设计出一种如同算术一般的理想语言。弗雷格之所以能够成为现代逻辑的奠基者，正是因为他出色地回答了上述第二个问题。

弗雷格首先认识到的是自然语言具有各种各样的表达功能，不仅具有涵义，还具有力量。不过弗雷格认为，对于涵义的表达占据了自然语言的中心地位，即便是语言的力量也是通过涵义表达来实现的。如果不考虑涵义这一纬度的话，人类的语言就与动物间常见的互相呼喊没有什么实质性区别了。因而弗雷格认为对语言的分析应该聚焦于对涵义表达的分析。涵义表达是自然语言行使判断和推理功能的基础，也只有自然语言中这些执行判断和推理的这一部分才能够被严格地逻辑化。弗雷格认为在自然语言中表达一个完整涵义的基本单位是句子，也只有被完整表达了的涵义才能够被判断，具有真假，这种能够被判断为真假的句子就被弗雷格称作"命题"。因而我们可以说，弗雷格认为自然语言中只有作为命题表达的部分可以被形式逻辑化。弗雷格以此种方式澄清了自然语言与形式语言的关系，既表明建立形式语言的必要性，也说明了为什么形式语言不可能是对自然语言的取代。

然后，弗雷格借助对数学命题的分析来分析自然语言中的命题结构。在亚里士多德看来，自然语言中的命题呈现出一种主谓结构，但是弗雷格认为之所以我们至今未能成功地建立出理想的形式语言，就在于亚里士多德提出的基于主谓结构的形式逻辑把我们带上了歧途。弗雷格认为自然语言中呈现为主谓结构的关系，实际上是一种函数关系，因而弗雷格引入了函数和自变

元的结构来分析自然语言命题中的主谓结构。传统上一个典型的命题是诸如
"苏格拉底是人"这样的句子，而如果翻译成弗雷格的函数语言则是 H（a）。
a 是一个叫作苏格拉底的固定变元，是一个个体对象，而 H 则是一个函数，
用来替代"人"这一谓语。这样做有什么意义呢？最重要的一点就是帮助人
们认识到苏格拉底和人的关系不是一个对象和另一个对象的关系，而是一个
对象和一个函数的关系，函数并不是对象。一个完整的命题必须包含作为对
象的变元和作为变元性质的函数。自然语言命题因为没有严格地阐明其背后
所隐藏的这种函数关系，因而导致了种种推理错误。比如说在弗雷格看来
"人是动物"虽然也具有主谓结构，但其并不是一个真正的命题。因为这句
话中并不涉及真正的个体，因而是没有对象的。"人"与"苏格拉底"虽然
都处于主词的位置之上，但是"人"并非像"苏格拉底"一样是一个真正
的对象性变元。正因为一个命题必须表示对象性变元的函数关系，因而"人
是动物"这句话就不是一个真正的命题，也无所谓真假。但是日常生活中人
们又往往会认为"人是动物"确实表达了一个判断，具有真假。弗雷格认为
在这种情况下当人们说出"人是动物"的时候，其真实所要表达的是"对
于所有的个体而言，如果其是人，那么其是动物"。也就是说当人们说出
"人是动物"来表达一个判断的时候，其实省略了"对于所有的个体而言"
这个表达全称判断的部分，这个部分可用逻辑符号表示为 $\forall x$。如果我们把
"人"表达的函数写作 H，把"动物"表达的函数写作 A 的话，然后用→表
示"如果……那么……"，那么自然语言中命题"人是动物"就可以被分析
为如下符号语言：$\forall x(H(x) \to A(x))$。这样借助于量词和函数，我们就完
成了对"人是动物"这一自然语言的形式分析。经过这种分析，我们也就不
再会把"人"当作一个对象，而是看穿了其函数本性。也能够清楚地表明，
虽然在自然语言上"苏格拉底是人"与"人是动物"同样是主谓结构，但
是在形式语言上，两者的逻辑结构却截然不同。前者的逻辑结构是 $H(a)$，
而后者是 $\forall x(H(x) \to A(x))$。按照弗雷格的思路，亚里士多德三段论中的
各种自然语言形式的命题都需要经过重新分析，以获得其深层逻辑结构。诸
如"人是动物"这样的全称直言命题可以符号为 $\forall x(S(x) \to P(x))$，诸如
"有的天鹅是白色的"这样的特称命题则可以符号化为 $\exists(x)(S(x) \wedge P(x))$。
其中 $\exists(x)$ 表示特称的对象，存在某个对象。$\wedge$ 则表示合取，即 and。诸如
"苏格拉底是人"这样的单称直言命题可以符号化为 $P(a)$。除此之外，我们

还可以引入否定符号"¬"进一步丰富符号逻辑的表达力度。于是诸如"人不是植物"这样的否定命题就可以被形式化为∀x（S（x）→¬ P（x））。

自然语言中的命题除了主谓形式的命题外，还有关系命题。在弗雷格之前，人们通常将关系命题转换成主谓命题，然而这种转换通常被认为是不成功的。比如说"约翰爱玛丽"，我们可以分析成"约翰是爱玛丽的"。这样"约翰"就是主语，"爱玛丽的"就成了谓语。而实际上每个懂语言的人都会理解"约翰爱玛丽"这句话所表述的是一个个体对象与另一个个体对象之间存在着作为爱的关系。如果把这句话分析成主谓关系，那么就变成一个个体对象与一个抽象对象"爱玛丽的"之间的关系。显然这样反而把本就清清楚楚的东西变得更加令人难以琢磨了，这样的分析真不知道在增进人们的理解上能有什么真正的用处。但是如果我们引入弗雷格的分析方案，则一切就清清楚楚明明白白了。实际上"约翰爱玛丽"是由两个对象"约翰"和"玛丽"，以及一个二元函数"爱"来组成。所谓的二元函数就是涉及两个不同变元的函数。如果我们用 L 来表示"爱"，分别用 a 和 b 这两个固定变元来表示"约翰"和"玛丽"的话，这句话就可以被形式化为 L（a，b）。显然这种弗雷格式的分析方案比传统的主谓方案更符合人们的自然理解。

弗雷格的方案优于传统主谓分析的方案的另一点就在于其对带有重叠量词的命题的分析上。比如说"所有的人都有人爱"这个命题就带有重叠量词。按照主谓分析的话，主语是"所有的人"，谓语是"有人爱"。显然这样的分析是不清楚的。但是如果我们按照弗雷格的方案去分析的话，这句话可以被清清楚楚地分析成∀（x）∃（y）L（y，x）。总而言之，弗雷格认为命题的逻辑主词永远是对象性个体。因而言语中的推理必然包含两个组成部分：对象和函数。而函数又分为涉及一个对象的一元函数、涉及两个对象的二元函数和涉及多个对象的多元函数。量词也就是数，是用来为函数限定作为其对象的范围的，也就是为函数限定其论域。有了上述方案，弗雷格认为就可以无歧义地揭示出任何自然命题中所蕴含的推理形式了。

在弗雷格方案的基础上，经由罗素等人的进一步工作，逻辑从此走上了形式化的道路，并最终从哲学中独立出来，成为现代数学的一个分支。这就是为什么弗雷格方案既被称作"符号逻辑"，也被称作"数理逻辑"的原因。在今天逻辑的应用广布于各种各样的领域，不仅应用于研究数学基础，还应用于研究语言、哲学、各门自然科学和工程技术学。尤其是在人工智能领域，没有现代逻辑作为工具，研究几乎寸步难行。概而言之，当今只要是涉及推理活动的领域，要想使研究更深入，就必须借助现代逻辑。

2. 形式化语言的罗素方案

虽然如今弗雷格已经成为公认的符号逻辑和分析哲学的奠基人，但是符号逻辑和分析哲学最初登上历史舞台，开始引起世人的关注，却主要得自于罗素的影响。人们往往是通过罗素与怀特海合著的《数学原理》一书才知道弗雷格的研究的，至于分析哲学就更是如此。最初罗素、维特根斯坦等人才是公认的分析哲学的缔造者，只是在人们发现在罗素和维特根斯坦的著作中不断地提到弗雷格之后，才逐渐开始意识到弗雷格思想中的哲学意义。可见，罗素在符号逻辑和分析哲学的发展中发挥着无可替代的作用。这主要体现在，在逻辑上他将弗雷格的构想完善成为第一个成熟的符号逻辑体系，在哲学上他深刻挖掘并发展了弗雷格思想的哲学含义。下面我们就先来介绍由罗素所建立的符号逻辑体系。①

一个罗素式的完整的符号逻辑体系共由三部分组成：词项、公式和句子。词项包括个体词、谓词、量词和连接词，其中，个体词又分为个体变项和个体常项。个体变项指的是某个特定范围内不确定的对象，用小写字母 x、y、z、x′、y′、z′等表示。个体常项指的是某个特定范围内确定的对象，用 a、b、c、a′、b′、c′等表示。谓词则用大写字母 A、B、C 等表示。谓词可以是一元的、二元的，…，n 元的。一元谓词表达个体的性质，二元谓词表达两个个体之间的关系，n 元谓词则表达 n 个个体对象之间的关系，比如"……在……和……之间"这个三元谓词表达的就是三个个体对象之间的关系，我们可以说"武汉在北京和广州之间"。量词则包含全称量词和存在量词，其与个体变项相连可以形成对谓词的约束。连接词则包括否定¬，合取∧，析取∨，蕴含→和恒等↔。除此之外，还有一些辅助符号，比如逗号"，"，左括号"（"和右括号"）"。

所有的公式都由原子公式组成。原子公式就是一个 n 元谓词被 n 个个体词所充实而得到的。我们把谓词写在前面，然后把个体词放在紧跟谓词后面

---

① 索姆斯. 20 世纪分析哲学史 1：分析的开端 [M]. 张励耕，仲海霞，译. 北京：华夏出版社，2019：115 - 116.

的括号里，并且用逗号隔开，就得到了原子公式的符号表达。比如 F(x)，G(a)，R(x，y)，S(x，a，y) 都是原子公式。如果 Φ 和 Ψ 是公式，那么 ¬Φ 和 ¬Ψ 都是公式，Φ∧Ψ，Φ∨Ψ，Φ→Ψ，Φ↔Ψ 也都是公式，∀xΦ，∃xΦ 同样是公式。只有用以上方式构成的符号串才能被称作公式。

公式又分为开公式和闭公式。开公式包含至少一个没有被量词限定的个体变项，而闭公式不包含任何未被量词限定的个体变项。只有闭公式才是句子，具有真假，因而是命题。而开公式是命题函项，其只具有涵义，而不具有真假。于是我们可以再引入两个符号 ⊤、⊥，分别代表真和假。这样形式化语言的罗素方案就算完成了。

3. 弗雷格与句子图式

要想把罗素完整的形式化语言方案应用于语言分析，我们还需要回到弗雷格对语言分析的理解。弗雷格最为重要的语言哲学思想就是明确地区分出涵义和意谓。意谓是符号所指向的对象，而涵义是符号所表达的内容。弗雷格以"晨星"和"暮星"为例来说明不同的符号虽然表达不同的涵义，但是可以具有相同的意谓。"晨星"在中国被称作启明星，也就是早上最后消失的一颗星星，预示着黎明的到来；而"暮星"在中国被称作长庚星，是傍晚天空中可以看到的第一颗星星，预示夜晚的降临。现代天文学告诉我们，这两颗星星其实是同一颗星，只是因为我们看到它的时间不同而分别为它取了不同的名字。如果一个专名的意谓是一个时空中的对象的话，那么启明星和长庚星的意谓显然是相同的。但是在这种相同之下掩藏着一种不同，这种不同源于我们在分别使用启明星和长庚星这两个词的时候，仿佛是在不同的角度意谓同一个东西。就像我指着桌子上的一个苹果说"请把这个苹果拿给我"，而你也指着这个苹果向我确认："是这个吗？"然后我说"是的"。显然由于我们在时空中与同一个苹果所处的相对位置不同，我和你只能从不同的角度来指向这同一个苹果，这不同角度的指就是我们意谓同一个苹果的不同方式。这种意谓同一对象的不同角度被弗雷格称作"涵义"。

通常具有不同涵义的语言应该具有不同的形式。一种理想的语言的形式应该足够丰富，以至于能够表达各种各样涵义上的差别，就像我们必须用启明星和长庚星这两个不同的词来表达出不同的涵义一样。如果我们用同样的语言形式来表达不同的涵义的话，就会造成混乱。比如在英文中 bachelor 一词就既可以用来指未结婚的单身汉，也可以用来指具有学士学位的人，因此当一个人说 I am a bachelor 的时候，我们并不能确定他到底是在说自己具有学士学位，还是说自己仍没有结婚。然而真正的问题在于涵义的丰富性远远超过人们的想象。如果我们可以从无限的角度来意谓同一对象的话，那就意味着仅指涉一个对象，就可以通过无限多的涵义来实现，更何况这个世界是由数不清的对象来构成的。这就带来一个非常重要的困难，那就是我们如何利用有限的语言元素来表达无限的涵义。

通过将语言形式化，我们就可以很好地理解人们是如何能够通过语言做到这一点的。语言的形式化规则其实揭示出涵义的生成规则，通过这些形式化规则，我们可以从有限的原子公式出发，以及利用有限的组合规则就可以得到数量无限的公式。每一种公式又都对应着一种独特的涵义。而且语言的形式化规则同时是一种理解规则。当我说出如下这个句子"苏格拉底和唐老鸭在火星上吃了一只恐龙"的时候，显然你是第一次听到这个句子，但是你完全可以理解这个你所没有听到过的句子的涵义。你是如何做到这一点的呢？显然你能够分别理解个体词苏格拉底、唐老鸭、火星、恐龙和谓词吃的涵义，以及通过这些词构成公式的组合规则，所以你才能够理解这句话。而且你不仅能够理解这句话，你还能断定这句话是假的，也就是这句话的意谓不可能符合事实。可是如果我说出的是如下这句话"苏格拉底火星了唐老鸭和一只吃在恐龙"呢？恐怕就没有人能够理解了，更不可能有人能够断定这句话的真假。虽然第二句话中的每一个词或字都与第一句话相同，但是第二句话却是完全不符合语言的形式规则的简单拼凑，因而也是不可通过符号逻辑进行分析的。

此外，弗雷格还严格区分出断定的和未断定的两种表达式，认为只有具有完整涵义的句子才是可被断定的表达式。具有完整的涵义意味着表达式表达了一个完整的事态，并因此可以通过其所表达的事态与真实事态符合与否断定句子的真假。而作为句子组成部分的次语句都因不具有完整的涵义而不能从断定的角度谈论其真假，这就是为什么弗雷格认为真假是句子的意谓，而不是次语句的意谓。不过，在我们使用自然语句进行交流的时候，我们说出的到底是一个可被断定的句子，还是仅仅是一个不可被断定的次语句并不是清清楚楚的。很多哲学问题的出现就在于我们没有搞清楚我们是在什么意义上看待所说的东西。

比如，当一个人指着一个苹果说出"苹果"的时候，他是在说出一个句子，还是仅仅说出了一个作为次语句的词呢？从表面上看，他当然说出的仅仅是一个作为次语句的词，然而在这一语境中，我们显然知道他所说的"苹果"其实是"这是苹果"这句话的省略。也就是说，他说的是一个句子，并且对这个句子进行了断定，即他认为"这是苹果"是真的。这就是为什么我们不能仅仅通过自然语言的表面结构来看待语言，而是要学会带着形式化分析的角度来琢磨隐藏在自然语言背后的深层形式。

再比如，如果我们说"麒麟是动物"，请问这句话是真还是假的呢？如果没有符号逻辑作为分析工具，人们很容易陷入矛盾之中。因为一方面麒麟就是人们虚构出的一种动物，从这一角度来看麒麟肯定是动物，但是另一方面，我们又知道麒麟只是我们的一种虚构，也就是麒麟是不存在的。那么，一个不存在的东西怎么可能是动物呢？不存在不就是什么也不是吗？但是如果我们拥有了符号逻辑作为工具，我们就可以清楚地化解上述矛盾了。我们需要确定的是一个人在说出"麒麟是动物"这句话的时候，到底是在断定什么。如果仅从表面的形式来看，"麒麟是动物"这句话的语言形式是 $\forall x(Q(x)\rightarrow A(x))$，即"对于任一 x 而言，如果 x 是麒麟，那么 x 是动物"。可见这句话并没有断定麒麟的存在，只是断定了如果麒麟存在的话，那么它是动物，因而这句话为真。可是，"麒麟是动物"背后的逻辑形式也可能是 $\exists xQ(x)\wedge\forall y(Q(y)\rightarrow A(y))$，即"存在一个 x，x 是麒麟，并且无论任何 y，如果 y 是麒麟，那么 y 就是动物"。这就意味着当一个人说出"麒麟是动物"的时候，其断定了麒麟所指涉对象的真实存在。既然这一次真实对象并不存在，因而这句话就成了假的。

通过上述例子我们就能看到为什么弗雷格强调要从三个相互关联的层面去理解语言，也就是"表达式—涵义—对象"。因为语言表达不是直接指向意谓的，而是通过涵义指向意谓。一方面字面相同的表达式可以表达不同的涵义，相同的涵义也可以通过不同的表达式来表达。① 另一方面，不同的涵义也可以指向同样的对象。如果我们认同弗雷格把句子当作语言表达的基本单位的话，那么上述三个相互关联的层面就可以改写成"句子—涵义—真值"。

---

① 关于不同的表达式可以表达不同的涵义这一点，虽然前文没有具体论证，但是这一点是显而易见的。比如弗雷格就认为主动句和被动句虽然在表达形式上不同，但是所表达的涵义是相同的。说"苏格拉底吃了这个苹果"和说"这个苹果被苏格拉底吃了"的涵义是一样的。

之所以我们把表达式替换为句子的同时，也将对象替换为真值，是因为弗雷格认为句子的对象，也就是句子的意谓就是真值。这是一种非常违反日常直觉的主张，因为这就意味着所有的真句子都具有共同的对象——真，也就是说"地球围着太阳转"和"苏格拉底是人"这两个人们日常认为毫不相干的句子，居然会有共同的意谓。但是，如果我们能够意识到句子的意谓并不是涵义，其最终功能并不是用于表达，而是用于推理的话，我们就能够意识到弗雷格的这种观点是多么重要了。从推理的角度上来看，弗雷格认为所有的真句子都是可以相互推导的。说"地球围着太阳转"和"苏格拉底是人"同为真，是因为我们可以将这两句话组成如下这样一句话，即："地球围着太阳转，当且仅当苏格拉底是人。"

弗雷格认为我们不仅要在句子层面上分清"表达式—涵义—对象"，而且在次语句上我们同样需要分清"表达式—涵义—对象"。为了表明自己从语言出发所获得的意向性结构与胡塞尔从意识出发所获得的意向性结构的不同，弗雷格曾经在给胡塞尔的信中给出了如下图式①：

王路将这个图式称作句子图式，并在该书中对这个图式进行了拓展，用来帮助人们理解弗雷格的语言分析思路。也就是说，弗雷格所奠定的语言分析不仅仅是基于符号逻辑的分析，同样是基于句子图式的分析。无论是在句子层面还是次语句层面，要对语言进行分析，就需要能够分别鉴别出什么是表达式层面的东西，什么是涵义层面的东西，以及什么是意谓层面的东西。

---

① 王路. 语言与世界 [M]. 北京：北京大学出版社，2016：17.

三、逻辑与世界

1. 罗素的逻辑原子主义

如果说弗雷格的首要身份是一个数学家，他对哲学的关心主要是出于其对数学研究的需要，那么罗素的首要身份却是哲学家，他对数学的关注则是出于其对哲学研究的需要。弗雷格通过数学分析获得的逻辑思想为罗素提供了一种反对当时流行于英国的黑格尔主义的有力武器。

众所周知黑格尔是历史上最为著名的整体论者。他认为绝对的存在是整体，任何个体作为殊相都只是组成这一整体的一个环节，因而也都应该参照这一整体才能获得对其的理解。但是数学原则则让罗素得出了相反的结论。比如算术整个的都是建立在 1 这个基本单位基础上的，其余的数字比如 2、3、4 等都只能从其与 1 的关系中得到理解。运算法则体现的就是数与数的关系。弗雷格基于数学分析而建立的符号逻辑更加让罗素坚信了上述原子主义观点。罗素认为基于符号逻辑而对语言所进行的分析表明语言是由一些被他称作"原子公式"的基本单位构成的。而语言之所以能够表达世界，正是因为世界也正好是由一些基本单位"原子事实"构成，并且一门理想的语言就是"原子公式"恰好对应于"原子事实"的语言。此外，经由"原子公式"构成命题的逻辑法则也恰恰应该正好就是经由"原子事实"构成世界的逻辑。罗素的上述主张就构成了他自称为逻辑原子主义的基本观点。

在罗素看来，每一个原子公式通过与原子事实对应获得其真值而成为一个原子命题，每一个原子命题的真值都独立于另一个原子命题的真值，就像每一个原子事实都独立于另一个原子事实一样。我们不能从一个原子事实中推出另一个原子事实，就像我们不能从一个原子命题推出另外一个原子命题的真值一样。我们不能通过思辨而仅凭推理来获得对世界的认识，而只能通过经验观察来确定各种原子事实，然后分别获得与其对应的各种原子命题的真值，再根据逻辑法则在原子命题之上组成理论语句的方式来认识世界。

最初人们通常认为原子事实应该就是由逻辑专名所对应的个体，比如亚里士多德所对应的那个人或太阳所对应的那个天体。还有一类逻辑专名并不是名字，但也表达个体的东西，比如"桌子上的那本书""亚里士多德的老师"等，因而逻辑专名也被称作单称词项（或个体词）。正是因为单称词项通常被认为是一个句子中具有独立涵义的最简单的组成部分，因而罗素给予了这类表达式特别的关注。单称词项在英语中有一个共同的特征，就是以定冠词 the 开头，这一类以 the 开头的作为单称词项的表达式又被罗素称作摹状词。对于摹状词的分析构成了罗素最广为人知的语言分析工作，他认为通过逻辑分析已经成功地说明了摹状词并不是真正的单称词项。让我们先从这样一个例子开始：

A. 《威弗利》的作者是苏格兰人（The author of *Waverley* was Scotch）。

表面上看来，"《威弗利》的作者"是一个单称词项，因为其指的是一个个体。但是，如果我们要考察的是这样一个句子呢？

B. 当今的法国国王是秃头（The current King of France is bald）。

如果"《威弗利》的作者"是一个单称词项，那么显然"当今的法国国王"也是一个单称词项。但是问题是与前者对应的个体是存在的，而与后者对应的个体是不存在的。如果一个表达式之所以是一个单称词项是因为其对应于一个个体，那么不对应个体的表达式显然就不是单称词项了。但是从表达式本身来看，"《威弗利》的作者"和"当今的法国国王"在英语中都是由 the 开头的同一类表达式，要么两者都是单称词项，要么两者就都不是单称词项。罗素的观点就是两者都不是单称词项。他认为关键就出在定冠词"the"上。看似简单的"the"其实是一个复杂的量词构造的缩写，如果把"the"的量词构造完全分析出来的话，A 将被分析成如下三个表达式的合取：

A1. 至少有一个人写了《威弗利》。用符号逻辑表示就是：$\exists x W x$。

A2. 至多有一个人写了《威弗利》。用符号逻辑表示就是：$\forall x \forall y (W x \rightarrow (W y \rightarrow y = x))$。

A3. 谁写了《威弗利》，谁就是苏格兰人。用符号逻辑表示就是：$\forall x (W x \rightarrow S x)$。

将 A1、A2 和 A3 合起来用符号逻辑表示就是：$\exists x(Wx \land (\forall y(Wx \to (Wy \to y = x) \land Sx)$。

同理 B 也可以被分析成三个表达式的合取：

B1．至少有一个人是当今法国国王。

B2．最多有一个人是当今法国国王。

B3．并非谁是当今法国国王谁就存在。

将 B1、B2 和 B3 合起来用符号逻辑表示就是：$\neg \exists x(Kx \land (\forall y(Kx \to (Ky \to y = x) \land Ex)$。

虽然有很多人对逻辑的摹状词理论提出了异议，但是有一点是非常清楚的，那就是罗素成功地向人们表明真正的单称词项只能是 x、y 这类符号逻辑意义上的个体词。这类个体词实际上在自然语言中几乎是不存在的。甚至罗素认为像"苏格拉底""太阳"这一类的专名也不是个体词，而只是缩略摹状词。因为诸如"当今法国国王是秃子"这一类的否定存在句难题同样存在于主词是专名的情况。比如我们可以说"女娲是女人"，显然"女娲"是专名，应该指称一个特定的人，但是"女娲"正如同"当今法国国王"一样是不存在的。事实上，罗素认为在自然语言中，只有"这"和"那"这两个词是真正涵义的单称词项，因为这两个词就如逻辑上的个体词一样，不包含任何逻辑形式的成分，而是纯粹的内容。我们永远无法指着一个东西有意义地说出"这不存在"或是"那不存在"之类的句子，我们也不能通过任何语言来解释"这"或"那"指的是什么，因为一切语言最初的所指都是通过"这"和"那"来引入的。对于"这"和"那"，我们只能通过亲知来把握，而亲知在罗素看来就是感知的主体和世间对象之间的一种非语言性的直接关系。摹状的知识与亲知的知识不同，其不是通过感知而是通过语言描述所获得的间接知识。

基于摹状词理论，罗素发展出了独特的科学哲学。在写出《数学原理》一书之后，罗素将余生的主要哲学研究几乎都用于探讨这样一个重要问题，即人们是如何在经验的基础上建构起科学理论的。科学理论通常都是一些用数学语言表达的命题组合，通过这些命题组合来形成对世界的描述，因而科学理论显然可以通过符号逻辑进行分析，其终点就是得到个体词所表达的亲知对象，以及在这些亲知对象上建构起命题的函数。前者可以被视作质料，而后者则可以被视作形式。可以被亲知的质料又被罗素称作感觉材料，其与我们日常生活中所直觉到的个体对象具有相当大的不同。罗素认为他的摹状词理论告诉我们那些我们习以为常的个体对象往往只是一种逻辑构造，也就是说是一种由推断而来的实体，而不是通过亲知而被直接给予人们的感觉材料。由感觉材料所组成的世界非常类似于一个婴儿眼中的世界。就拿我们面前的这一个桌子而言，其在婴儿眼里绝不是一种以桌子这种个体而存在的，因为婴儿尚不具有桌子这种逻辑构造。出现在婴儿眼里的是一片带有某种色调的色块，随着看的角度的不同，色块的大小和形状也在不断地变化着。这不断变化着的色块非常类似于胡塞尔所说的感觉的被给予物。在罗素看来，面前的这张作为个体的桌子就是通过将"桌子"这一函数加在感觉材料上，然后再通过一个指示词"这"来构成。这张桌子就是"这 T（a）"，a 是感觉材料，T 是桌子这一概念，也就是函数，"这"则在世界中指认出了 a。"这"这个词不能仅仅理解为语言，其更应该被视作一个在具体情境中的指示性动作。当我说"这"的时候，真实的情况往往是同时伴随着用手一指，或是用眼神一瞥。我以这些指示性动作直接向你展示感觉材料在真实世界中的处所，因而我们可以把"这"视作处于语言和世界的交界处，也就是亲知的知识与摹状的知识的交汇处。

这样看来，罗素通过区分亲知的知识和摹状的知识所要讨论的问题也正是胡塞尔通过知觉现象学所要讨论的问题。然而由于胡塞尔的现象学讨论以现象学悬置为基本方法论，而罗素的经验主义以符号逻辑为基本方法论，因此两人得出了不同的结论。罗素哲学中的亲知的知识相当于胡塞尔现象学中的感觉行为，而罗素哲学中的摹状的知识相当于胡塞尔现象学中的知觉意义。但是因为基于对客观对象态度的悬置，胡塞尔在谈论感觉行为和知觉意义之间的关系的时候，根本就不是在谈论两个对象之间的关系，而是在谈同一个构造活动的两个面向。在胡塞尔看来，感觉行为和知觉意义之间的关系就是"多"和"一"的关系，正如我们只能通过与"多"的对照来谈论"一"，以及通过与"一"的对照来谈论"多"一样，我们也只能通过相互对照来整体地谈论感觉行为和知觉意义。如果说感觉行为代表着主体被动性的一面，而知觉意义代表的是主体主动性的一面，那么胡塞尔认为主体在对外在刺激的被动性的接受的过程中已经同时包含了构造性的主动性。看似相互对立的被动性和主动性其实是根本无法独立于对方而存在的。这些通过现象学悬置才能得到的结论，恰恰就是被符号逻辑所遮蔽的结论。通过符号逻辑，一切知识命题都被分析成对象和函数，也就是质料和形式。在符号逻辑的构造上，质料和形式是截然分立的两个东西，借助符号逻辑进行分析就是要分清楚什么是质料，什么是形式，而不是把质料和形式混为一谈。比如在 $F(a)$ 中，F 作为概念是纯粹的形式，a 作为固定变元则是纯粹的质料。这样罗素的逻辑原子主义哲学最重要的工作就是甄别出什么是亲知的知识，什么是摹状的知识，并通过这种方式消除由自然语言所造成的思考混乱。如果说亲知的知识是主体对世界的被动性接受的产物，那么摹状的知识则是主体进行的主动性的概念建构的产物。在罗素哲学里，被动性和主动性成为彼此截然分立的东西了。

很显然在罗素的逻辑原子主义哲学中，而不是在胡塞尔的现象学中，深藏着二元论固有的危险。如果我们通过感觉材料来说明质料的来源，那么形式从何而来呢？在这一点上，罗素的主张开始陷入混乱。一方面，他似乎主张像"先后""紧邻"等这样的关系也是一种感觉材料，属于原子事实。但是这些表示关系的东西显然不具有原初性，因为我们无法仅仅感觉"先后"本身，我们只能感觉某种东西的"先后"。另一方面，一开始罗素也像笛卡尔一样认为我们可以直接经验我们自己，但是后来他也不得不否认了这一点，因为一个人的自我显然是将感觉材料聚集起来的原因，也就是"一"，而不是"多"。可如果仅仅承认作为"多"的感觉材料的原初性，显然就不能再承认自我的原初性了。实际上就连罗素作为感觉材料的例证"色块"的原初性最终也被他否认了，因为颜色不可能是原子的，而是一种相互关联的连续体。物理学的发展也让罗素越来越意识到，虽然我们可以把知识命题分析为原子命题的组合，但是在世界中却不可能找到与此相应的原子事实。我们在世界中找不到原子事实，正如我们至今也未能找到真正意义上的德谟克利特原子一样。很显然，罗素这里所遇到的困难正是胡塞尔通过对范畴意向性的阐明所要解决的同一种困难。

最终罗素就像他最崇拜的哲学家休谟一样，成为一个事实上的怀疑论者。尽管他一生都在努力回答人类经由语言命题所建构的知识是如何基于经验的，但是他所能得到的答案就是一切知识在其形式的这一方面最终只能来源于所获得的习惯或"动物推论"，并因此得出结论认为科学知识的正当性只能建立在信仰之上，尽管这是一种经由克尔凯郭尔式的伟大的一跳而得来的信仰。正如罗素在 71 岁的时候所说："我的理智之旅，在某些方面，已经令人失望。"①

2. 早期维特根斯坦与《逻辑哲学论》

维特根斯坦被认为是 20 世纪英美分析哲学传统中最为天才的哲学家。他最初因受罗素的欣赏而转向哲学，希望能够继续推进罗素的逻辑原子主义哲学，并于 1921 年在罗素的帮助下出版了他的第一本著作《逻辑哲学论》，此书也是维特根斯坦生前出版的唯一一本著作。这本书从任何角度来看都是一本奇书，通过这本篇幅不到 80 页的著作，维特根斯坦曾经认为自己解决了所有的哲学问题，并因此而放弃继续研究哲学，转而成为一名儿童教师。更为奇特的是维特根斯坦对《逻辑哲学论》的评价竟然得到了相当多的著名哲学家的认可，甚至促生了分析哲学上著名的维也纳学派。即便维特根斯坦后来发生了哲学思想转向，转而写作《哲学研究》一书来抨击他在《逻辑哲学论》中的观点，依然有相当多的哲学家不认可他的这种哲学转向，反而认为《逻辑哲学论》才是最伟大的哲学作品。于是在《哲学研究》一书出版以后，分析哲学家们分成了两个对立的阵营，一个阵营是《逻辑哲学论》的支持者，另一个阵营是《哲学研究》的支持者。这就是为什么说维特根斯坦开启了两场哲学革命。虽然我们认为不应该把《哲学研究》看作对《逻辑哲学论》的全盘否定，而是应该把前者看作对后者的发展，但是由于这两本书所论述主题的差异，以及各自产生的不同的影响，我们认为还是应该把这两本书的思想分别作为早期维特根斯坦思想和晚期维特根斯坦思想来分别论述。

《逻辑哲学论》这本书的写作方式也是非常奇特的。该书由几个被编了号的命题组成，这些命题共分为七大组，每一组由一个总命题和若干分命题来组成。总命题的编号为 1、2、3 等，分命题的编号为 1.1、1.2、1.3 等，如果分命题下面还有子命题则编号为 1.11、1.12 等。所有的这些哲学命题

---

① 劳黑德. 哲学的历程：西方哲学历史导论（第四版）［M］. 郭立东，丁三东，译. 中国轻工业出版社，2017：559.

都围绕着三个相互关联的主题。前两个主题分别是①对传统形而上学的批判，②试图将语言分析为一组可被观察事实所证实的基本命题，这两个主题都是与罗素的逻辑原子主义所共同分享的主题。而第三个主题则是维特根斯坦独有的主题，也是我们认为《逻辑哲学论》中最为重要的主题。维特根斯坦的后期哲学主要是对第三个主题的进一步发展，这一主题也是维特根斯坦认为始终没有被罗素很好理解的主题，这个主题就是③试图发展出一种为语言涵义划界的理论。第三个主题使得维特根斯坦的《逻辑哲学论》一书具有一种类似于康德的《纯粹理性批判》一样的历史地位。如果说在《纯粹理性批判》对理性进行全面的考察之后，尝试为理性知识划定一个界限，认为所有的知识都只能是对现象的知识，那么维特根斯坦的《逻辑哲学论》则通过对逻辑表达限度的全面考察，同样为理性知识划定了一个界限，认为所有的知识都只能是在有涵义的语言的边界之内的知识。而有涵义的语言在早期维特根斯坦看来就只有科学语言。然而不同于罗素，维特根斯坦并不认为人们不能对有涵义的语言所不能表达的东西有任何真正的认识，只是这种认识是一种不可言说的认识，就像他在命题 6.522 所说的："的确存在着不可言说的东西。它们显示自身，它们就是神秘的事项。"①这种处于语言表达能力之外的神秘东西不得不使人再一次联想起康德的不可被认识的物自体。这种神秘主义其实就是崇尚科学的罗素最不愿意接受的，但又是其晚年最终所不得不接受的。

为了理解《逻辑哲学论》中的第三个主题，我们需要先从该书一开始所提出的语言图像论的探讨开始。语言图像论是对逻辑原子主义的发展，也是否定，这主要体现在维特根斯坦用"基本事态"一词替换了"原子事实"这一说法，也是对逻辑原子主义中潜藏的形质二元论的一种克服。为了让我们更好地理解维特根斯坦这一做法的意义，我们还是先把《逻辑哲学论》中的七个主命题全部罗列如下：

1. 世界是所有实际情况
2. 实际情况，事实，是诸基本事态的存在
3. 事实的逻辑图像是思想

---

① 维特根斯坦. 逻辑哲学论［M］. 韩林合，译. 北京：商务印书馆，2013：119，目录.

4. 思想是有意义的命题

5. 一个命题是诸基本命题的一个真值函项（一个基本命题是它自己的一个真值函项）

6. 真值函项的一般形式是 $[\overline{p},\overline{\xi},N,(\overline{\xi})]$，这就是命题的一般形式

7. 对于不可言说的东西，人们必须以沉默待之①

在主命题1下的第一个分命题1.1是"世界是事实而非物的总和"，再结合主命题2，我们显然可以看出维特根斯坦特地指出基本事态不是物，因而也不是原子事实。如何理解这一点呢？我们可以以苏格拉底为例来说明。维特根斯坦认为世界上存在的永远不可能是作为个体固定变元 a 的苏格拉底，而永远是一个坐着的、站着的或者是走着的苏格拉底，一个理性的苏格拉底、一个作为人的苏格拉底、一个白色皮肤的苏格拉底等。因而尝试把苏格拉底分成两部分，一部分是作为质料的苏格拉底，与固定变元 a 对应，另一部分是作为形式的苏格拉底，与作为谓词的函数相对应只是一种在语言上，而不是在事实上可以成立的事情。因而在世界中真实存在的永远是已经与形式结合在一起的个体，也就是说形式和质料事实上是不可以分离的。一个事态就是一个形式和质料的结合，在语言上作为一个完整的基本命题而存在。这样，我们所经验到的就不再是感觉材料，而是基本事态，如此罗素建立在感觉材料之上的原子主义所陷入的二元论困境就被克服了。

以基本事态取代了原子事实之后，再用基本命题取代原子命题，并将基本命题与基本事态相对应，最后再将基本命题之间的逻辑关系视作对世界中事态间的逻辑关系的表现，这样维特根斯坦就准备好了用语言描绘世界的画笔和颜料。如果从世界层面来看，世界是由事实构成，而事实又由事态构成，事态则由对象物构成，那么在语言层面上，名称与对象物对应，基本命题与基本事态对应，而由基本命题结合而成的复杂命题则与事实相对应，最后所有在逻辑上可能的复杂命题所构成的整体则与作为全部事实的世界相对应。可见世界中的每一个结构层次，都在语言中有一个相应的结构层次与其相匹配。这就是语言图像论的基本要义。在此基础上，维特根斯坦以罗素式科学主义的继承人的身份进一步得出结论，认为只有那些成功地描绘了世界的语

---

① 维特根斯坦. 逻辑哲学论 [M]. 韩林合，译. 北京：商务印书馆，2013：119，目录.

言才是有涵义的。因而在《逻辑哲学论》的命题4.11处，维特根斯坦得出结论说："真命题的总和是全部的自然科学（或者，自然科学的总和）。"①

在维特根斯坦看来，形而上学命题、伦理学命题、美学命题等都不是描绘可能的世界实际图像的命题，因而没有涵义，也无所谓真假。然而维特根斯坦很快就意识到，那些他所精心写进《逻辑哲学论》的命题都是不能描绘世界的命题。这就又迫使他不得不在6.54得出结论说：

> 我的命题以如下方式起着说明的作用：理解我的人，当他借助于这些命题——踩着它们——爬过它们之后，最终认识到它们是没有任何意义的。（可以说，在登上梯子之后，他必须将梯子弃置一边）
>
> 他必须放弃这些命题，然后他便正确地看待世界了。②

这似乎意味着任何言说在维特根斯坦看来只是帮助我们理解世界本性的辅助工具，毕竟语言只是世界的图像，而不是世界本身。在通过语言对世界的描绘而帮助我们通达了世界之本性之后，我们也就无须再停留在语言的层面上了，这时候我们就进入了对世界的非语言式的领悟，任何试图把这种非语言式的领悟转换成有涵义的语言的做法都终将失败。也许这就是为什么在《逻辑哲学论》的结尾，维特根斯坦用大大的黑体字写下来孤零零的第七个主命题作为全书的结论："对于不可言说的东西，人们必须以沉默待之。"③

如果上述我们对维特根斯坦的解读成立的话，那么我们就可以得出结论说自然科学为人们所描绘的世界只是真实世界的图画，我们在不断完善这一描绘之后，最终还需要学会如何将这一描绘弃置，才能正确看待世界。正如维特根斯坦曾经与朋友谈论《逻辑哲学论》一书时所说的："我的著作由两部分构成：呈现出的部分和我根本没有写的部分。而重要的恰恰是第二部分。"④ 在我们看来，似乎维特根斯坦在这里触及与胡塞尔现象学通过悬置所致力于解决的同一类问题，那就是语言可以帮助我们理解世界，但是我们不能停留在语言涵义的表面，因为这样反而会造成我们对世界的误解。

---

① 维特根斯坦. 逻辑哲学论 [M]. 韩林合，译. 北京：商务印书馆，2013：40.
②③ 维特根斯坦. 逻辑哲学论 [M]. 韩林合，译. 北京：商务印书馆，2013：120.
④ 劳黑德. 哲学的历程：西方哲学历史导论 [M]. 郭立东，丁三东，译. 4 版. 北京：中国轻工业出版社，2017：568.

3. 逻辑实证主义与后逻辑主义

逻辑实证主义主要是由维也纳学派所发展起来的一场科学哲学革命。维也纳学派发源于 20 世纪 20 年代奥地利首都维也纳，其成员主要是一些优秀的物理学家、数学家和逻辑学家。他们不仅关注自然科学的具体成果，更关注科学的方法论。他们先是从罗素那里获得了最初的哲学动机，此后又深受维特根斯坦的影响。维也纳学派曾长期在小组聚会中阅读和讨论《逻辑哲学论》，维特根斯坦也曾持续多年参加过维也纳学派的小组聚会。不过维也纳学派更多的接受的是《逻辑哲学论》明确呈现出来的部分，也就是带有浓厚科学主义的那一部分，而不是带有神秘主义的、无法明确写出来的、只能靠启示才能通达的那一部分。

维也纳学派分享了罗素逻辑原子主义中的经验主义和逻辑主义，认为有意义的讨论要么是可以被经验所证实的，要么是逻辑上可被彻底分析的。因为只有科学知识才符合上述两条标准，所以也只有科学知识才是有意义的。但是维也纳学派并不接受罗素哲学中的原子主义，他们关注的只是理论如何可以通过经验得以证明，但获得经验证明并不一定需要理论的每一基本组成成分都在经验的领域内有其直接的等同物。在逻辑上证实是一种比等同要低得多的标准。虽然 $A = B$ 可以满足 $A \rightarrow B$，但是 $A \rightarrow B$ 并不一定需要 $A = B$。如果罗素要求的是由经验到语言之间的一种 $A = B$ 式的关系，那么实证主义要求的则只是由经验到语言之间的一种 $A \rightarrow B$ 式的关系。这就是为什么这一学派的观点被称作逻辑实证主义，而不是逻辑原子主义的原因所在。

逻辑实证主义者认为观察语句在从推论上连接经验和理论语句上扮演着至关重要的作用。观察语句被认为是一种直接记录经验的语句，比如"在气压指示一个大气压，温度计指示摄氏 100 度的时候，水会沸腾变成水蒸气"，就是观察语句。因为懂得这句话的人就知道如何以与自己的直接经验相对应的方式验证这句话的真假。只要能够阐明观察语句与直接经验之间的直接推论关系，那么就可以从各种各样观察语句上进一步构造出理论语句。只要保证了观察语句是可以被经验直接证实的，并且理论语句的逻辑构造是自洽的，那么由理论语句所表达的科学理论也就可以被认为是被经验所证实的。

但是逻辑实证主义的困难正出现在人们究竟是如何恰当地从直接经验向观察语句进行推论性转换的阐明上。首先，直接经验与观察语句之间的对应并不是唯一的。蒯因在《语词和对象》一书中就举过这样一个例子：当一只兔子跑过，土著人说"Gavagai"的时候，一个研究土著人语言的语言学家到底会如何理解这个表达式？它到底是指兔子，还是兔子的耳朵，或是兔子蹦蹦跳跳的动作，以及兔子跑过时在地上留下的脚印呢？[①] 直接经验是一个内容异常丰富的整体，而观察语句往往只能表达这一整体中的某些片段。因而即便语言学家知道土著人说出的"Gavagai"是一个观察语句，但是他依然无法确定到底是哪些具体的直接经验片段构成了这个观察语句的证据。抑或是构成直接经验证据的永远只能是这个语言无法穷尽的直接经验的整体？并且，直接经验与观察语句之间的推论性关系也不是不可以更改的，在人们发现晨星和暮星是同一颗星的之前和之后，我们说出"这是晨星"或"这是暮星"所基于的直接经验显然是不同的。

在蒯因最为人广知的论文《经验论的两个教条》[②] 中，他否认了独立于理论语句的、只与直接经验相连的观察语的存在，因为他认为即便是直接经验也已经是具有"理论负载"的直接经验了。我们必须考虑到这样一个事实，那就是一个学问渊博的成年人和一个刚出生的婴儿在面对世界时所获得的直接经验之间会有多么大的差别，这一差别就是爱因斯坦讲授相对论时所说出的语句与他刚出生时因受到一些简单刺激而发出的哭声的差别。与哭声相对应的是由简单刺激所组成的直接经验，而与相对论相对应的则是一个经由时空统一体所建构起来的直接经验。不过，无论这一差别有多么巨大，其也是与一个不断学习说话的过程相联系的。我们并不能简单地把直接经验、观察语句和理论语句看作相互独立的东西。爱因斯坦讲授相对论时所说出的语句与他刚出生时因受到一些简单刺激而发出的哭声应被视作同属于一个语言学习和发展的连续体。这就是为什么在该文的开篇，蒯因就开门见山地指出：

> 现代经验论大部分是受两个教条制约的。其一是相信在分析的或以意义为根据而不依赖于事实的真理与综合的或以事实为根据的真理之间有根本的区别。另一个教条是还原论：相信每一个有意义的陈述都等值

---

① 蒯因. 语词和对象 [M]. 陈启伟，朱锐，张学广，译. 北京：中国人民大学出版社，2012：27 – 29.

② 蒯因. 从逻辑的观点看 [M]. 陈启伟，江天骥，张家龙，等译. 北京：中国人民大学出版社，2007：18 – 41.

于某种以指称直接经验的名词为基础的逻辑构造。我将要论证：这两个教条都是没有根据的。正像我们将要见到的，抛弃他们的一个后果是模糊了思辨形而上学和自然科学之间的假定分界线。另一个后果就是转向实用主义。①

让我们先来看看，蒯因是如何通过提出一种整体论式的经验主义来克服他所指出的经验论的两个教条的。他认为应该把我们所拥有的知识或信念作为一个整体来看待，并将之称为"信念之网"，其是一个人工织造物。与经验发生联系的是这一个作为"信念之网"的整体，因而我们不能仅从知识或信念的局部来考察其与经验的关系。那些被我们称作观察语句的知识或信念通常处于"信念之网"的边缘地带，并因此给我们造成了一种错觉，认为好像只有这些观察语句才与经验相联系。那些被我们称作理论语句的知识或信念则通常处于"信念之网"的中心地带，也因此给我们造成了一种错觉，认为好像这些理论语句与经验不发生联系。但是从"信念之网"作为一个统一的整体来看，我们并不能在观察语句和理论语句之间，也就是分析和综合之间，画出一条稳定的界线。我们只能说越靠近网的中心，语句受外围经验变化的影响越小；越靠近网的边缘，则受外围经验变化的影响就越大。这种影响不是全无或全有的影响，而是连续不断变化的影响。对此蒯因写道：

> 在任何情况下任何陈述都可以认为是真的，如果我们在系统的其他部分作出足够剧烈的调整的话，即使一个很靠近外围的陈述面对着顽强不屈的经验，也可以借口发生幻觉或者修改被称为逻辑规律的那一类的某些陈述而被认为是真的。反之，由于同样原因，没有任何陈述是免受修改的，有人甚至曾经提出把修正逻辑的排中律作为简化量子力学的方法，这样一种改变和开普勒之代替托勒密，爱因斯坦之代替牛顿，或者达尔文之代替亚里士多德的那种改变在原则上有什么不同呢？②

---

①② 蒯因. 从逻辑的观点看 [M]. 陈启伟，江天骥，张家龙，等译. 北京：中国人民大学出版社，2007：18，38.

如果把罗素看作科学哲学的逻辑经验主义运动的起点，那么蒯因就应该被看作这场运动的终点。这场运动最初从罗素提出的反整体论的逻辑原子主义开始，然后过渡到逻辑实证主义，最后又返回了一种整体论式的逻辑实证主义。虽然仿佛一切又回到了起点，却开启了后逻辑主义的大门。

库恩就是后逻辑主义最杰出的代表。在《科学革命的结构》[①] 一书中，他提出了科学理论范式这一概念，用以表达一种相对稳定的科学信念之网。一种科学理论范式决定了什么是常态的经验现象，也就是符合该范式语句推论关系的现象；以及什么是反常现象，也就是不符合该范式语句推论关系的现象。库恩认为，当反常现象出现的次数不算多的时候，人们通常会忽视这些反常现象，并不会因此而调整构成该范式的核心语句。但是当反常现象足够多，以至于人们无法再忽视的时候，该范式就陷入了危机。这时候就需要出现一位天才式的人物来创造一个全新的范式来替代旧有的范式，以至于能够把对旧范式而言的反常现象也能作为正常现象包含于自身的解释范围之内。这种改变不是一种局部的改变，更不是对旧范式的修修补补，而是创立一个和旧范式在逻辑上无法相互推演的全新范式。在库恩眼里，支持新范式的科学家和支持旧范式的科学仿佛活在不同世界里，因而这种范式的转变被库恩称作一种世界观上的革命。这一革命不是源自于缜密的逻辑推导，而是来源于天才般的洞见。虽然逻辑在判断某一科学范式之内的语句之间的推论关系方面起着重要的作用，但是在促成范式的转变和科学革命面前无能为力。正是对科学中这些非逻辑、非理性的革命性因素的强调，使得库恩将罗素开启的逻辑主义推进到后逻辑主义。

四、从逻辑学到语用学

1. 维特根斯坦与《哲学研究》

蒯因认为他的整体主义转向同时也是一种实用主义转向，这一转向正是对维特根斯坦后期哲学的继承。后期维特根斯坦通过《哲学研究》一书所开启的第二场哲学转向正是实用主义转向。

---

① 库恩. 科学革命的结构 [M]. 金吾伦，胡新和，译. 北京：北京大学出版社，2012.

提起《哲学研究》正如《逻辑哲学论》一样，不得不提及该书独特的写作风格。如果说维特根斯坦在最初写作《逻辑哲学论》一书的时候，认为语言必定符合逻辑，因而身体力行地把《逻辑哲学论》中的每一个命题都按照线性逻辑的格式整整齐齐地排列起来，那么《哲学研究》简直就走向了另一种极端。读《哲学研究》会给人一种读后现代意识流风格的文学作品的感觉，维特根斯坦仿佛是在本书中直接记录一些完全没有被刻意整理过的思考素材。该书既没有开头，也没有结尾，主体是由一堆散乱的格言、评论，甚至自问自答，还有忏悔等组成。有人甚至因为该书的写作风格断定维特根斯坦患上了写作困难症，以至于无法通过写作来逻辑清晰地表达自己的思想。其实这本书的写作风格同样是维特根斯坦对自己的语言哲学思想的身体力行，只不过当他写作《哲学研究》一书时，他的早期语言哲学思想已发生了剧烈的变化，这就必然导致写作风格上的剧烈变化。或许更准确地说，在《逻辑哲学论》中，他是在表述那些他认为可以通过逻辑清楚地阐明的东西，而在《哲学研究》中，他则试图超越逻辑的形式来创造一种写作方式，用以言说那种他在《逻辑哲学论》中认为无法言说的东西。

在《哲学研究》一书中，维特根斯坦把语言看作游戏，而且认为语言游戏可以是多种多样的，并不存在一种单一的模式。他在《逻辑哲学论》中所推崇的科学语言仅仅只能被看作众多语言游戏中的一种，甚至都不能算作最重要的一种。科学至今才有几百年的历史，而在之前的成千上万年的历史长河里，人们并不说科学式的语言。甚至维特根斯坦都不认为我们应该把语言游戏看作自成一体的，而应看作只是更为广阔的生活游戏的一个组成部分。因而要考察语言表达的意义，并不能仅仅停留在对语言本身构造的逻辑分析上，而是要深入每一个表达式在应用于具体的生活情境时所起到的具体效果上，否则我们就会产生对语言的误解。基于这种看待语言的新角度，维特根斯坦认为从事哲学就是治疗人们对语言的误用，而当人们把一种表达从其根植的生活情境中抽离出来，放到另一个生活情境中去使用的时候，就会产生语言误用。

维特根斯坦首先就把这种治疗性哲学观用于对其早期哲学的治疗上。他认为在《逻辑哲学论》中，他错误地把命名游戏视作所有语言游戏的基础，即认为"每一个词语都有一个意义。这个意义被配置给这个词。它就是这个词所代表的那个对象"①，于是哲学的最重要工作就成了借助于逻辑来澄清表达式与其背后那独立于使用情境的、作为不变本质的涵义之间的关系。后期维特根斯坦则成为一个著名的反本质主义者，比如，他不认为被称作"椅子"的所有个体对象是因为共同分有了一个作为本质的共相作为其涵义，因而才会被人们共同地命名为椅子。我们用"椅子"这个表达式究竟是在表达什么涵义，完全取决于我们在何种场合中去使用。在某种场景下，我说"椅子"，其涵义可能只是邀请你坐下；而在另一场景下，我可能是在发出一个疑问，"你给我搬来的这个东西真是我本想要的东西？"或者我们也许是在玩一种过家家游戏，我指着一块石头说"椅子"，意思是"我们把这个当作椅子吧"；甚至我可以重复你说过的"椅子"这个发音，以确认你发出的真的是这个音，等等。总之，表达式的涵义是根植于其生活情境的，因而基于符号逻辑所揭示出来的自然语言的缺陷并不是真正的缺陷，而是我们脱离了自然语言的使用情境去分析它时所得出的虚假发现。同样我们尝试通过去情境化和逻辑化而得到的科学语言所描绘的也并不是真实的生活世界，就像维特根斯坦所说的，科学语言那种"逻辑的水晶般纯净性肯定没有作为结果出现在我面前"。②因此，维特根斯坦号召我们回到自然语言的粗糙地面上来，认为我们使用语言的目的是可以更好地应付复杂而多变的、真实的生活情境，而不是为了活在一个冷漠的、绝对的不因我们的活动而改变的纯净的科学世界中。

后期的维特根斯坦越来越意识到像《逻辑哲学论》那样把语言看成一个独立于人的自发的符号系统是错误的，归根到底语言是为人的目的和活动服务的语言，因而我们也不可能独立于人在生活中的真实应用而发现语言表达式的涵义。这就是为什么维特根斯坦会说出像"想象一种语言，就意味着想象一种生活形式"③ 这样一类意味深长的话。不过维特根斯坦所说的生活形式绝不是一种个人独白式的生活形式，而是一种社会性的生活形式。维特根斯坦虽然认为并不存在唯一不变的游戏特征，因而强调游戏的多样性，但是相信他不会否认他所认可的游戏归根结底都是一种社会交往活动。后期维特根斯坦认为制约我们所能表达的东西限度的不再是逻辑，而是社会规范，正是

① 维特根斯坦. 哲学研究 ［M］. 韩林合，译. 北京：商务印书馆，2013：8.
②③ 维特根斯坦. 哲学研究 ［M］. 韩林合，译. 北京：商务印书馆，2013：84，18.

社会规范协调着人们的共同行为，构成了我们理解语言的参照系。这一观点也充当了后期维特根斯坦反对纯粹私人语言的关键论据。维特根斯坦认为一个人是不可能说一种完全只有自己才能懂，而其他人都不可能懂的私人语言的。因为要能够习得语言，一个人就必须与其周围的人共享共同的生活形式，这包括但不限于"兴趣和情感的路径，反应模式，对幽默、重要以及满足的感觉，对什么是过分、什么是与其他东西相似、什么是指责、什么是宽恕的感觉，对一句话什么时候是断言、什么时候是请求、什么时候是解释的感觉"。①

对于熟悉胡塞尔生活世界现象学的人来说，很难不让人把维特根斯坦所说的生活形式与胡塞尔所说的生活世界相比较。我们认为后期维特根斯坦所发起的语用学转向其实就是在做着与胡塞尔的现象学悬置同样的事情。当维特根斯坦放弃对语词之对象性涵义的逻辑探讨，而尝试绕到其背后来探讨其在具体使用中的源泉时，其实就是在将自然态度和科学态度中的对象性态度进行悬置。通过这种悬置，维特根斯坦最终也得到了与胡塞尔近乎相同的结论，那就是语言的涵义根植于行为的意义。在胡塞尔看来，人的行为是一种在生活世界中所发生的共主观行为，所谓的科学的客观性也是建立在这种共主观行为之上的。从根本上而言，生活世界是一个经由人的共主观性而得以不断建构的传统积淀的过程。科学所描绘的那个独立于人的主观性的客观世界实际上并不在绝对意义上是客观的，而只是在共主观性的传统积淀中所获得的相对稳定的部分。我们在维特根斯坦临终前所写的笔记《论确定性》中所发现的正是与此类似的一种观点。格雷林将其总结如下：

> （《论确定性》）是如下观点的一份手稿，大意是，我们要想能够作出任何行动，就不得不持有一些不可怀疑的信念。它开始于摩尔的"这里有一只手"的论证，并提出话语依赖于一些免于质疑的命题；因为这些命题是话语所依托的枢纽，或是话语的水流所流经的河床与河岸。就像河岸一样，命题也会随着时间推移而被侵蚀，但这个过程的发生不得不足够缓慢，使得话语中表达所包含的公共意义能够保持相对稳定，以便沟通交流的目的得以实现。②

---

① 劳黑德. 哲学的历程：西方哲学历史导论（第四版）[M]. 郭立东，丁三东，译. 北京：中国轻工业出版社，2017：572.
② 格雷林. 企鹅哲学史 [M]. 张瀚天，赵英男，译. 上海：上海文艺出版社，2023：417.

2. 日常语言学派

那些深受维特根斯坦后期哲学影响的人越来越多，慢慢地在牛津大学聚集起来形成了一种新的哲学风气。这种哲学风气在很多重要的立场上都与罗素等人在剑桥所发起的逻辑经验主义传统相对立，最突出的一点就是这些牛津哲学家都反对通过建立"理想语言"方式来从事哲学，而是认为应该在语言的日常使用中去发现那些被忽视的意义上的差别。这就是这些牛津哲学家又被称作日常语言学派的原因。此外，牛津哲学家们普遍抗拒剑桥哲学家中流行的科学主义风气，认为科学并不能取代哲学而成为唯一的知识典范。接下来就让我们分别介绍一下赖尔、奥斯汀这二位牛津哲学家的主要工作。

赖尔的成名作是《心的概念》①。在此书中，他最引人瞩目的成就是尝试从语言使用的角度揭示笛卡尔身心二元论中所包含的谬误的根源。赖尔认为笛卡尔错误地把身体和心灵当作了两个实体，进而又把身心关系看成了两类实体之间的关系。他认为这种看法实际上犯了一种范畴错误，而语言的误用就是这种范畴错误的根源。赖尔常常用参观大学的例子来说明什么是范畴错误，他假设如果你带一个人去参观牛津大学的校园，你带他依次看过图书馆、运动场、博物馆、实验室、宿舍和行政楼等，但是在参观了这些之后，他却突然问你："好吧，我已经看过了所有这些场所，但是大学在哪儿呢？"当提出这一问题的时候，这个人就犯了范畴错误，他把作为整体的大学放在与大学校园里的一个特殊场所同样的地位，然而大学绝不等于这些场所简单地加起来，更不是这些场所之外的另一场所，大学就是这些场所有机地组织在一起完成教育功能的那个整体存在方式。即便在未来的某一天，这些他参观过的场所在物理形式上仍然保持原样，但是牛津大学已经把校园迁到了别的地方，现在这些地方如今则成为一个博物馆，那么这时候虽然场所还是那些场所，却不再承担原牛津大学的教育功能，因而也不再是牛津大学了。

在赖尔看来，笛卡尔就犯了一种把大学看成与大学所在的场所是同一类事物这样一种错误。心灵相当于大学，场所相当于身体，心灵并不处于身体的某个地方，比如脑或松果体内，正如大学也不在某个场所。如果说身体是一个实体的话，那么心灵根本就不是一种与其同等地位的另一个实体。就像

---

① 赖尔. 心的概念 [M]. 徐大建，译. 北京：商务印书馆，1992：10.

我们认为大学指的是某些场所所组成的整体所承担的职能的话，那么心灵也就是某个身体作为整体所承担的社会职能。从这种角度，赖尔认为心灵应该被看成一种行为范畴，因为身体所承担的职能都是通过行为来实现的。在赖尔看来，谈论一个人的思想、意图和欲望这些内在意识状态，只不过是谈论其所做出的和所将要做出行为的一种简略方式。这一主张显然也是一种行为主义。不过这种赖尔式的行为主义通常被人们称作哲学上的行为主义，并将其与心理学的行为主义进行严格区分。心理学的行为主义否认任何意义上对心灵状态描述的正当性，认为心理学应该只关注可以通过刺激、反应、强化和内部神经机制等物理术语进行客观描述的行为表现。赖尔式的哲学行为主义则不仅关注客观行为的行为表现，更关注行为的功能和意义，因而描述心灵的术语作为对行为的意义的描述是不可以被取消的。但是赖尔认为心灵并不是一个可以被直接观察的客观对象，或是实体。只是我们误以为每个名词的背后都应该对应着一个客观对象，也就因此把心灵这一名词的意谓错误地当成了一个客观对象。

奥斯汀最著名的书是《如何以言行事》①，在该书中提出了言语行为理论，认为我们应该把说话首先看成在做事，也就是一种行为，而不只是在对世界进行描述。因而他特别强调语言中的施事句，这样的句子包括"我承诺""我愿意与你结为夫妻""我希望天会下雨""关门！"和"你读过托尔斯泰吗？"等。这些句子的目的并不是描述世界，而是做出一种行动，甚至是在建构事实，比如在婚礼上一个人说出"我愿意与你结为夫妻"这句话之后，一个新的事实就因此被创建了。奥斯汀认为有些看似中立的陈述行为，其目的也是为了做事。比如当你听到来你家做客的人说"今天天气很热"的时候，如果你仅仅认为他是在陈述一个事实，然后用你的认同来回应他的话，即说"对，今天确实很热"，估计你们的进一步交往就会遇到障碍。往往当一个人说天气热的时候，他并不仅仅是在说天气热，而是希望你去打开空调，或是给他倒杯冷饮，也就是他说话的主要目的并不是描述，而是以描述的方式来做事。

其实如果把赖尔的观点和奥斯汀的观点合在一起，我们将会得到一个非常有趣的结论。赖尔认为心灵是行为的功能或意义，而奥斯汀认为语言首先

---

① 奥斯汀. 如何以言行事［M］. 杨玉成，赵京超，译. 北京：商务印书馆，2012.

是一种行为，那么我们是否可以得出结论说心灵主要是言语行为的功能呢？而所有的言语行为都是一种社会交往行为，无论我们是在做承诺、请求、祈祷、命令甚至陈述，都是朝向另外一个人在做事。甚至我们还可以把一个人的手势、眼神、姿态等具有社会交往功能的行为也都看作一种以言行事的方式，那么我们就可以认为心灵主要是社会交往行为的功能了。这样我们就在赖尔的哲学行为主义之上得到了一种社会行为主义。如果以此来说明心灵的源泉，将会得到一条与现今科学心理学完全不同的道路。

3. 社会行为主义的涵义理论

弗雷格的语言分析中蕴含了一种从表达的方向来开展语言研究的思路。按照这种思路，句子表达涵义，而涵义又决定句子的意谓，即真值。继而罗素等人开始认为哲学的任务就在于对句子的表达进行逻辑分析，即通过把句子清清楚楚地分成表达的形式部分和表达的质料部分来对句子所表达的涵义进行澄清，并保证其在形式上是自洽的、无歧义的，而同时将质料部分的真假留给经验科学去验证。这种观点中隐藏着一种真之符合论，认为信念，也就是句子所表达涵义的真假由其是否符合事实来决定。然而从罗素到蒯因，这些或明或暗地主张了真之符合论的逻辑经验主义者，都没有确切地在逻辑上澄清什么是真、什么是实在以及什么算作符合等这样一些主张真之符合实在理论所必然诉诸的基本概念。在澄清这些概念的方面，阿尔弗雷德·塔斯基做出了重要的贡献。

塔斯基提出了一种有关真的冗余论[①]，他尝试通过建立一种双条件句来定义真，比如他经常使用下面这句话来说明他的思想：

A："雪是白色的"为真，当且仅当雪是白色的。

初看起来这句话似乎是在做无聊的同义反复，实则不然。首先我们应该注意到，这个句子的前半部分的"'雪是白色的'为真"中带有引号。塔基斯引入引号，用来表明引号的内部成分应只被看成一个纯粹的表达式。也就

---

① 麦金. 语言哲学：经典诠释 [M]. 刘龙根，朱晓真，译. 上海：上海交通大学出版社，2017：131－148.

是我们不能对引号内的部分进行涵义解读，也无须阐明其所意谓的对象。就像我们说"'雪是白色的'这句话由五个汉字组成"时一样，这样的表达式也被塔斯基称作没有被使用，而只是被提及的表达式。其次，后面的部分同样包含"雪是白色"的这一成分，只是这时候是没有引号的。没有引号的句子就是被使用的表达式，这时候我们就应该把这句话当成是有涵义的，并表达了某种意谓，即某种对象性事实或事态。仅仅被提及的句子，塔斯基又称其为对象语言，而被使用的句子，塔斯基则称其为元语言。在"'雪是白色的'为真"这句话中，"为真"是不带引号的，因而属于元语言。

这样分析下来，就不能再把 A 这句话看成多余的同义反复了。首先，塔斯基对"真"的定义表明了"真"是对象语言在元语言中的属性。其次，说一对象语言为真，塔斯基认为就是去掉其引号，把只是提及的对象语言变成其在元语言中的一种使用。因而说对象语言为真，就意味着我们可以成功地把加于其上的引号去掉而编入元语言。如果我们在与外国人进行对话情境中考虑塔斯基对真的定义，就更容易看清楚这一点了。让我们来看下面的句子：

A1："snow is white" 为真，当且仅当雪是白的。

对于一个不懂英语只懂汉语的人来说，当他听到一个人指着一堆雪用英语说"snow is white"的时候怎么理解这句话呢？想必他会猜测到这个人所说话的意思就是汉语中的"雪是白色的"这句话的意思。于是他会以反问的语气用汉语说："雪是白色的？"假如这个会说英语的人也听得懂汉语，那么他就会回答道："对，对，雪是白色的。"通过这种方式，这个仅懂汉语的人就成功地把"snow is white"编织进自己的汉语，因为他确认了作为对象语言的英语句子"snow is white"在以其母语作为元语言的汉语中的真值条件：雪是白色的。

塔斯基的工作给了戴维森极大的启发。塔斯基只是尝试通过双条件句，也就是他的真值理论，来为"真"下一个不引起任何逻辑悖论的形式定义，而戴维森却发现塔斯基的真值理论的意义远不止此。如果说弗雷格式的语言分析是先从句子出发，然后得到句子的涵义，最后获得句子的真值，那么戴维森则认为塔斯基的真值理论可以给我们提供一种从学习和理解语言的角度来分析语言的路径，这一分析路径与弗雷格的路径正好相反。要使学习和理解语言成为可能，首先需要先确定真，然后才能进一步确定涵义，最后才会注意到句子本身的组成结构。

事实上，我们可以从两个角度来考察语言，一个是表达的角度，另外一个是解释的角度。弗雷格的工作只选取了表达的角度，而戴维森更看重解释的角度。"真"这一概念的首要性正是基于解释的需要，我们要去解释或是理解一个句子的前提就是必须首先把这个句子当作真句子，也就是表达了"真"的句子，然后才会从表达"真"的角度去考虑句子背后究竟有什么涵义。如果我们都不把一个表达式看作表达了"真"的话，那么我们也就不会再把其当作一个表达了涵义的句子去考察了。显然这就是我们通常不会去追问海浪的声音背后有什么涵义的原因。戴维森认为我们绝不是通过对句子本身的分析而断定其是不是真句子的，而是在与他人长期的共同生活中，通过不断地交往而逐渐学会如何把什么视作真的，这一学习过程只能是一种前语言层面上的学习。"真"与其说是对句子属性的判断，不如说是对人的姿态与交往态度的判断。只有一个婴儿学会了如何在生活中把他人行为中所表现出来的态度视作"真"以后，他才具有通过"真"来解释别人话语涵义的能力，因而才能真正进入语言的学习。这就是为什么每一个初生婴儿都要经过一个漫长的前语言阶段的发展期，才能最终学会理解语言。

最终戴维森将自己的解释学理论的应用从语言层面扩展到整个的心灵层面。[①]"真"不仅仅是把别人的语言通过解释成功地编织进自己的语言的产物，同样也是把别人的行为及其背后的欲望通过解释成功地编织进自己的行为和欲望体系的产物。这种编织是相互的，我在试图解释别人的时候，别人也在试图解释我。这一过程如果顺利的话，那么通过相互解释、相互编织，在人们之间将建立共同的行为方式、共同的信念、共同的欲望。这就是共同的生活形式的源泉。所谓的"真"就是我们在铸就我们共同的生活形式的过程中所达成的共识，这一共识经由历史考验而进一步成为文化传统。每一个新生儿都是通过交往而加入这一先在文化传统中的过程中而理解了真，并因此获得了自己的心灵，进而最终学会说话。我们所认识到的客观世界就是不断建立和继续扩展的传统。意义就是我们所共同分享的行为、欲望和信念的

---

① 麦金. 语言哲学：经典诠释［M］. 刘龙根，朱晓真，译. 上海：上海交通大学出版社，2017：148－171.

产物。

保尔·格赖斯甚至提出了一种不涉及语言结构分析而仅从交往行为来分析意义的理论。[①] 他认为要理解语言的涵义必须首先分析说者的交往意图，也就是说涵义就是说话者意图向听者主动表达的东西。我们必须把格赖斯这里所说的表达与弗雷格所说的表达进行严格区分。弗雷格对表达的研究通过对句子构成的逻辑分析来完成，其要回答的是为什么句子就其本身而言可以表达涵义，此种表达不涉及任何心灵层面的东西。而格赖斯所说的表达是一种具有意图的主动表达，与心灵具有天然的联系，因而格赖斯的涵义理论也被称作心灵会话理论。格赖斯引入"固定涵义"这一概念来指弗雷格式句子所表达的东西，而将自己所说的这种表达所表达的东西称作说话者涵义。一个说者要向听者表达自己的说话者涵义，就需要使用具有固定涵义的句子，并且能够考虑到听者究竟会怎样解释自己所使用的句子，也就是说他要选取听者能够正确解释出自己真实的说话者涵义的言说方式。如果说话双方都做此考虑的话，那么就会产生一种新的看待涵义的方式，也就是将涵义看成一种说话者和听者共同合作的结果，这就是会话涵义。可见说话者涵义、固定涵义和会话涵义三者之间相辅相成，这对完成一次成功的对话至关重要。此外格赖斯认为，一次成功的会话需要会话双方都遵循"合作原则"，也就是每个人都要真诚地表达自己真实的说话者涵义，一旦某一方发现另一方在诱导自己相信一个他所不相信的东西的时候，会话就将终止。因而人对"真"的执着，其根源并不是出于对客观性追求，而是出于对人们相互信任与社会团结的渴望。

五、布兰顿的推论主义语用学

布兰顿是当今美国哲学著名的匹兹堡学派最具代表性的人物。匹兹堡学派的哲学家们既是在分析哲学传统中生长起来的，同时也继承了美国传统的实用主义哲学。但是与大多数秉承经验主义的分析哲学家和实用主义哲学家大不相同，匹兹堡学派的哲学家们明确地把自己的哲学观点视作一种理性主

---

① 麦金. 语言哲学：经典诠释 [M]. 刘龙根，朱晓真，译. 上海：上海交通大学出版社，2017：171–182.

义。如果说当今分析哲学通过对科学哲学的阐明而催生了人们在世界观上的科学主义化，匹兹堡学派则致力于为这已经被自然科学祛魅的自然部分地保持其曾有的施魅状态。[①] 要实现这一点，匹兹堡学派的哲学家尝试利用亚里士多德、康德和黑格尔等人所铸就的传统的理性主义资源来重建当代的分析哲学与语言哲学。塞拉斯自称他的哲学规划是"试着将分析哲学引出它的休谟阶段，引入它的康德阶段"，罗蒂则借鉴了塞拉斯的自我描述，把布兰顿的工作称作"将分析哲学引出它的康德阶段，引入它的黑格尔阶段"[②]。而约翰·麦克道威尔则借助对亚里士多德实践哲学的解读，以自发性为纽带，阐述了一种广义的自然观。在此种自然观之下，心灵不再与世界分立两边，而是与世界同属于同一个自然教化进程。麦克道威尔对自发性的探讨，又将匹兹堡学派与同样重视亚里士多德的当代现象学及诠释学哲学紧密地连接在一起。[③] 可见匹兹堡学派的哲学家们共同致力于恢复传统哲学所力求的全局观，试图从整体上来把握人与自然关系的方方面面。按照陈亚军的评论，"匹兹堡学派是最值得关注的当代美国哲学流派……匹兹堡学派的确不仅为美国哲学的未来开出了一条新路，而且也为当代西方哲学的发展提供了一个新的方向……在它身上，语义学与语用学、分析哲学与实用主义、弗雷格方式与黑格尔路径、经验主义与理性主义等等，融为一体。这意味着，所谓英美哲学传统与大陆哲学传统的长期对立，有可能得以克服和超越。"[④]

具体而言，匹兹堡学派的哲学家们的工作使得以下观点变得更具可信性：人对物的感知并不是仅仅被动地受物的影响，感知中同样包含着思维的主动推论活动；有意图的行动中所包含的主动性也同样源于推论活动；推论活动具有规范性本性，与人的语言能力相伴而生，是人经由社会生活而得到教化的产物；最后，作为自然科学研究对象的自然仅仅是一种派生性自然、一种狭义的自然，只有超越自然科学以恢复一种传统的、广义的历史主义自然观，人之真正的自我理解才有可能。这些思想都在布兰顿的哲学中得到了清晰的呈现。

---

① 麦克道威尔. 心灵与世界 [M]. 韩林合，译. 北京：中国人民大学出版社，2014：117.

② 罗蒂. 引言 [M] //塞拉斯. 经验主义与心灵哲学. 王玮，译. 上海：复旦大学出版社，2017：7.

③ 王增福，周靖. 麦克道尔哲学与新实用主义的叙事转换 [M]. 北京：人民出版社，2022：252 - 265.

④ 陈亚军. 序言 [M] //孙宁. 匹兹堡学派研究：塞拉斯、麦克道威尔、布兰顿. 上海：复旦大学出版社，2018.

1. 概念、推论与人

布兰顿的哲学是围绕一个最为传统的哲学议题展开的，那就是认识人自身的独特性。这决定了他与科学心理学截然不同。由于致力于把研究动物行为和生理活动的自然科学的方法应用于研究人，科学心理学自然也就抹杀了人与动物的界线。布兰顿认为包括科学心理学在内的当代认知科学因未能从分析哲学对概念本质、概念用法和概念内容的研究结论中吸取有益的教训，因而没有认识到使用概念的能力是分层的，更没有意识到人对概念的使用的层级是高于动物对概念的使用层级的。虽然人对概念使用的高级层级预设了动物对概念使用的低级层级，但是绝不能因此就认为我们可以把高级层级的概念使用毫无剩余地还原到动物对概念使用的低级层级上去。然而这种简单还原正是当今主流认知科学正在致力于从事的工作，以至于认知科学越发展，我们就越看不出人与动物以及人与人工智能机之间有什么样的实质差别。这就是为什么布兰顿认为当下分析哲学家当务之急就是要向认知科学家普及分析哲学家有关概念是如何分为由低至高的四个层级的发现。[①]

布兰顿认为我们首先应该将仅有贴标签能力的概念和具有描述能力的概念进行区分，通常人们认为分类是最基本的，也是最典型的一种认知行为，而分类又体现在反应的差异性上。这种观点就是认知上的刺激反应理论。当我们看到苹果的时候，发出"苹果"这一发音，看到梨的时候，发出"梨"这一发音，就属于分类。此种最基本意义上的分类被布兰顿称作贴标签。显然贴标签的能力不仅人具有，动物具有，甚至在无生命的世界中也普遍存在，比如温度计的水银柱长短的变化就是温度的标签。布兰顿认为传统经验主义的问题在于把人的感觉视为对外在刺激的一种单纯的分类，也就是单纯的贴标签。认知心理学的感觉编码理论实际上所分享的就是这样一种意义上的传统经验主义。所谓的感觉被认为是通过感觉器官进行的信息编码，例如当红色光刺激视网膜的时候，获得一种红色的编码，也就是被贴上红色的标签；而当蓝色光刺激视网膜的时候，则获得一种蓝色的编码，也就是被贴上了蓝色的标签。

---

① 布兰顿. 在理由空间之内：推论主义、规范实用主义和元语言表达主义 [M]. 孙宁，等，译. 上海：上海人民出版社，2019：3 - 46.

　　但是这种贴标签的系统并不是一种生命系统，而仅是一种缺少自主学习能力的机械系统。生命系统，尤其是动物性的生命系统是一种远较贴标签要灵活的系统。正如布兰顿所说："该系统原则上能够对许多不同组的刺激做出编码，其过程是一个学习的过程，我们以此决定实际拥有什么分类倾向。"① 我们认为这一学习过程就是行为主义心理学所揭示的过程。在行为主义心理学看来，一个生物体的行为发生变化的过程就是一个学习的过程。而行为之所以可以发生变化，正是因为一个行为不仅仅受到作为行为前提的刺激的影响，而且还受到作为行为后件的行为结果的影响。如果我们把作为前件的刺激计作 A（即英文 antecedent 的首写字母），把行为计作 B（即英文 behavior 的首写字母），以及把行为的结果计作 C（即英文 consequence 的首写字母），那么我们就得到了著名的行为分析公式：A－B－C。该公式表示一个行为 B 及其改变是受行为前件 A 和后件 C 组合作用的结果。那些以 A 为前提的行为 B，如果能够为有机体产生一个有利的结果 C 的话，那么 B 就会因此保留下来。如果情况反之，B 将被调整，以使得最终能够产生新的有利于有机体的结果。这样的话，一个行为 B 就不再是仅仅因为对 A 的分类不同而不同，而是受到 A－B－C 这一整体推论的影响。这样的行为我们认为可被称为描述行为。一只鹦鹉之所以能够通过人的训练学会看到一块红布就可以用语音报道出"那是红色的"，正是因为它具有预期到在恰当的环境下报告"那是红色的"能够获得训练者奖励的能力。

　　但是在布兰顿看来，具有这种我们所说的描述行为的能力仍不能算具有真正的概念能力。从行为者的角度来看，这种 A－B－C 之间的推论关系仍然是一种行为层面的推论（布兰顿也将之称为实践的推论），而不是成熟的概念层面的推论。成熟的概念层面的推论需要概念使用者能够从一个概念中推出另外一个概念，也就是说能够从"那是红色的"推出"那不是绿色的"，以及"那是有颜色的"等语义后果。显然鹦鹉不具有这种能力，虽然它可以正确地报告某物的颜色，但是并不能将任何进一步的语言报告与此报告进行推论连接。布兰顿认为鹦鹉所具有的描述行为最多可以被认为是一种使用概念的行为，但具有使用概念的行为并不意味着具有对所使用的概念内

---

① 布兰顿. 在理由空间之内：推论主义、规范实用主义和元语言表达主义 [M]. 孙宁，等，译. 上海：上海人民出版社，2019：10.

容有所觉察。而正是能否对概念内容有所觉察标志着人和动物的差别。只有人才能达到对概念内容的有意识的觉察。这一觉察体现在人"不仅能够说出或思考门是关闭的，他还能够提问或思考门是否是关闭的，或要求或请求将门关上"。① 正是由于这一觉察，人不仅能够贴标签，还能做出对某一贴标签行为的否定，比如不仅能够说出"这是红色"，还能够说出"这不是红色"。并且只有在能够使用否定词的基础上，人才能够进一步发展出说出条件句的能力，比如说出"如果天上下雨，那么地上湿"之类的句子。也正是这种能力使得人有可能从此时此地的束缚中解放出来，不仅生活于世界中，还能够对他们所在的世界的经验性特征有所意识。

布兰顿认为这种将运用概念不仅仅视作在做分类，而且同样是在分类的基础上对后果做进一步的语义推论的观点是弗雷格《概念文字》一文的关键洞识。这一洞识在被迈克尔·达米特重新发现之前，一直都被弗雷格的继承者所忽视。② 最后布兰顿认为弗雷格还教会了我们从对概念的使用上区分出概念内容之后，应该进一步区分简单谓词和复杂谓词。其一，就像我们在前面关于符号逻辑的部分所介绍的那样，通过把命题分析为谓词和个体词两个部分，可以进一步将我们从对判断内容的依赖中解脱出来，而单独考察判断的形式。其二，我们可以从一些简单的判断形式，即简单谓词之上，构造出复杂的判断形式，也就是复杂谓词。关于这一构造过程，布兰顿总结如下：

> 首先，将简单谓词和简单词项结合起来，以构成一系列语句，例如「Rab，Sbc，Tacd」。
>
> 其次，运用语句算子以形成复合句，例如「Rab→Sbc，Sbc&Tacd」。
>
> 再次，用变项来替换某些单称词项（单个常项），以构成复杂谓词，例如「Rax→Sxy，Sxy&Tayz」。
>
> 最后，运用量词来联结起那些变项，以构成新的复杂谓词，例如有着（y，z 两个位素的）一位谓词：「∃x(Rax→Sxy)，∀x∃y(Sxy&Tayz)」。③

① 布兰顿. 在理由空间之内：推论主义、规范实用主义和元语言表达主义［M］. 孙宁，等，译. 上海：上海人民出版社，2019：19.
② 布兰顿. 阐明理由：推论主义导论［M］. 陈亚军，译. 上海：复旦大学出版社，2020：44－45.
③ 布兰顿. 在理由空间之内：推论主义、规范实用主义和元语言表达主义［M］. 孙宁，等，译. 上海：上海人民出版社，2019：38.

通过上述简要介绍，我们可以看出来布兰顿其实是根据推论活动的不同水平来考察概念水平的。首先，贴标签的概念水平，在布兰顿看来并不是真正意义上的概念，因为在其中并不包含真正的推论活动。一个完整的推论活动由三个要素构成：前提、推论行为和结论。贴标签则只涉及由前提到行为的环节，缺少由行为到结论的环节。其次，对于布兰顿来说，在现实世界中所能发现的真实存在的、最为基础的概念活动，是一种与行为主义心理学对行为规律的描述相类似的实践推理，其体现在生物体通过不断学习来增进自身行为对环境的适应性的过程中。在这一过程中隐含了一种由来自环境的前提刺激，到对刺激做出的反应行为，以及由反应行为所引发的来自环境的结果之间的推论关系。然而这种推论关系仍是前逻辑性的，不能被行为者所清晰认识的。在实践性推理之上，如果生物体能够发展出对由环境所引发的直接性反应行为的否定，也就是抑制，并且在此基础上能够以一种 if…then 的形式考虑不同反应行为之间可能的连接方式，以及能够对这些不同的反应行为的连接方式所引起的结果进行预想，最后再根据这种预想来实际地选择适合的行为，这时候实践推论就提升到了实质推论的水平。实质推论的能力通常需要以对语言的掌握为前提，其主要是关于语义内容的相容性和不相容性的关系性推论。比如，可以从"这是红色的"推出"这不是绿色的"，以及可以从"上海在北京的南面"推出"北京就在上海的北面"等。正是语言能力的获得才使得生物体有可能在做出针对环境的行为反应之前，有能力先在语义推论的基础上对将要进行的实践推论的各种情况提前进行预想。然而进行实质推论仍不涉及对弗雷格式的逻辑词汇的应用能力，也就是说其仍不是以构造出谓词来清楚地区分出形式和质料的方式来进行的推论活动。使用逻辑词汇的能力则会将推论能力提高到更高的水平。对谓词逻辑的把握使得人在思维上将作为形式的谓词和作为内容的质料进行分离，从而可以从简单谓词上构造出形式近乎无限丰富的复杂谓词，也将人的推论能力和由此而来的想象力提到了动物所远远无法企及的高度。布兰顿说："这便是弗雷格为我们开启的由复杂概念构成的天堂。"①

布兰顿认为人是话语的生物，这一点将人和动物截然区分开来。虽然我

<hr/>

① 布兰顿. 在理由空间之内：推论主义、规范实用主义和元语言表达主义［M］. 孙宁，等，译. 上海：上海人民出版社，2019：39.

们可以从话语生物和非话语生物之间的连续性方面来将人和其他动物等同起来，毕竟基于话语而来的实质推论和复杂概念推论能力是建立在非话语性的实践推论的基础上的，但是我们不能因此就否认话语生物和非话语生物之间同样存在着非连续性。正是因为当今的认知科学家缺乏对概念层级性的认识，因而通常不能清楚地区分出非人灵长目动物、不会说话的人类婴儿、刚学会说话的人类儿童，以及小说家和科学家之间的区别到底在哪里。而搞明白其中的差别，恰恰是认知科学家，尤其是发展心理学家，有效展开自己研究工作的前提。不过，布兰顿并没有将这种认识上的不足归咎于认知科学家，他认为这种对概念层级进行考察的工作不是一项经验研究性的工作，因为概念层级是一种规范性问题，带有康德意义上的先验的性质，一直就属于哲学和逻辑学的研究领域。这就是为什么布兰顿最终会做出如下的总结：

> 我们所讨论的思想是那些在整个分析哲学起初便具有的思想。我认为，公平的说法是，作为探究这些思想的哲学家们，我们已经在许多方面对此有来越来越清晰的认知了。尽管出于某些理由，我们尚未分享我们已经获得的洞见。我们应该为未能将这一宝藏分享给其他人负责。①

2. 规范、社会与客观性

在界定了人的独特性之后，布兰顿下一个研究的重点自然就转到了与此相关的发生学问题上，也就是要探讨不同层级概念能力之间的转换机制。而在这之中最为重要的一个转换环节就是从非话语性的实践推论向话语性的实质推论的转换。布兰顿认为社会生活在这一转换中扮演着至关重要的角色。为了搞明白为什么这一转换可以很顺利地发生在人类婴儿身上，却不能发生在同样具有实践推论能力的黑猩猩身上，我们必须考虑到人所独有的社会交往模式。

首先借助于康德的思想，布兰顿强调对于有意识的心灵而言，重要的是智识（sapience）意义上的觉识而不仅仅是感受（sentience）意义上的觉识。感受性的觉识是人和动物共有的，是对外界的被动反应，是感觉器官运作的

---

① 布兰顿. 在理由空间之内：推论主义、规范实用主义和元语言表达主义［M］. 孙宁，等，译. 上海：上海人民出版社，2019：46.

结果。而智识则取决于我们对外界运用概念而进行的主动判断，是我们要对其负责的东西。概言之，具有智识的人有能力在感受的杂多之上建构起具有统一性的对象，并据此做出推论，采取行动。这一能力既是社会生活的产物，也是社会生活的前提，与感受分属不同的逻辑空间。

感受因果性地被既有的外界物理刺激和有机体的内部生理条件所决定，属于麦克道威尔所划分的第一自然①，受制于自然的逻辑空间。在自然的逻辑空间内没有"对错""好坏"或是"该与不该"等规范性概念的位置。比如，桌面上的这个苹果不可能以错误的、违反任何自然规律的方式刺激我的视网膜并引起错误的神经传导，更不存在该不该以如是的方式引起神经传导的问题。而智识在本质上是规范性的，以可错性作为自身的根本特征。当我们谈论的不仅仅是桌面上的这个苹果如何刺激我的视网膜病从而引起何种模式的神经冲动，而是进一步谈论我是如何基于这些刺激引起的冲动而得出放在桌子上的是苹果的时候，会发现我们永远无法避免犯错的可能。在任何情况下，当一个人说"这是苹果"的时候，已经不再是简单地感受一个既定的外在事实，而是做出了一个判断。"这是苹果"实际上是一个肯定判断，是"我认为'这是苹果'是真的"这一判断的缩略。而当一个人说出"我认为'这是苹果'是真的"这个判断的同时，也将自己置于一种随时接受别人质疑的境地。听到此句话的他人永远有否定这句话的权利，也有继续追问"为什么你认为'这是苹果'是真的"的理由的权利，这就是对一个人做出此判断所依据之理由的正当性的追问。当一个人在做出"我认为'这是苹果'是真的"这一判断的同时，也为自己背负上了提供与这句话具有推论相关性的其他断言来作为支撑此断言之理由的责任。简而言之，苹果这一概念的使用是否恰当并非简单地被一个人的感官所受到的物理刺激所决定，而是取决于人和人互相交换理由的证成过程。由是，作为体现着概念使用之能力的智识并不能被置于自然的逻辑空间而获得理解，其应属于塞拉斯所说的理由的逻辑空间。而理由的逻辑空间在本质上是社会性的、交往性的，其不仅以参与其中的人所具有的话语性推论能力为前提，也是参与其中的人发展自身话语推论能力的前提。

---

① 第一自然指以物理学为典范的自然科学所研究的对象所构成的整体。参见麦克道威尔. 心灵与世界 [M]. 韩林合，译. 北京：中国人民大学出版社，2014：11 - 12。

布兰顿借用黑格尔阐述法权关系中所使用的个人与社会之间的辩证关系来分析人际互相交换理由的证成过程要成为可能所必须依赖的逻辑结构。他认为每个参与社会生活的人都具有承诺和资格两种基本的社会性规范身份，社会交流的过程也就是围绕着每个人的这两种规范性身份而展开的社会性推论实践，参与其中的人既有个人独立性的一面，也有社会依存性的一面。这种推论实践的展开需要借助话语才能实现。当某人通过说出某个断言来就某一实质性内容作出判断的时候，他就是在做出一个承诺，也意味着他需要同时接受那些由该断言所支配的推论。用布兰顿的例子来说①，如果一个人将Boche（德国鬼子）一词用于德国人身上，那么他就认可了"只要是德国人就一定是既粗俗又残忍的"这一概念性推论，这样他就无权否认，也就是有义务承认，使用 Boche 一词包含了对所有德国人共有的蔑视态度，否则他就只能拒绝使用这个词。因为虽然一个人可以决定是否使用某个概念，但是该概念中所包含的推论性后果是什么却不由其个人，而是由来自于社会他人的公共标准来决定，这一点体现了个人相对于社会中他人而言的依存性。这就意味着，如果我们使用了某个词语，那么我们所使用的这个词语到底表明我们拥有一种什么样的概念却要依赖于别人对此的态度。但是一个人同时也具有相对于社会中的他人而言的个人独立性，这体现在他对某一个概念中所包含的公共性的推论后果的否认上，也就是个人可以完全不认可 Boche 这一词作为概念所表达的公共态度，即"如果是德国人就一定是既粗俗又残忍的"，那么这时候他就有权利不使用这个词。而在他人使用这个词的时候，他也可以反驳说："我不认为这个词具有真正的意义。"也就是说他有权利把 Boche 这个词从他的个人词典里清除，永远不再使用这个词。就此而言，此人完全拥有独立性，任何人都无权强迫他。因此任何推论实践都可以沿着两个方向来展开：一个方向是个人内部的推论实践，体现着一个人的独立性；另一个方向是来自人际的推论实践，体现着一个人的社会依存性。

我们可以借助上述例子进一步清晰地描绘概念知识体系建构过程所遵循的证成性逻辑结构。从个人独立性一面而言，如果一个人拒绝理解和接受，那么任何概念知识都不可能被强行塞给他；从个人的社会依存性而言，任何

---

① 布兰顿. 理由、表达与哲学事业［M］//拉格兰，海特. 哲学是什么?. 韩东晖，译. 北京：人民出版社，2014：76－99.

人所具有的概念知识都必然有一个公共的来源，同时也不可能免予公众的检讨而成为一种完全私人性的事物。任何概念知识的建立发展都只能源于个人和他人之间的一种证成式的协商过程，这种过程可以以 A 和 B 两个人之间的对话为简化模型：A 作为一个个体具有自身的个体独立性，同时也有相对于 B 的社会依存性；而 B 同样作为一个个体而具有自身的独立性，同时也具有相对于 A 的社会依存性。如果 A 选择使用一个词语（我们姑且称此词语为 Wa），对于 A 来说这是一种独立性的体现（让我们把这种现象简称为对 Wa 而言，A 独立于 B）。然而 A 所选取的 Wa 这一词语所呈现的具体概念的内容（我们姑且称此概念内容为 Ca）则要依存于 B 对 Wa 的态度（让我们把这种现象简称为对 Ca 而言，A 依存于 B）。同样，B 对选择什么词语（我们姑且称此词语为 Wb）描述 B 对 Wa 背后所隐含概念的态度本身体现着 B 的独立性，即对 Wb 而言，B 独立于 A。但是 Wb 本身也需要被赋予概念内容（即 Cb）。而对 Cb 而言，B 则应依存于 A。由此可见，只要同时照顾到 A 和 B 自身所具有的独立性和依存性，那么 A 和 B 之间通过词语开展对话来进行的相互制约的过程就会一直进行下去，直到达成绝对共识为止。但是，证成性对话并非仅在 A 和 B 之间进行，在 A 和 B 对话的同时会不断地有 C、D、E……加入，每一个新人的加入，曾有的共识就面临着再接受一次重新证成的考验。

　　在布兰顿看来，所谓的客观性并不是源于概念与非概念性的事态之符合，而是源于上述社会共同体成员的交流机制。那些人们在概念内容上所达成的共识就被认为是真的，也就是客观的。这是一种典型的实用主义真理观。关于此，布兰顿写道："恰当地理解真的谈论，就是需要理解这种社会视角的不同：向另一个人归属一个社会身份与自己接受或采纳它之间的不同。正是评估断言之真的实践，构成了命题内容可以根据成真条件得到理解这一观点的基础。"①

3. 客观世界的社会建构与逻辑表达主义

　　布兰顿特别关注借助于语言分析来说明我们是如何在社会交流的基础上，建立了有关独立于人的自然世界的客观表象的。自然科学正是建立在这

---

① 布兰顿. 阐明理由：推论主义导论［M］. 陈亚军，译. 上海：复旦大学出版社，2020：151.

种客观表象之上的。布兰顿给予了个体词以特别的关注。^① 弗雷格已经告诉我们，一个命题必须包含两个部分，一个是它的形式部分，由谓词来表达；另一个就是个体词，其指向一个命题之外的世界中的对象。布兰顿认为简单谓词以及在其上所建立的复杂谓词所体现的是语言表达方面的多变性，而个体词则体现的是语言表达方面的稳定性，因而谓词和个体词的合作使得人们可以通过各种各样的表达方式来表达相同的内容。也就是说谓词部分代表的是不同表达方式之间的不同之处，而个体词则是那种被分别置于不同的谓词结构下仍可以保持稳定性的东西。人际交流要能实现，那么所使用的交流媒介就需要同时具有多样性和统一性，正如我们常说的条条大路通罗马一样，虽然在交流中每个人的表达方式以及其中所体现的视角都是不同的，但是最终都会达到同一个客观事实。关于这一点，布兰顿最终得出结论说："任何拥有关于自身概念内容的充分表达力的语言——绝不要担心它被用来谈论的那个世界的特征——必定采用了包含单称词（个体词）和谓词的语句的形式。也就是说，它必定至少试图陈述有关对象以及它们的性质和关系的事实。我非常隆重地称它是对于对象之必要性的一种表达的先验演绎。"^②

　　布兰顿认为自己的这种解释调转了传统的解释顺序。就传统而言，人们是从独立于语言的殊相出发，以说明个体词是如何与殊相相关联的方式来说明什么是单称词。而布兰顿则是从言内交流的需要出发，先以独立于世界本身是如何的方式来说明为什么会有单称词，然后再在此基础上说明独立于语言的殊相是怎么回事。这两种解释顺序并不是相互排斥的，而是各自对应了不同的需求。如果我们从本体论出发，也就是如果我们的问题是这个世界是什么样的，那么我们就需要传统的解释顺序。而如果我们从认识论出发，也就是我们的问题不是世界是什么样的，而是我们究竟如何认识世界，抑或说形成对世界的理解的话，这时候就需要从语言出发了。

　　在讨论了为什么会有个体词之后，布兰顿又讨论了如何在语言表达所呈

---

①② 布兰顿. 阐明理由：推论主义导论［M］. 陈亚军，译. 上海：复旦大学出版社，2020：111－140，36－37.

现的社会视角的转换中建构起对独立于人的客观世界进行表达的表象词汇。①关于这一点，他认为关键在于区分表象词汇的两种用法，一种是从言（de dicto），另一种是从物（de re）。这种区分在自然语言中通常是含混不清的，也因此造成了一些表达上的缺陷。关于这一点，布兰顿举例说：

> 设想从这个断言开始：
>
> 到 2020 年，美国的总统将是黑人。
>
> de dicto 解读，这意味着"美国的总统是黑人"，在 2020 年的时候将是真的。de re 解读，这意味着物或东西，即美国目前的总统（也就是说，在我写作时，指克林顿）在 2020 年将是黑人。②

由上述这种从物解读的荒诞性和从言解读的合理性，我们显然可以得出结论认为对自然语言的分析应该严格区分从言和从物两种分析方法。问题是，为什么我们需要这两种用法呢？这两种用法哪一种具有优先性呢？布兰顿认为我们仍然只有从交流的角度才能看清这种区分的意义。纯粹的从言在交流中只能停留在对说者承诺的转述上，这样的转述甚至是鹦鹉都可以完成的。而交流则一定不能停留在仅仅是在彼此转述对方的话，而是要听者将说者的从言归派进一步转换成从物归派，也就是说能想象如果说者所说为真，那么他说的应该针对的是什么。这就是我们所说的我们需要尝试着站在对方的角度看世界。然而这仍是一个交流的中间环节，最终实现交流，听者需要对说者所言中所包含的从物归派方面的承诺进行认可或否定：

> 首先，人们可以承认那个承诺，通常是通过一个公开断言而倾向于认可它。或者人们可以通过把它用作为自己的理论推理或实践推理的前提而承认它……其次，人们可以在后果上接受那个承诺，即作为人们承诺的结论——它是人们确实承认的东西所蕴含的推论后果。③

---

①②③　布兰顿. 阐明理由：推论主义导论［M］. 陈亚军，译. 上海：复旦大学出版社，2020：141 – 165，152，156.

那些能够被听者和说者所共同认可的从物归派因而就成为在彼此各自的概念推论系统中都为真的东西。而且正因为认可是一种相互的事情，因而交流双方能够区分出什么是自己与他人共同视为真的东西。对这种双方共同视为真的从物归派就是对自然世界之客观表象的源泉。关于这一点，布兰顿说道：

> 从他人的话中抽取信念，需要把握当人们提供关于他们信念内容的 *de re* 描述时，什么东西被表达了——也就是说，如果它们是真的话，能够说出他们的信念是针对什么而真的。这就是把握他们断言的表象内容。我一直强调的要点是，这样做也就是掌握它们的推论阐明的社会纬度。①

当然，布兰顿也从逻辑的表达进路说明了为什么使用语言进行交流的人，一定会共同分享一个有关独立于交流各方的客观世界的表象，虽然大家对这个客观世界在细节上的具体表象可以彼此不尽相同。

上述有关个体词和客观表象的语言学论证构成了布兰顿哲学中最具创意的一面——逻辑表达主义，或曰元语言表达主义。布兰顿将此种有关概念内容阐明的表达主义与传统的表象主义进行了严格的区分。他认为表象主义把心灵描绘为镜子，也就是说心灵只是对自然世界的被动反映。而表达主义则把心灵看作灯，话语就是这盏灯所发出的光，因而心灵从来不是在被动地反映自然世界，而是通过话语之光主动地投射出整个自然世界。正如人的内在情感是通过表情等姿态变成了一种他人亦可以通达的外在过程一样，一个人有关世界的主观态度则是通过言语行为得以表达而成为一种可以在人际互相交流的外在客观性存在。布兰顿认为表达就是将我们开始所做的东西转变成某种我们可以说的东西，我们言说中的对象性的客观世界只是对我们在表达中进行彼此交流的活动加以整理的结果，就是将某种交往和表达的素材概念化的结果。这一结论不能不使我们联想起胡塞尔有关如何从主观性的内在意向性之上建构起外在意向性的论述。这一建构过程同样被胡塞尔称作概念化，而共主观性则是概念化的源泉。

---

① 布兰顿. 阐明理由：推论主义导论 [M]. 陈亚军，译. 上海：复旦大学出版社，2020：163.

此外，布兰顿认为在被表达的东西和对于它的表达之间具有一种交互作用，正如胡塞尔认为在内在意向性和外在意向性之间也存在着一种交互作用一样。布兰顿认为，一方面被表达的东西的明确性依赖于对它的表达的可能性，另一方面表达的可能性是不明确的，除非考虑到是什么东西要被表达。而胡塞尔认为，一方面内在意向只有通过概念化为外在意向性的方式才能得到考察，另一方面我们又必须意识到外在意向只是对内在意向性的外化，而不能把考察仅仅停留在外在意向性的表面。最终，我们认为布兰顿对表达主义的阐明，使得分析哲学的语言开始有能力去表达一种现象学的观点。相信当胡塞尔读到布兰顿所写出的下面几句话的时候，一定会有一种他乡遇故知的感觉：

> 这种关系的表达主义将每一个语言行为和它们所表达的意向状态都理解为整体中的基本要素，这个整体只是根据它们的关系才是可理解的。例如，按照这一进路，一个人应该认为，不论是断言行为还是相信行为，一旦从它们在断言人们相信什么的过程中所起的作用抽离出来，都是无法得到理解的。①

4. 自然、历史与教化

最终基于逻辑表达主义的结论，布兰顿也走向了一种与胡塞尔一样的反对科学主义式的自然观的道路。布兰顿认为这是关注概念及其使用研究所最终将会达到的必然结果，因为概念的使用所奠基于其上的社会交往过程并不是自然科学的研究范式所能够研究的对象。布兰顿认为："在将概念内容赋予举止、状态以及表达式——在它们那里概念内容被恰当领会——时，那些实践构建了一个文化领域，它建立在——但又超越了——可靠的、有区别的回应倾向及其仅仅具有自然生物特征的运作的背景上。"② 也正是这一通过社会性的概念使用活动而得以构建起来的文化领域将自然科学意义上的自然事物与文化意义上的历史事物相互区分出来。物理学的、化学的和生物学的对

---

①②　布兰顿. 阐明理由：推论主义导论 [M]. 陈亚军，译. 上海：复旦大学出版社，2020：8，23.

象归为具有自然的东西一边，而哲学则应被归为具有历史的东西一边。心理学的地位则具有一定的独特性。如果我们谈论的是作为哲学分支的主观心理学，那么其将与心灵哲学一同被归为具有历史的东西一边。而如果我们谈论的是自我标榜为自然科学分支的客观心理学，显然其应与物理学一起被归为具有自然本性的东西一边。

但是如果考虑到任何区分都是一种概念性的区分，因而将什么视作自然事物，以及将什么视作历史事物这一区分本身就是一种具有历史性的文化建构，那么作为历史性的哲学和其他精神学科就具有了相对于自然科学的首要性。比如，也许我可以正确地说物理规律是非历史的，但是物理学本身作为一门学科则一定是具有历史的。我们完全可以赞同我们在本体论上是彻头彻尾的物理性存在，这却解释不了我们为什么会在认识论的意义上去认识到自己的物理本性的必要性。太阳和月亮也是一种物理性存在，但是想必没有人会认为太阳和月亮需要认识到自己是一种物理性存在，因而如果把人仅看作一种物理性存在，并不能说明为什么人需要建构出一门物理学来说明自己是如何作为一种物理性存在而存在的。其实，物理和物理学的关系在本质上是一种被表达的东西与对它的表达之间的关系，只有诉诸表达主义才能够说明为什么会有物理学。

布兰顿认为历史是表达活动的本性，任何表达的实现都需要诉诸某种先于表达活动而存在的概念传统。就像黑格尔所认为的那样，"共相（在这里即哲学概念）要想得到确定的内容上的满足，就只能根据过程去理解，通过这一过程，共相实际上已被用于殊相，并将这些殊相的偶然性结为一体"①。这一过程是一种对概念传统进行继承的过程，每一个继承者都负有一种义不容辞的理性责任，即：

> 就在概念的正确应用与不正确应用之间具体体现并得到强化的区分而言，能够证明其合理性；换言之，如果某概念在此情形下可以应用，而在彼情形下必得停用，则应当能够给出理由。只有当我们能够这样做的时候，我们才有权理解，在应用概念的时候我们正在做什么。我们要

①　布兰顿. 理由、表达与哲学事业［M］//拉格兰，海特. 哲学是什么?. 韩东晖，译. 北京：人民出版社，2014：77 – 78.

履行这项义务，就要依靠理性地重建传统，发现一条融贯的、累积的轨迹，并通过这条轨迹将其揭示为在表达上不断进步的传统，这种进步也就是循序渐进地展开为对更强的清晰性的承诺；回过头来再看，该承诺总是已然隐含在这一传统中了。换言之，我们的工作就是重新书写历史，从而在历史中发现，我们所揭示的就是当时通过回溯而使之显现为在先的自然本性的那些东西。①

这一次，我们又在布兰顿对黑格尔历史主义所做的分析哲学的阐明中发现了胡塞尔世代生成现象学的影子。

通过一代一代分析哲学家的不断努力，直至以布兰顿为代表的匹兹堡学派，终于发展出了一种基于语言学转向的当代版精神哲学。这种当代版精神哲学不再把精神看作一种超越于自然之上的抽象物，而是把其当做通过与他人互相交换理由的证成过程而建构起来的历史性的概念体系，属于理由的逻辑空间，也是意义生成的空间。处于此理由空间的精神事物就是人的心灵，麦克道威尔称其为第二自然。从根本上来说，"人类成员部分说来是通过被引领进这样的概念能力的方式而习得一种第二自然的，他们的互相关联属于理由的逻辑空间"②。这一习得过程就是教化的过程，既是通过社会交往完成从猿向人的转变并建构起人类文化传统的种系发生的过程，也是一个新生儿通过学会语言而进入人类既有文化传统的个体发生过程。人的心灵正是经由教化进入人类精神传统的产物，在这整个的教化过程中，并没有任何非物质的力量参与其中，也不会给任何超自然的神秘事物留有藏身之处。因此，貌似对立的精神现象和自然科学现象之间的统一性可以通过对人的教化史的勘查清清楚楚地展现出来。按照麦克道威尔的主张，当今以自然科学之名所进行的研究，并非涵盖了所有的自然现象，因为自然科学方法论并不适合于对教化现象进行考察。这就是为什么我们认为应该强调包括心理学在内的精神学科相对于自然科学的独立性，并需要重构心理科学的方法论。但是这种重建并不是要恢复神学所主张的一种有关超自然学科的方法论。我们的意见是

---

① 布兰. 理由、表达与哲学事业 [M] //拉格兰，海特. 哲学是什么?. 韩东晖，译. 北京：人民出版社，2014：77 - 78.

② 麦克道威尔. 心灵与世界 [M]. 韩林合，译. 中国人民大学出版社，2014：12.

要扩展自然科学方法论，把教化现象也纳入考察范围之内。这就需要我们以哲学通过逻辑研究所得出的结论为指引来对人际互相交换理由的证成过程进行实际考察，并以此为依据阐明概念系统在种系发生学和个体发生学意义上的事实性建构历程。

第七章　智力心理学的逻辑学批判

如何定义智力是个可怕而复杂的问题，我们一直在尽最大努力避免触及它。①

——比奈·阿尔弗雷德

我们暂时得出的结论是智力是一个无法被定义，也无法被清楚描述的概念。②

——Paul De Boeck 等

在本书第一章，我们先交代了应该有必要从哲学的角度，而不是单从心理学的角度，来理解人的智力。我们认为中重度智障儿童所面临的发展性问题主要集中在前概念心灵的发展领域，而基于科学心理学而来的智力观则主要把智力视作一种概念能力。我们认为这就是为什么基于现有的心理学上的智力理论并不能延伸出对中重度智力障碍儿童行之有效的教育方法。在接下来的几个章节，尤其是第五章和第六章，通过对一些哲学上有关前概念心灵发展的相关论述进行的针对性的梳理，希望可以为我们全面揭示出一大片心理学本应向我们展示，实际上却向我们遮蔽了的视域。我们认为对教育与人的发展之间关系的认识，以及如何构建出有效的中重度智障教育，需要以这

---

① 默多克. 智商测试：一段闪光的历史，一个失色的点子 [M]. 卢欣渝，译. 2 版. 北京：生活·读书·新知三联书店，2016：60.
② PAUL DE BOECK. An alternative view on the measurement of intelligence and its history [M] //Robert J. Sternberg. The Cambridge Handbook of Intelligence (2ed). Cambridge University Press，2020：69.

些哲学思想为基础。接下来我们就将以前文所得出的这些哲学结论为武器，来对当今智力心理学进行一个全面的反思。我们把这一反思视作对反心理主义哲学传统的继承，因而将其称作智力心理学的逻辑学批判。让我们先从对中重度智力障碍儿童进行智力评定时所面临的困境谈起。

一、中重度智力障碍儿童：智商问题还是适应性问题

如果说通过调整课程设计和教学方法、降低学习内容的难度以及配备相应的专业师资和设施等方式，大多数轻度智障儿童仍有可能像正常儿童那样在普通学校接受有效的教育，那么对于大多数中重度智障儿童而言，通过上述这些调整而使其能进入普通学校接受有效的教育这一愿望却远未成为现实。这些儿童因为智力发育迟滞而难以掌握最基本的生活自理和社会交往技能，更别说像普通儿童那样坐在教室里学习文化知识了。这就是为什么中重度智障儿童通常需要在特殊学校接受与普通教育目标和内容都截然不同的教育，以至于如今人们倾向于认为最终决定中重度智障儿童教育效果的是能否有条件为其提供密集的、个别化的和实时进行过程监控的干预环境。

毋庸置疑，中重度智力障碍儿童的根本问题在于智力。但是智力到底是什么呢？智力又是如何影响到一个人的日常生活和学习的呢？我们应该如何测定一个人的智力水平呢？又如何才能界定什么样的智力水平才能算正常，或算是中重度智力障碍呢？面对上述问题，如今的人们通常会说："这还不简单，智力不就是一个人的聪明程度吗？要想知道一个人聪明不聪明，不是做一下智力测验就知道了吗？"然而事实却远不像普通人所想象的这样简单。虽然智力测验广受公众的青睐，不仅在各类人才评测和选拔中广为应用，就连平时人们也会在互联网上找来各种智力测试，不时测一下自己或亲朋好友的智商，比一比谁的智商高，谁的智商低，以此作为打发无聊的谈资。但是在评定中重度智力障碍儿童智力水平的时候，传统的智力测验的信度和效度都受到了严重质疑，以至于人们在实际操作中不得不用对社会和生活的适应性行为的评估来对智力测验进行补充。这就是为什么现今专业人员在评定儿童智力的时候，会把对适应性、健康、参与度和生活背景等的评估放在与智

商同等重要的地位。①

宁亚飞等人曾经从以下几个方面概述了现行智力测验在评定智力障碍儿童时所遇到的现实问题：①虽然现今被广泛使用的各种智力测验在用来测试普通人智商的时候，所得出的结果之间具有极高的一致性，但是在用来测试中重度智力障碍儿童的时候，所得出的结果却差距较大。②在测试普通人智商的时候具有较高重测信度的智力测验，在测试中重度智力障碍儿童智商的时候，重测信度严重降低。③常用智力测验在评定中重度智力障碍儿童智商时，区分度显著降低，得分出现了地板效应。②

这些问题的出现是由智力测验本身的特性所决定的。通常人们很少会注意到这一事实，即要完成纸笔式的智力测验，如韦氏儿童智力测验，被测试者必须具有一定的先行智力。例如，要在测试期间维持注意力；具有基本的时间意识，能够意识到测验需要在一定时间内完成；能够在多个答案备选项中进行有意识的选择；能明白指导语的含义；要对测试的意义有一定的感知，能够形成配合完成测试的意愿等。如果连这些能力都不具备的话，那么肯定是无法通过智力测验来准确评估其智力水平的。通常一个正常儿童要到三岁以后才能够具备这些参加智力测验所需基本能力，这也是为什么现有的智力测验基本都要求被试年龄在三岁以上。但是，如果中重度智力障碍儿童因心理发展严重迟滞，以至于其实际心理发展水平难以达到正常三岁儿童的水平，这不就意味着现有的智力测验实际上并不适用于中重度智力障碍儿童的智力评定吗？

众多的事实也表明了中重度智力障碍儿童的智力年龄通常低于三岁。其中最重要的一个标志是：大多数中重度智力障碍儿童都没有发展出成熟的功能性语言。通常儿童从一岁到一岁半开始尝试用各种各样的发声与周围的人进行互动，由此儿童开始了个人发展中最重要的一段历程——语言习得。经历一年多，到三岁左右，儿童会由最初的"呐呐语"发展到会说主谓宾定状补各种语法成分齐全的功能性长句，儿童的智力也由前语言阶段过渡到语言阶段。依据维果茨基的观点，这种过渡正是由低级心理机能主导的心理发展

---

① 夏洛克，卢卡森，塔斯. 智力障碍：定义、诊断、分类和支持系统（原书第12版）[M]. 彭燕，徐添喜，译. 重庆：重庆大学出版社，2022：13-28.
② 宁亚飞，缪玉，刘淑飞，等. 智力障碍儿童智力等级评定工具问题 [J]. 中国儿童保健杂志，2013，21（12）：1292-1294.

向以高级心理机能为主导的心理发展的过渡。因此三岁是儿童发展历程中一个具有标志性的年龄，意味着高级心理机能的形成。同样的观点也被皮亚杰的发生认识论所支持，例如在《发生认识论原理》一书中，皮亚杰写道：

> 我们将区分出活动的先后两个相继的时期：在全部言语或者全部表象性概念以前的感知运动活动时期以及由言语和表象性概念这些新特性所形成的活动的时期，这些活动在这时发生了对动作的结果、意图和机制的有意识的觉知的问题，或者换句话说，就是发生了从动作转变到概念化思维的问题。[①]

在《特殊教育研究》第二卷，我们还会对维果茨基和皮亚杰的发展心理学观点进行更为详细的介绍。在这里，我们只想指出，依据这两个最为重要的发展心理学家的观点，一个尚未掌握娴熟语言的儿童与一个掌握了娴熟语言的儿童在智力上应具有质的差别。既然大多数智力测验都需要被测者具有基本的语言能力以理解测试题目和要求，这就意味着这些智力测验都只能是针对拥有后言语的概念化智力（或曰高级心理机能）的被试的测试。这就是对于仍未达到后言语的概念化智力水平的中重度智力障碍儿童而言，智力测验并不合适的根本原因。

当今还有一些被称作文化简化测验的智力测试，最广为人知的就是瑞文测验，它通过测试被试对图形间关系的把握能力的方式来测试智商。通常人们会认为这些类型的智力测验测试的主要是被试的视觉推理能力，因而对被试的言语理解能力要求远低于韦氏儿童智力测验等其他智力测验，但是绝不能因此认为瑞文测验就适合用于测试仍未达到后言语的概念化智力水平的中重度智力障碍儿童的智力。因为要完成瑞文测验，仍然需要通过归纳概括出图形之间转化的规律，然后再据此进行推断，完成此类任务的好坏依然取决于被试概念的形成、选择和应用能力的高低。可见瑞文测验从根本上还是对儿童高级心理机能的测试，即便要顺利地完成瑞文测验并不需要被试掌握英语或汉语等某一特定的语言，但是被试依然需要达到后言语的概念化智力发展水平才行。

---

① 皮亚杰. 发生认识论原理 [M]. 王宪钿，译. 北京：商务印书馆，1981：22.

正是因为各种智力测验在应用于中重度智力障碍儿童的智力评估时遭遇了种种不适，为了更准确地评定一个人的智力障碍程度，人们还需要对适应性行为进行评估。刘春玲等人曾就适应性行为与智力的不同总结如下：

　　1. 适应行为主要涉及个体的日常生活行为，而智力通常被认为是抽象思维能力及某些认知能力。

　　2. 适应行为强调个体生活中的非学业方面的表现，而智力更侧重学业方面的能力。

　　3. 适应行为强调某些能力的运用是否适当，而智力更强调个体是否具有这些能力。

　　4. 适应行为常因文化背景、环境的不同而不同，具有相对性和波动性，而智力比较有稳定性和一致性。[①]

但是用对适应行为的评定来作为对智力测验的补充就真的合适吗？适应性行为的高低标识的仅是一个生物在特定环境中维持生存的能力，就此而言，人与其他生物并没有实质的不同，这是达尔文通过进化论已经向我们阐明的不争事实。人的智力行为虽然建立在生物适应性行为之上，并且智力的高低很可能最终也体现在生物适应行为的高低上，但是智力的高低绝不简单与生物适应性行为的高低直接相连。相反，我们往往会对自己解决适应性问题的能力自视过高，当今日趋严重的自然环境危机就是这种自视过高的代价。这意味着我们的智力可能不仅不能增进我们的适应性，反而有可能成为自我毁灭的根源。也许仅仅是相对于我们的近亲——比如类人猿——而言，我们的智力才使我们具有真正的适应优势。如果和那些在地球上远较人类要初级得多的生物——如细菌、蟑螂——等相比，科学家屡次提醒我们在下一次环境巨变中能够活下来的大抵会是它们，而不是我们。虽然与它们相比，我们拥有智力优势，但是我们并不因此就拥有适应优势。

即便仅仅考虑人与人之间适应性的差异，智力也不是社会适应性高低的决定性因素，正像一句歌词里所唱的那样，在日常生活中"聪明的人反而更加受罪"。中国的世俗智慧往往也告诉我们做人不要太聪明，要学会"难得

① 刘春玲，马红英. 智力障碍儿童的发展与教育 [M]. 2版. 北京：北京大学出版社，2019：57.

糊涂"。只要我们打开搜索引擎，同时输入"天才"和"自杀"两个关键词，就立刻会有数不清的搜索结果说着类似的故事——某某人虽然聪明绝顶，被众人视为天才，但是因为性格孤傲，无法适应社会而最终走向自我毁灭之路。我们往往为这些无法适应生活境遇而走向自我毁灭的天才感到惋惜，我们感叹既然他们如此聪明，为什么就不能学会向现实低头，同时我们不应该责怪他们无法改变自己而去适应他们所处的环境，而应责怪我们的环境配不上他们的才华。我们对凡·高之死的痛惜，就是明证。如今恐怕很少会有人认为凡·高搞砸了他生前的生活这件事应由他个人负主要责任，反而有更多的人认为他所处的环境的愚昧、落后和狭隘才是酿成悲剧真正的罪魁祸首。人们认为真正需要改变的并不是凡·高，而是他所不能适应的周遭事物。可见人所拥有的智力的独特性往往并不体现在对环境的单纯适应性上，而更体现在人能对环境做出要求以要求其适应人的智力筹划上。

虽然智力测验和适应性行为评估是当今对智力与发展障碍程度进行鉴定时所实际采用的两个主要的相互补充的维度，但是人们往往忽略了这两个维度之间的内在矛盾。一方面，智力测验之所以被设计出来，正是因为设计者意识到不能将智力简单地等同于适应性行为。比奈是第一个尝试直接测试人的思维能力的人，他认为人的智力的高低是由推理、语言、抽象和判断等相关的能力所决定的。这些能力作为高级心理机能并不是唯一与人的适应性行为相关的能力，显然一个人的力气的大小和体格是否健壮与适应性行为的关系一点儿也不比思维能力与适应性行为的关系小，但是力气的大小和健壮与否并不能决定一个人智力的高低。既然人的适应性行为并不必然与这些高级心理机能直接相关，那么通过对适应性行为的评估间接评定智力的方式显然就不如设计试题来直接测试人的高级心理机能的方式更为简单明了。另一方面，实际应用情况又表明，这些曾让心理测量学家们引以为豪的智力测试对中重度智力障碍儿童的适用度有限，以至于为了更好地鉴定这些儿童的智力与发展障碍程度，又不得不把适应性行为评估作为一个不可或缺的补充。

在我们看来，上述现象的出现并不应该由特殊教育来负责。任何有关智力的鉴定都应该建立在对智力是什么的正确理解之上，而探究智力的本质是理论心理学家责无旁贷的使命。但是在这一点上，心理学家实际上所做的远远没有其所鼓吹的那么好。几乎在有关智力本质的每一个方面，从核心智力是否存在，以及智力是一元的还是多元的，到智力分别与遗传和教养具有什么样的关系，以及动物和人的智力是否具有连续性，再到智力与情感之间到底是对立还是统一等问题，心理学家都远未达成共识。既然心理学家们连对智力是什么都难以形成统一的理论解释，就更别说能够根据对智力的理解设计出可以真正准确评定智力的测验工具了。

那么，现今被普遍使用的智力测验到底从何而来？真相往往会超出常人的想象。对于那些没有深入了解过智力测验和其发展历史的人来说，很难意识到作为科学心理学之门面的智力测验从诞生的第一天起直至今天的壮大，推动其发展的深层动力更多的都只是为了迎合公众和社会的需求，而并不是为了获得对智力的真正的心理学洞察。可以说智力测验学家的工作充分地印证了布兰顿的结论，那就是这些心理学家并没有认识到智力作为使用概念的能力是分层的，更没有像分析哲学家那样借助于逻辑分析对每一不同层级的概念能力的本质特征进行准确的界定，因而不能意识到智力测验这种以量化的方式评定智商的做法在根本上就是错误的。因为智力的发展不只是一个可以仅靠分数高低就得到鉴定的量变过程，更是一个需要通过定性来鉴定的质变过程。因而任何想对智力通过统一的计量体系进行准确赋值来进行鉴定的做法，都必定会对智力鉴定产生误导，而这却是智力测验迄今为止一直都在致力要实现的东西。

二、现代智力测验的诞生与发展

早在形成成熟的智力理论之前，人们就开始了对智力进行测量的尝试。最初的智力测验设计主要基于人们日常生活中对智力的粗浅理解，智力测验的实施也主要是出于社会实践的需求，而不是科学探究的需求。这些有关心理测验的事实即便在今天心理学对智力的科学探究有了长足的进步之后，也基本没有改变。

英国生物学家和数学家弗朗西斯·高尔顿通常被认为是现代心理测验之父。他认为越聪明的人感觉越敏锐，因而他创造了一些测试人的感官敏锐度的测验方法，比如"重量区分测验"，认为通过测量一个人各种感官的敏锐度可以间接地推测出其智力的高低。高尔顿还是著名的颅相学鼓吹者，虽然他的颅维小于平均值，但是不耽误他认为人的智力很大程度上与头颅的大小有关。也许在今天看来，高尔顿对智力的理解和测量方法简直可以用简单粗暴来形容，但是一点儿也不妨碍他发明的这些测验方法对当时的英国人极具吸引力，极大地满足了人们想了解自己是否足够聪明的好奇心。1884 年，在英国伦敦国际健康博览会上，高尔顿用自己制作的设备给 9 000 人进行了智力检测，甚至还因此获得了一笔可观的收入。高尔顿的展位是全场最火爆的，很多人甚至因为排的队伍过长而放弃测验。①

美国心理学家雷蒙德·卡特尔后来把高尔顿的智力测验介绍到美国。卡特尔曾师从心理学之父威廉·冯特，也曾与高尔顿在剑桥大学一起工作。卡特尔致力于把心理学建设成一门定量科学，并从费希纳的心理物理学中获得了研究灵感。虽然卡特尔并没有给智力下一个准确的定义，但是他显然认为人具有统一的心灵能量，这一能量的大小体现在人把物理刺激转换成感觉经验的能力上，此种能力的大小也决定了人的智力水平。依据当时的实验心理学研究，卡特尔提出 50 项心理测验，包括体力测试、运动速度测试、感觉能力测试、反应时测试和记忆测试等。

显然高尔顿和卡特尔所推崇的基于体格检测的智力测试广受公众的欢迎，19 世纪末，各种智力测试实验室也因此在欧美等地犹如雨后春笋般兴起，但是心理学家们对此并不买账。由于建立在生理特征基础上的智力测试受到心理学家的广泛质疑，卡特尔委托自己的一个研究生威斯勒对卡特尔智力测验的成绩用学生的学业成绩进行验证。结果是十分令人沮丧的，因为没有任何在卡特尔智力测试和学术成绩之间的确定性关系可以被找到。虽然高尔顿和卡特尔在欧美社会掀起了智力测试的热潮，但是这种热潮始终停留在街头心理学的层次。

当代第一套得到广泛应用的现代智力测试题目是比奈—西蒙智力测试，它发表于 1905 年，由法国心理学家比奈和其同事西奥多·西蒙共同编制。比奈最初是应法国政府的邀请才着手编制比奈—西蒙智力测试的。当时法国政府通过全民教育法，要求全体适龄儿童包括有智力缺陷的儿童都要进入课堂接受教育，这样一来，一些因智力问题而从来没有考虑过接受学校教育的儿童，如今也要进入学校与其他普通儿童一样接受教育。但是，毕竟这些儿童无法在学业上取得与普通儿童一样的进步，这样就出现了一种非常现实的需

---

① 默多克. 智商测试：一段闪光的历史，一个失色的点子［M］. 卢欣渝，译. 2 版. 北京：生活·读书·新知三联书店，2016：18 – 19.

要：学校和教师需要找到一种便利的方法，明确地把这些智力障碍儿童从学生群体中鉴别出来。因为从教育管理的角度而言，如果某个儿童的学业无法取得预期的进步，那么就需要确认这到底是由于教师的能力不足造成的，还是由于儿童本身的智力造成的。以此才能避免教师以儿童有智力障碍为由来为自己的教学能力不足开脱，也可以避免将一切不良后果都归结为教师的教学能力不足。①

虽然比奈曾经在自己的孩子身上做过一些智力测试研究，并提出过进行智力测试的时候应考虑到儿童和成人的差异等颇具洞察力的观点，但是这些仅有的经验远远不足以支撑比奈设计出适合于鉴别智力障碍儿童的智力测验。迫于无奈，比奈采用了广泛撒网的方式来筛选适合于鉴别智力障碍儿童的题目。首先，比奈大量搜寻各种各样可能应用于智力鉴别的题目，然后用这些题目分别测试正常孩子和经由医生和教师认为的智力障碍儿童，最后，再将那些能够区分出这些孩子的试题筛选出来。比奈采用的一个重要的筛选标准就是，对于一个适用于智力鉴定的题目而言，能够答对它的正常儿童的年龄应该比智力障碍儿童的年龄小。按照此标准，比奈和西蒙对海量的题目进行筛选，最终确定了从易到难的 30 道题目。通过这些题目，人们可以很方便地用来比较儿童的智力年龄和实际年龄。如果一个儿童所能完成题目的难度远远小于同龄正常儿童所能完成题目的难度，那么这个儿童就可以被鉴定为智力障碍。

与高尔顿和卡特尔将感觉灵敏度作为决定智力的最关键要素不同，比奈则坚持将判断力作为决定智力的最关键因素。除此之外，常识感、实践感、自发性、适应性、理解力和推理等高级心理机能也被比奈认为是决定智力的重要因素。但是无论如何，比奈智力测试继承了高尔顿的一个重要观点，那就是认为智力水平应该主要取决于排除了后天教育经验影响的由遗传所决定的能力。这种在设计智力测试时，尝试将后天的教育影响予以剔除的做法至今仍在影响着智力领域的研究者。1916 年，比奈—西蒙智力测试通过改编被引入美国，被重新命名为斯坦福—比奈智力量表。与比奈—西蒙智力测试相比，斯坦福—比奈智力测验最大的改变就是将原来表示智力高低的智力年龄

---

① 默多克. 智商测试：一段闪光的历史，一个失色的点子［M］. 卢欣渝，译. 2 版. 北京：生活·读书·新知三联书店，2016：32 - 41.

改成了智力商数，即我们常说的智商（Intelligence Quotient，IQ）。智商这一概念最早由德国心理学家斯特恩（L. W. Stern）提出，指的是由智力年龄除以实际年龄再乘以100所得的分数。

2003年，斯坦福—比奈智力量表第五版出版，可见比奈所建立的第一个广受认可的智力测验，至今仍保持着持久的影响力。当然，经过近90年的发展，斯坦福—比奈智力量表第五版与最初的比奈—西蒙智力测试相比，还是有了一些重要的变化。新版斯坦福—比奈智力量表对言语能力和非言语能力给予同等的重视，并且采用了离差智商的评分方式。关于离差智商的计分方式，我们会在后文进行更详细的介绍。①

智力测验真正奠定自身在现代社会中的地位则是由于第一次世界大战。当时由于大量的年轻人争相入伍，美国军方迫切需要找到一种方法，可以在大批应征者中迅速地甄别出那些不适合被招收的人，其中就包括通常人们所认为的智力迟钝者。心理学家这时候站了出来，将传统以一对一形式进行测试的智力测验改造成规模化的团体测试以提高效率，并成功地说服了军方广泛地采用这种改造后的团体测试。这些改造主要包括以下几个方面：①用简单的、可以用文字表述的题目代替需要用口头语言进行仔细说明的复杂任务；②引入客观化，即对/错两分法计分的方式判定每题得分；③设置完成测试的时间限制；④设计适合成人的测试题目。② 这些改造后的测试形式被沿用至今，是智力测验可以被大规模推广的基础，但是也大大限制了智力评估的范围。先前经常被用于智力测试的一些方式，比如基本运动能力、身体协调能力等，都因无法应用于对大规模人群的同时施测而被排除在智力测试之外。

通过对斯坦福—比奈智力量表进行修订而得到的陆军阿尔法测试（Army Alpha，简称A测试），是第一个在第一次世界大战期间用于团体智力测试的智力量表，这份量表测试各种各样的推理技巧和基本的文化知识。但是由于完成这份试题需要被试具有一定的英文能力，这对很多不以英语为母语的人而言是不公平的，于是陆军贝尔塔测试（Army Beta，简称B测试）作为第一份文化简适测试被设计出来，作为对A测试的补充。B测试主要评测知觉速度、记忆和图片推理能力。A测试和B测试之分就是现今智力测验中言语能力测试和非言语能力测试之分的源泉。

---

①② ANNA T, ROBERT J. Intelligence：a brief history ［M］. New Jersey：wiley-Blackwell，2004：34，35.

在"一战"后，团体智力测试得到了进一步的发展，被广泛地用于职业与教育安置决策，尤其是用在移民管理上，现今应用最为广泛的韦氏智力量表就是这个时期的产物。1939 年，大卫·韦克斯勒基于他在军队开展智力测试的经验，研制出韦克斯勒—贝勒维智力量表（W－B 智力量表），用以在曼哈顿的一所精神病院进行精神病的鉴别诊断并为制定治疗方案提供参考等方面的临床工作。[①] 这一智力量表既包括言语测验，也包括非言语测验（或曰操作测验）。1955 年，韦克斯勒将韦克斯勒—贝勒斯测验重新进行了标准化，编制出了韦氏成人智力量表（WAIS）。WAIS 由言语智商（VIQ）、操作智商（PIQ）和全量表智商（FIQ）构成。韦氏成人智力量表首次引入了离差智商作为计分方式。所有的分测验都需要转化为平均数为 10、标准差为 3 的标准分数。而 VIQ、PIQ 和 FIQ 均是平均数为 100、标准差为 15 的标准分数。

经过不断地发展与完善，韦氏智力量表如今已经发展成一套专门应用于不同年龄群体智力评定的量表组，其中包括韦克斯勒学前和初小儿童智力量表第三版（WPPSI－Ⅲ，2002）、韦克斯勒学龄儿童智力量表第四版（WISC－Ⅳ，2003）和韦克斯勒成人智力量表第三版（WAIS－Ⅳ，1997）。WPPSI－Ⅲ 适用于评定 2.5～7 岁儿童的智商，WISC－Ⅳ 适用于评定 6～16 岁儿童的智商，WAIS－Ⅳ 则适用于评定 16～89 岁成人的智商。韦克斯勒是第一个认识到对不同年龄群体需要设计不同的智力测验的人。韦氏智力量表之所以能成为当今最具权威的智力测验，与这一点密不可分。

虽然我们对智力测验的历史进行了一个尽可能简短的概要的介绍，但是对于我们所要从中得出的结论而言，这已经足够了。正如当今智力心理学家斯腾伯格等人所言：

> 尽管（心理）测验研发者们对智能是什么有时拥有一些非常具体的看法，这些测验在通常意义上并不是为了拓展对智力的科学思考而创建。也许正是因为如此，测验的研发者们在此期间并不总是关心他们所创建的测验是否真的可以测量他们声称要测量的东西。这些测验在人们

---

① PAUL D B, ROBERT. An alternative view on the measurement of intelligence and its history［M］// ROBERT J. The Cambridge Handbook of Intelligence (2ed)，Cambridge：Cambridge University Press，2020：63.

进行职业和教育安置上展示出了显著的实用价值，至于它们是否能够有效地测量一些特定的、基于理论的智力观点只是次要问题。①

斯腾伯格等人所得出的结论，大致上也正是我们透过智力测验的发展史所要得出的结论。我们认为虽然真正推动智力测验发展的都只是出于应用的需求，但并不能因此就认为智力测验的缔造者们真的在任何意义上都没有一个对智力是什么的系统理论构想。他们只是没有明确地意识到自己实际上所拥有的理论主张而已。接下来会先介绍在智力测验发展过程中逐渐形成的一种主要基于概率统计而来的测验理论，以及我们为什么认为其是经验主义的产物和归纳法的产物。然后我们将进一步揭示智力测验的概率统计理论后来又是如何与认知心理学的信息加工理论、神经心理学和遗传学进行相互勾兑的。最后，我们将借助塞西·高夫的工作来对智力测验背后所隐含的其他一些随附性理论主张也进行逐一揭示。我们认为智力心理学的发展可以被视作科学心理学或客观心理学如何以模仿自然科学的方式来发展自身的一个范例，因而在这里我们将要做的这些工作在很大程度上将是批判性的。

三、现代智力测验理论

1. 基于因素分析的智力测验理论

近代哲学可以说是一部发生在经验主义和理性主义之间的争论史。由笛卡尔发起的理性主义认为任何经验知识都是认识的主体按照内部具有生成性的概念框架对经验所与建构的结果，因此认识论的首要问题就是如何独立于任何经验所与来阐明概念框架的逻辑结构。这些逻辑结构是经验的前提，因而先于经验，这就是为什么理性主义哲学传统又被康德称作先验哲学。由洛克发起的经验主义则认为仅从经验所与开始，无须诉诸任何先验的概念结构，就足以说明经验知识如何而来，因而我们无须在探讨经验知识之前先对概念结构进行一番阐明，反而应该探讨人是如何在经验所与的基础上一步一步地发展出概念知识的。康德之所以在哲学上备受推崇，是因为他不仅深刻

---

① ANNA T，ROBERT J. Intelligence：a brief history［M］. New Jersey：Wiley-Blackwell，2004：37 - 38.

地揭示出上述传统理性主义和传统经验主义之间的内在矛盾，而且还对如何调和这种矛盾做出了最为重要的尝试。由是康德才会发出感叹说："思维无直观则空，直观无概念则盲。"

认识论上的理性主义和经验主义之争也深刻地影响了经验科学上的方法论之争，也就是归纳和演绎之争。科学归纳法是对传统经验主义的继承，认为要成为一个真正的科学工作者，最重要的是学会如何不带任何先行的理论偏见，仅从对经验事物的直接观察开始自己的研究。任何理论建构都应该建立在对无偏见经验事实观察进行归纳的基础上，只有这样才能真正做到客观公正。演绎法则是传统理性主义的继承人，认为任何通过观察获得经验的过程都必定是将理论应用到经验所予的过程，因而归纳法所主张的那种作为知识前提的无偏见经验事实是不可能存在的。无论一个人承认不承认理论的重要性，事实上他都不可避免地在形成经验的过程中已经先行诉诸理论演绎。而那些不承认理论先行的归纳法的拥护者，就其为什么认为不应该理论先行而言，他们已经是在诉诸一种否认理论先行的理论了。差别只在于，只有那些因能够意识到这个事实，并且对自己在进行观察时所内涵的理论承诺进行充分反思的人才能够不断地改善自己的理论主张，以使其更好。

我们认为智力测验的出现是坚守经验主义和科学归纳法的产物。这一点使得智力测验与各种心理学上的智力理论产生了一种内在张力。要知道理论之所以称之为理论，必然会对理性主义和演绎法带有明显的倾向性。更为重要的是，虽然在心理学的橱窗里各种各样的智力理论琳琅满目，并且远未形成能够获得大多数人认可的统一的智力理论，但是这丝毫不影响智力测验在公众中获得广泛的接受。它之所以能够做到这一点，正是因为它首先将自己与智力理论，连同智力理论之间的争论，划清了界限。从智力测验的发展史中，我们可以更清楚地看到这一事实。比奈更是明确地说出"如何定义智力是个可怕而复杂的问题，我们一直尽最大努力避免触及它"这样直白的话语。而让这些智力测验的鼓吹者能够免于理论之争的法宝就是将概率统计引入智力测验的编制。

我们已经知道比奈最初在设计智力测验的时候，并没有事先形成自己的智力理论，其设计智力测验的方法是典型的归纳法。比奈以后的智力测验的编制者毫无例外都继承了比奈的这一基本思想，所不同的只是概率统计在其中发挥的作用越来越大。谈及这一点，我们不得不提及智力二因素理论的提出者查尔斯·爱德华·斯皮尔曼。他不仅是一个心理学家，同时也是一个统计学家，正是他首次将概率统计引入心理测验的编制，奠定了心理测量学的数学基础。斯皮尔曼认为测定普通智力最好的方法就是"通过漫无边际地大量测定人的各种能力，将结果汇集起来"[①]。但是这种汇集不是一种简单汇集，它需要借助于专门的数学方法，即概率统计来进行。他发明了因素分析这一现在仍被广泛应用的统计学方法，并将其应用到智力研究中。

在对前人所做的智力评测研究进行分析的过程中，斯皮尔曼注意到在列出的数百对不同的能力中，列间相关系系数的平均值不低于 0.96，这被他认为是这些不同能力都包含着一个一般成分的证据。这个一般成分就被斯皮尔曼称作一般智力，或 G 智力。[②] 虽然各种能力序列间的相似性可以用一般智力来解释，但是毕竟这些能力序列之间还存在着差异，这些差异如何而来呢？这时候斯皮尔曼就提出了特殊智力这一概念来解释不同能力序列之间所存在的差异。于是斯皮尔曼据此提出了智力的二因素学说，认为任何一种人所具体表现出的能力实际上都是两种潜在因素复合作用的体现，这两种因素分别是一般智力和特殊智力。前者是人所有能力中都包含的共同成分，后者则是某能力所专有的、不为其他能力所分享的成分。斯皮尔曼继而指出，一个好的智力测验应该尽可能地测量人的一般智力，而不是特殊才能。但是一般智力作为隐藏在具体能力表现背后的因素是不能被直接测量的，可以测量的只有那些具体的能力表现。于是真正的挑战就变成了如何才能够通过对各种各样的具体能力表现进行的测量推知一般智力。斯皮尔曼对智力测验所做出的最重要的贡献就是人们认为他找到了解决上述挑战的方法，这就是基于计算相关等概率统计方法而来的因素分析法。

虽然智力的二因素学说后来也受到智力的群因素等学说的挑战，例如弗农就曾提出智力层次模型，认为一般智力可以被分成语言—教育能力和机械-操作能力两大因素群；路易斯·列昂·瑟斯顿更是认为智力应包括大约七种不同但彼此相关的"基本心理能力"，而且这些基本心理能力间并不存在一个共同的一般因素。但是这些理论都是建立在斯皮尔曼所建立的统计学方法之上。它们都是通过因素分析和聚类分析等方法对决定能力表现的背后

---

① 默多克. 智商测试：一段闪光的历史，一个失色的点子 [M]. 卢欣渝，译. 2 版. 北京：生活·读书·新知三联书店，2016：39.

② 斯皮尔曼. 人的能力：它们的性质与度量 [M]. 袁军，译. 杭州：浙江教育出版社，1999：159.

因素进行统计学揭示的产物，都可以被看作斯腾伯格称之为智力的外显理论之中的差异理论。按照斯腾伯格的观点：

> 智力的外显理论建立在所获数据的基础上，或至少能得到这些数据的验证和支持，而这些数据则来自假定测量智力功能的那些操作任务。例如，对许多人进行一组心理能力测验，分析这些测验所得的数据就能离析出测验成绩中已知的智力行为来源。尽管提出外显理论的研究者们可能在这些智力来源的本质为何物的问题上各执己见，有时称之为因素、成分、图式，或其他一些心理结构，但他们仍然会赞成分离出已知结构的数据应该包括需要智力机能参与其中的任务操作。①

也许将智力的外显理论与智力的内隐理论进行对照，可以更好地帮助我们来理解斯腾伯格的上述论断。斯腾伯格认为与外显理论不同，内隐理论是：

> （以）公众的智力概念为基础，这些理论的研究目标是发现公众的非正式理论的形式和内容。所以内隐理论力图重构已经存在的理论，而非构造新理论。根据上述观点，智力被看作是一个约定性的概念，它之所以获得一定的涵义，是因为人为赋予其意义的结果。②

可见，斯腾伯格所认为的内隐理论更强调在对智力进行科学研究前，要对已经存在于公众日常生活中的智力概念进行概念分析。这种分析在哲学上带有理性主义气质，在方法论上具有强调理论先行的演绎法倾向。斯腾伯格非常正确地评述道，内隐理论是"发现"而非"发明"智力概念。言外之意，外显理论应与此相反，是"发明"而非"发现"智力概念。也就是说，对于外显理论而言，智力是心理学家利用心理测验搜集数据，通过数学分析进行建构的产物。在完成整个数据搜集和数学分析之前，并不需要研究者拥有任何对智力是什么的先行理解。即便研究者不可避免地在日常生活中因耳濡目染而拥有一些公众的智力概念，这些智力概念也不仅不能成为对智力进行

---

①② 斯腾伯格. 超越 IQ：人类智力的三元理论 [M]. 俞晓琳，吴国宏，译. 上海：华东师范大学出版社，2004：3，31.

213

科学研究的起点，反而应该是对智力进行科学研究所要致力避免的成见。一个好的智力理论应该建立在无任何理论偏见的公正客观的观察之上，然后通过数学的方法精确地计算而来。这就是"发明"一词所体现出来的含义。

2. 基于正态分布的智力测验理论

智力测验对概论统计的重视还充分体现在对测试进行标准化的重视上。我们已经知道把标准化作为一种必要步骤引入智力测验编制工作的第一人，正是现今适用最为广泛的韦氏智力量表的作者韦克斯勒。其实韦克斯勒在他职业生涯的早期曾被美国陆军派往英国向斯皮尔曼进行学习，虽然韦克斯勒认为斯皮尔曼的一般智力学说太狭隘，认为智力所涵盖的范围要远比斯皮尔曼认为的广泛得多，但是斯皮尔曼将概率统计学引入智力测验编制的做法显然对韦克斯勒影响颇深，其对智力测验进行标准化就是这一影响的体现，这一工作从根本上重塑了现代智力测验的面貌。

标准化需要建立在随机分布这一概念的基础上，也就是说，对智力测验进行标准化这一点本身就暗含着对"个体智力在群体中的分布符合随机分布"这一假设的承诺。随机分布这一概念又建立在普遍差异理论之上。首先，符合普遍差异理论说的群体中的每一个个体之间都存在着差异。我们日常所说的"天下没有两片相同的树叶"这句话正是对普遍差异理论的体现。其次，造成符合普遍差异说的群体中个体差异的原因是随机的、非特定的。最后，符合普遍差异的群体中的个体分布符合正态分布。

正态分布概念是由法国数学家亚伯拉罕·棣莫弗于1733年首次提出的，后由德国数学家高斯首先将其应用于天文学研究，因此正态分布也被称作高斯分布。正态分布的概率密度函数曲线呈钟形，因此被称为钟形曲线。[①] 简单来说，正态分布具有以下几个典型特征：

（1）集中性：正态分布的曲线的最高峰位于整个分布的正中央，也是整个群体平均数所在的位置。

（2）对称性：正态分布曲线以均数为中心，左右对称，曲线两端永远不与横轴相交，在正（负）无穷远处的理论值为0。

---

① 古尔德. 智商歧视的科学史：人类的误测［M］. 柳文文，译. 重庆：重庆大学出版社，2017：361－385.

（3）均匀变动性：正态曲线由均数所在处开始，分别向左右两侧逐渐均匀下降。

（4）曲线与横轴间的面积总等于1，相当于概率密度函数的函数从正无穷到负无穷积分的概率为1。即频率的总和为100%。

按照智力测验理论，人的群体智力应该符合正态分布。图7-1便是现在通用的智商分数的理论正态分布曲线图。理论上，所有人的智商分数的平均值是100，标准差是15。总共有68.26%的人智商在均值的一个标准差之内，也就是在85~115分之间。通常认为智力障碍者的智商分数落后于均值两个标准差，也就是在70分之下，占总人数的2.27%。对智力障碍程度也是严格按照正态分布进行划分的。轻度智力障碍患者的智商位于均值三个标准差至两个标准差之间，即在55~70分之间。中度智力障碍患者的智商则位于均值四个标准差至三个标准差之间，即在40~55分之间。重度智力障碍患者的智商则位于均值的五个标准差至四个标准差之间，即在25~40分之间。低于25分者被认为是极重度智力障碍患者。可见就某一既定人群而言，理论上不仅智力障碍者在总人数中所占的比例是固定的，而且不同程度智力障碍患者在总人数中所占的比例也是固定的。因为一个人的智商其实代表的是他的智力在他所归属的群体中的排位，按照智商分数来划分智力障碍程度也就是按照一个人的智力在群体中的排位来界定智力障碍程度。

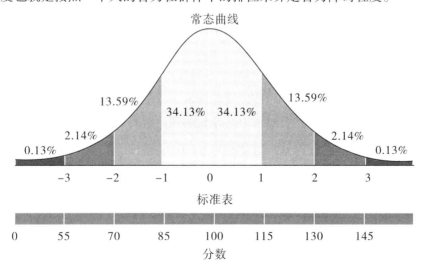

图7-1　IQ分数于常态曲线上的假设性分布

既然认为人的智力分布应该符合正态分布，那么反过来就可以用得分是否符合正态分布来衡量和调整智力测验的题目是否恰当。一个好的智力量表应该符合以下标准：

（1）量表的题目具有良好的内部一致性。内部一致性往往通过分半信度来衡量。也就是我们可以把量表中的题目按照尽量随机的方式分成两组。如果测验是可信的，那么一个人在两组测验上的分应该高度一致。

（2）量表的题目具有良好的外部一致性。外部一致性往往通过重测信度来衡量。也就是说先后对同一组人间隔一段时间施行的测量得分之间应该高度一致。

（3）量表应具有良好的区分度。一个受测群体得分符合正态分布的智力量表通常被认为具有良好的区分度。区分度不好的量表通常呈偏态分布，也就是以均数为中心分布并不具有左右对称性。如果分布偏向高分端，我们说发生了天花板效应，意味着测试题目对受测群体而言过于简单。如果得分偏向低分端，我们则说发生了地板效应，意味着测试题目对受测群体而言太难。无论是出现天花板效应还是地板效应都意味着该测试无法对受测群体的能力进行有效的区分。

（4）量表要具有良好的效度，也就是测试能够真实地测验出受测群体的智力。智力量表通常采用效标效度和预测效度作为衡量自身效度的指标。效标效度是指某智力量表的测验结果与其他类似的权威测试结果的相关程度。预测效度则是指该智力测试对受测群体将来的学习成绩、工作成就等智力相关事件的相关程度。

虽然我们这里只对概率统计在智力测验中的应用进行了一个概要的介绍，但是我们相信已经足以让各位读者看清，一个智力测验从编制到最终修订的整个过程中都绝少涉及对智力是什么的理论解释，更多的只是在致力于去拼凑出一些能够使受测者得分符合正态分布的题目。韦克斯勒甚至在1975年的一篇文章中用整整五页的篇幅来论述为什么他认为定义智力是不可能的。[①] 也许2012年美国心理学会桑代克终身成就奖的获得者斯坦诺维奇对韦克斯勒的评价更能说明问题：

① PAUL D B，ROBERTG，etc. An alternative view on the measurement of intelligence and its history [M] //ROBERT J. The Cambridge Handbook of Intelligence (2ed). Cambridge：Cambridge University Press，2020：62.

　　大卫·韦克斯勒在他的书中肆无忌惮地将智力定义为"个体执行有意行为，进行理性思考，以及有效应对环境的整体能力或能力集合体"，并以自己的名字命名他开发的智力测验，然而这个韦克斯勒智力测验根本就没有测量他提出的这些能力！①

　　既然这些著名的智力测量的编制者都不去定义智力，更没有测量他们所认为的智力，那这些测验测的是什么呢？为什么智力测验还会得到如此广泛的应用呢？让我们先来看看第一个问题吧。

3. 信息加工理论、认知神经科学与智力测验

　　我们已经了解到即便缺乏理论支撑，人们也编制出了那些至今仍广为流行的智力测验，但是一直对自己的学科地位忧心忡忡的心理学为了证明自己已经是一门成熟的学科，毕竟不能让这种理论缺乏状态无休止地延续下去，于是越来越多的心理学家开始尝试着去对这些广为应用的智力测验进行可能的理论建构。这就像人们很早以前就通过不断的尝试了解到某种草药的药效，比如柳树皮可以退烧，但是直到人们学会了用化学的方法对柳树皮进行成分分析以后，才最终了解了其中的原理——原来是柳树皮中所含的阿司匹林成分在起作用。今天人们甚至已经可以根据生理学原理来分析阿司匹林在人身体中所参与的代谢过程，并由此解释为什么阿司匹林可以退烧。

　　在对经由智力测验所测验的能力进行因素分析所得到的智力构成性因素进行理论性阐释的时候，心理学家首先想到的是认知心理学理论。我们知道通过因素分析对大致相当的被试群体进行大致相同的测验所得的分数进行分析所得到的结果并不是唯一的。比如，同样的数据既可以按照一般因素与特殊因素的模式来建模，也可以按照几个独立因素的模式来建模，无论以何种方式来建模，所得到的模型在数学意义上都大体同等地与原始数据吻合。这时候，人们将如何判断到底哪种因素分析模型更能反映智力的真实构成呢？心理学家给出的回答是：那些更能符合认知心理学所建构的心理模块的因素分析模型将更能反映智力的真实构成。

---

① 斯坦诺维奇. 超越智商：为什么聪明人也会做蠢事 [M]. 张斌，译. 北京：机械工业出版社，2015：45.

　　学过心理学的人应该都会知道认知心理学如今是心理学界的当红明星。只要你翻开任何一本主流的普通心理学教科书，比如彭聃龄主编的《普通心理学》，你将会发现它的叙述结构是以认知心理学为基础搭建的。感觉、知觉、注意、记忆、思维和语言等篇章构成了普通心理学教科书内容的主体，而这些范畴又都源于认知心理学建构。也许你会说这些术语不都是人们日常生活中所使用的术语吗？对此，笔者将遗憾地告诉你，虽然这些认知心理学术语是借用于日常生活语言而来，但是它们已经被认知心理学赋予了完全不同于日常生活心理学的意义。围绕着信息加工学说，认知心理学把感觉、知觉、注意、记忆和思维等日常生活心理学用语赋予了崭新的含义。这就是为什么很多心理系的学生在学了几年心理学以后会感觉到自己好像学了假的心理学，因为他们真正所学的心理学与他们在报考心理学专业时以为会学到的心理学完全不同。前者是认知心理学，后者是日常生活心理学。

　　认知心理学和日常生活心理学的不同到底在哪里呢？我们仅选取一个与智力测验密切相关的角度来分析这个问题。日常心理学缺乏认知心理学背后所隐含的心理模块性的理论主张。心理模块性最初由哲学家杰瑞·福多提出。按照福多的观点，人的心理由许多相互独立的认知模块构成，模块就是信息封装的计算系统，可以被看成具有专用数据库并能实现特定目的的计算机。[①] 我们必须认识到认知心理学中所使用的感觉、知觉、注意、记忆和思维等用以描述心理机能的术语实际上是指不同的心理模块，每一种心理模块还可以由更多的子模块组成。人的认知是由这些模块按照一定的功能结构相互协作的产物。

　　究竟如何确定人的认知机能应具有什么样的模块性构成结构呢？对此，认知心理学家所采用的最主要的方法论是人机类比。所谓人机类比就是把人的认知构成与计算机的设计构成进行类比，这就是为什么我们会发现认知心理学所使用的一些术语具有浓厚的人工智能术语的意味，例如，感觉被认为是信息登记，知觉被认为是信息编码，思维被认为是信息深层加工等。事实上认知心理学的术语体系深受人工智能所蕴含的信息加工理论影响。人工智能从本质上是基于模块化理论的，了解计算机硬件的人都会知道一个标准的计算机是由一些模块化的硬件系统组合而成的，如键盘等信息输入设备、显

---

① 福多. 心理模块性 [M]. 李丽，译. 上海：华东师范大学出版社，2002：34 - 35.

示器等信息输出设备、信息中央处理器、硬盘、内存等。组成计算机的每一个硬件都是相互独立的，如果其中一个损坏了，可以被单独拆下来用一个新的去替换，这样做并不会影响计算机的整体运作。人们设计计算机就是为了替代人的认知作业，因而人工智能的核心问题就是如何设计计算机模块化的功能系统，以使得计算机可以最大限度地替代人来完成认知作业。那些可以更好替代人的认知作业的模块化功能系统则被认知心理学家们认为是更好地模拟了人真实的认知机能，因而也可以被用做描述人认知机能的模块化构成的原型。确实，我们会发现认知心理学所界定的人的认知模块通常都有一个人工智能上的对应物。比如说，长时记忆相当于计算机硬盘，短时记忆相当于计算机内存，思维相当于计算机的中央处理器等。

通过对认知心理学所主张的方法论——人机类比——的论述，很多人不禁会产生疑问：如果上述表述是真的，这不就意味着人在本质上就是计算机吗？没错，这就是认知心理学最终所能告诉我们的东西。也正因如此，那些深受认知心理学影响的人们才会越来越担忧自己的未来会被计算机所取代。但是认知心理学为人所描绘的这份充满计算机隐喻的自画像难道就没有问题吗？从我们所支持的观点来看，这幅画像不仅有问题，而且根本上就是错误的。从更接近日常生活心理学的现象学的角度来看，心理机能根本就不可能是模块性的。我们日常生活中也在不断使用着诸如思维、记忆、注意和感觉之类的术语，但是我们对这些术语的使用并不是用来指不同的心理模块，而只是描述同一个认知主体——先验自我——的不同方面。在日常生活中，没有人会真正地认为思维、记忆、注意和感觉等是相互独立的。即便我们可以分别谈论它们，但我们绝不可以真正反思到没有思维的记忆，或是没有记忆的思维。

虽然认知心理学的心理模块性主张违背了现象学的直觉，但是这一主张却颇合智力测验学家们的胃口。如果通过因素分析所得到的智力的构成因素能够和认知心理学通过人机类比所得到的模块化结构相吻合，这不就是对由因素分析所得到的结论之正确性的一个有力证明吗？这样，基于因素分析和聚类分析的智力测验理论与认知心理学成功地完成了联姻。一方面，智力心理学家们开始用认知心理学的研究成果来对由因素分析所得来的智力构成因素进行理论阐明。另一方面，智力心理学家们也开始尝试借助认知心理学的研究来改进智力测验的编制，以使其得到的测验数据更符合认知心理学理论。这样，智力测验就从认知心理学那里找到了坚实的理论基础，自以为可以彻底改变自己理论弃儿的出身了。

智力测验从认知心理学那里得到的好处还不止这些。要知道，作为心理学中红得发紫的名流学派，认知心理学有着广泛的人脉关系，在其中最具影响力的就是神经科学。认知心理学很早就和神经科学结下了深厚的友谊，并且因此铸就了另一门热门学科——认知神经科学。人的神经系统，尤其是以大脑为主要构成的中枢神经系统，常常被认为也如同数字电路那样进行着二进制运算。神经元在传递神经电冲动的时候遵循的是全无或全有的原则，就像一个半导体一样。这种在硬件运作原则上的类似性使得人们更有理由相信认知心理学所主张的人机类比是正确的。虽然人们对人的神经系统究竟是如何运作的仍知之不多，但是这一点也不影响人们把神经系统理解成计算机硬件。在这些人眼里，人的大脑只不过是一个在硬件构成上比迄今为止人所设计出来的计算机还要远为复杂的计算机而已。

认知心理学甚至还为神经科学的研究提供了一种重要的方法论。虽然通过解剖、脑电波检测和功能磁共振成像技术（FMRI）等现代脑成像技术，人们已经对大脑活动的神经机制有了比较好的了解，但是我们如何解释这些大脑神经活动的意义呢？简单来说，我们即便观察到大脑中的某神经元的活动，为了方便我们就将其称作 C 神经元的活动吧，那么我们将怎么会知道 C 神经元的活动代表着什么心理学意义呢？比如说，C 神经的活动将导致一个疼痛感，还是一个红色的知觉呢？如果神经科学要发展到对观察到的神经活动能够做出一个心理水平的说明的程度的话，单靠神经生理学和神经影像学是不够的。我们必须像研制计算机那样借助于功能分析才能完成这项工作。

在做功能分析的时候，人们一开始并不需要在神经生理水平上去观察人体内部的脑神经活动模式，而是要先把人放入他所处的环境去观察他可见的外在行为表现，然后在所观察到的环境与行为交互关系的基础上去推测连接行为与环境之间的心理功能。只有在行为水平上先对心理功能有了充分的分析之后，才能进一步通过神经生理水平的研究来探明某神经活动模式到底实现了什么心理功能。还是举一个简单的例子吧。比如说我们看到一个人先是被仙人掌的刺扎了手，然后发出一阵阵叫喊声，如果你是一个行为主义者，你就会认为是扎手这一刺激引起了叫喊的行为，至于被扎手的人是否能够感到疼痛这一点并不重要，但是如果你是一个认知主义者，你就不会认为是由扎手直接导致了叫喊，而是认为还存在着某种居间的认知成分对刺激与反应之间的关系起着调节作用。用认知主义者惯用的话语来说，那就是人并不直接对外部刺激做出反应，而是对自己对外部刺激的认识做出反应，而人如何认识来自环境中的刺激则取决于人具有什么样的认知结构。疼痛就是人对仙人掌扎手这一刺激进行认识的产物，而作为认知结构的感觉的存在是人能够产生疼痛的必要条件。感觉又与知觉、注意、思维、记忆等其他认知结构有机地组合在一起，形成人的整个认知系统。疼痛的感觉可以引起类似情况下所发生过事情的回忆，还会把我们的注意引向被扎的手，进而产生手受伤了的知觉。然后知觉又会引起思维推理——如果不及时清洗伤口并拔除残刺的话，有可能会使疼痛加剧。最后，我们才做出判断并采取相应的行动。上述描述的一系列过程，只有被扎和叫喊是可以被看到的，其他的一系列过程都属于内部的心理过程。从认知心理学的角度来看，这些看不见的内部心理过程绝非不重要。恰恰只有对这些心理过程进行一个充分的推断后，我们才能算作充分地理解到底发生了什么事情。

如何才能算作对这些看不见的心理过程来进行一个充分推断呢？这时候认知心理学尝试借鉴人们设计人工智能机器的方法。我们知道要使机器能够对环境做出像有智慧的人一样复杂与灵活多变的反应是一件非常困难的事情。即便对人的日常行走进行一个近似的模拟，也需要设计出非常复杂的硬件系统和软件系统。这些硬件系统和软件系统共同实现了对人的行走和行走环境之间关系的居间调节，正像人的认知结构和基于其上的认识所起的居间调节作用一样。这就是认知心理学通常把人的大脑比作计算机硬件，把文化比作计算机软件的原因。人们到底是如何设计计算机硬件和软件的呢？这就涉及功能分析。人们把计算机中位于输入和输出之间的信息处理系统看作一个总功能系统，其功能是由若干子模块按照一定的结构来组成，每一个子模块有自己的子功能，所有的子模块组合起来就可以实现一个总功能。功能分析就是分析如何才能通过构建不同的子功能系统并将其整合起来才能更好地实现某一总功能。在设计任何计算机的硬件和软件之前，人们首先要对总功能系统有一个构想，然后再考虑如何通过现有硬件和软件技术相互配合来实现这一总功能。如果上述人机类比是恰当的，那么我们就可以把用于构建人工智能的总功能系统模型拿来类比人的认知系统，认为人的认知系统在总功能系统的层面上与人工智能是大致一样的。两者的不同仅在于实现总功能系统所依靠的软硬件不同。认知心理学对人的心理过程及其功能的分析就是采用这种人机类比的方式来完成的。

现在，通过人机类比的方式，认知心理学认为自己已经大致对人的心理构成有了一定的了解，下一步就是基于此种对心理的构成和功能的先行了解去观察大脑的神经活动。通过这种方式，我们就可以发现哪些神经活动是实现哪些功能的基础。这就好比在观察一个陌生的城市之前，已经有了这个城市的地图，现在需要做的就是一边走，一边尝试把看到的地点和地图上的标记对应上。这份工作大致就是认知神经心理学所要做的工作，这一工作和现代智力测验也有着密切的联系。

让我们先来看看我们已经走过的路吧。我们先是通过因素分析的方法，从智力测验中分析出智力的构成因素，然后尝试把这些构成因素与计算机实现其计算功能的硬件系统的构成进行类比，认为其中应具有一定的一致性。然后再基于设计计算机硬件和软件所需要的功能分析来获得人认知的总功能系统，并依据这个总功能系统来确定人的脑神经机制。在完成了这两步后，我们现在就可以进一步把我们通过因素分析所获的智力的构成因素与人脑的神经机制进行对比了。基于认知心理学的基本观点，我们应该相信可以在智力构成和脑神经机制上发现某种一致性，这种一致性可以通过脑成像研究和大脑功能障碍研究得到验证。于是，智力测验的因素分析法、人工智能和神经科学就可以有机地结合在一起，三方中的每一方所得出的结论都应该可以通过另外两方的发现得到验证。经过上述的一系列类比，智力测验终于可以摘掉缺乏理论基础的帽子。在获得了人工智能和神经科学的背书之后，谁还敢指责心理测验不科学呢？但问题是，人的认知真的就能等同于计算机的计算吗？

4. 心理测验到底测量的是什么

虽然认知心理学最初采用的是人机类比的方法论，但是这种方法论如今已越来越不能满足认知心理学自身发展的要求，其中的很大一部分原因是建立在人机类比之上的认知心理学完全不能符合大众对心理学的预期。显然日常生活中很少会有人真正承认人是计算机这回事，即便有时人会以这种方式自嘲。在人们日常生活心理学的直觉中，比起人来，计算机显然少了某种可以被真正称得上灵魂的东西。首先，我们很难相信计算机可以像人一样拥有直觉，或者说拥有一种被称之为感质（qualia）的东西，即人们感到痛、看到红色、闻到玫瑰的香时直接拥有的与物理材料相对的感觉材料。其次，每个人都会对自己的所做所思进行反思，并据此来调整自己基本的行为与思考方式。这显然是计算机做不到的。计算机只会按照已经被设计好的程序去运算，它并不会改变自己的算法。即便如今那些被认为具有深度学习能力的计算机，也只是表现出可以对自己的表层算法进行一些自动调整，而对于那些用以调整其表层算法的底层算法，计算机依然不能对其进行自我调整。究其根本还是人设计了计算机，包括它的底层算法，也只有人才会改变计算机的设计和底层算法，计算机单凭自己是做不到的。这种自我决定的能力在哲学上被视作人的灵魂所具有的本质特征。

如今认知心理学也越来越认识到这一点，开始区分出两种功能各不相同的认知过程：类型一加工和类型二加工。在这两种类型加工之上又可以鉴别出三种心智程序——自主心智、算法心智和反省心智。斯坦诺维奇在《超越智商：为什么聪明人也会做蠢事》一书中专门划分出一个章节来论述这种新的认知心理学模型，并以此为依据指出现今的智力测验并没有像其宣称的那样是在全面测验人的能力，实际上它只测量了属于类型二加工中的算法心智的能力，也就是可以做人机类比的能力。现在我们就来概要地看看斯坦诺维奇是如何得出上述观点的。

依据斯坦诺维奇所描述的认知心理学模型，类型一加工以自主性为本质特征，因而也被称为自动化加工或启发式加工。由于认知心理学对心理过程的描述采用了一套与日常生活心理学迥然不同的术语体系，为了方便没有认知心理学基础的人理解，可以姑且先把这类加工能力看成我们日常所说的直觉能力，或者哲学上所说的形成感质的能力。主导类型一加工的心智被斯坦诺维奇看作自主心智。自主心智主导的加工也被称作自动化加工，具有以下特征：

①执行迅速；②只要触发性刺激出现，就会强制性执行；③不会加重中枢处理能力的负荷（换句话说，就是不需要有意注意）；④不依赖高层次控制系统的信息输入；⑤可以平行运作而不相互干扰，也不影响类型二加工。类型一加工包括：情绪对行为的调控；由进化心理学家提出的，为解决特定适应性问题而存在的封闭性心理模块；内隐学习的加工过程；过度学习联结而产生的自动化激活……类型一加工有时又被称为适应性无意识，以强调这种加工方式在完成很多重要任务时所发挥的

作用，比如面部识别、本体感受、消解语言歧义、深度知觉等，这些加工都不在意识范围之内。①

　　类型二加工则是在类型一加工基础上所进行的进一步加工。首先类型二加工要对类型一加工进行抑制，不仅抑制类型一加工的反应倾向，还抑制类型一加工的执行功能。只有建立在对类型一加工的上述抑制之上，才能进一步形成类型二加工所特有的假设性推理和认知模拟。二级加工的核心特征可以表述为"去耦操作"（decoupling operation）。通过去耦操作，人才能够独立于作为类型一加工的、直接映射世界的初级表征而形成符号表征。比如小孩在玩过家家游戏的时候，要能够说出"让我们把这根香蕉当作电话吧"之类的话语，就首先需要把自己从对香蕉的初级表征中解放出来，才能进一步把其当作一个具有"电话"这一意义的符号。不具备上述去耦操作能力的人如果听到诸如"让我们把这根香蕉当作电话"之类的建议，通常会感到非常迷惑，或许他会做出如下反驳："这明明是香蕉啊，怎么会是电话呢？"可见，去耦操作要以对类型一加工的抑制为基础。也只有通过去耦操作，人的思维才从知觉中脱离出来，走向成熟。同样也只有通过去耦操作，人才能够具有对客观时间的意识，将自己的行动与生活定位于一个由已经逝去的过去组成的记忆和一个由尚未确定的未来的想象所组成的时间序列化的意识流中。因为过去和未来都只能通过去耦操作才能通达，否则人就只能活在当下。②

　　如果我们能够充分理解为什么客观时间意识和时间序列化的意识流的获得与去耦操作之间具有必然联系，那么斯坦诺维奇对类型二加工与类型一加工之不同的下述概括就会显得更耐人寻味：

　　　　类型二加工的关键特质与类型一加工截然相反。类型二加工速度相对较慢，相对来说计算负荷也较高，它是意识的焦点。多种类型一加工任务可以同时执行，是平行式加工；而类型二加工只能在同一时间处理

① 斯坦诺维奇. 超越智商：为什么聪明人也会做蠢事［M］. 张斌，译. 北京：机械工业出版社，2015：22.
② 在这里，我们之所以要特别强调客观时间与去耦操作的关系，主要是想与胡塞尔的内时间意识现象学建立一种联系。显然，在对人心理和意识活动的阐明上，我们认为现象学的概念体系明显优于认知心理学的概念体系。

一个或几个任务，是序列加工。通常来说，类型二加工是基于语言和规则的，心理学家称之为控制加工。当我们说"有意识的问题解决"时，指的就是这一类加工。①

首先，这里引起我们注意的是，类型一的加工是无意识性的和多任务平行式加工，而类型二加工则是意识性的和序列加工。是否具有意识与平行式加工还是序列加工之间的联系是偶然的，还是逻辑上必然的呢？其次，基于语言和规则的控制加工是否必然是序列加工呢？以及最后语言和规则是从何而来呢？这些问题从斯坦诺维奇的论述上看，显然都超出了认知心理学所回答问题的范围。但是我们认为这些问题却是更为根本的，也是正确地理解人的智力是什么所必须回答的。

通过对智力测验的成绩与人的认知功能之间的相关程度的研究进行分析，斯坦诺维奇发现智力测验的成绩与工作记忆和执行功能之间具有非常高的相关度，而这些认知功能的完成都需要保持去耦操作。因而斯坦诺维奇认为智力测验所反映出来的个体差异很可能就是个体去耦操作能力的差异。斯坦诺维奇进一步指出，这一结论也可以从认知活动所涉及的神经生理学机制上得到印证。最终斯坦诺维奇得出结论认为维持认知去耦化是智力测验测量的最主要能力。

但是是否认知去耦化能力就能体现出人之能力独特性的全部方面呢？斯坦诺维奇的答案显然是否定的，否则他就不会写出一本名为《超越智商：为什么聪明人也会做蠢事》的书了。斯坦诺维奇认为人的独特能力不仅体现在认知去耦化能力上，还体现在决定何时才应该发起认知去耦化的能力上。认知去耦化能力让人可以通过对类型一加工进行压制的方式，仿佛能够暂时从世界中脱离出来，进入思维的空间，但是毕竟人最终还要在真实的世界中生活，并由此获得直觉体验。正如虽说画饼可以一时充饥，但是人并不能总靠画饼充饥一样。要知道类型二加工必须依附于类型一加工，完全放弃了类型一加工，类型二加工也终将无立足之地。只是到底什么时候需要发起认知去耦化操作，什么时候又不需要发起认知去耦化操作呢？这就成了一个超出去

---

① 斯坦诺维奇. 超越智商：为什么聪明人也会做蠢事［M］. 张斌，译. 北京：机械工业出版社，2015：22.

耦化操作范围而关乎如何结合形成不同的目标和各种达成目标手段，并最终进行选择、采取行动的问题。此类能力可以被视作康德所说的判断力，体现着人类理性的最高成就。于是类型二加工被分成了两个不同成分，一种成分关乎的是认知去耦化能力，另一种成分关乎的是判断力。掌管认知去耦化能力的心智被称作算法心智，掌管判断力的心智被称作反省心智。再加上掌管类型一加工的心智——自主心智，于是我们得到了一个心智的三重加工理论模型：

　　　　首先，需要具备算法心智层面的认知能力，以维持压制和模拟活动。其次，反省心智必须具备以下两个特点：①发起对自主心智产生的劣质反应的压制；②发起产生优化反应的模拟仿真。最后，在模拟活动过程中，可以获取理性反应计算所需的心智程序。①

　　斯坦诺维奇认为智力测验仅仅评估了上述人类心智中对理性思维和行为起决定性作用的三个特征的第一个。也就是智力测验仅仅评估了人与计算机共有的算法心智，并没有评估人独有的反省心智。斯坦诺维奇继而建议我们应该重新定义智力，为其瘦身，将其仅看作智力测验所测验出的能力，即MAMBIT（the mental abilities measured by intelligence tests）。至于人们先前所理解的包含反思心智在内的智力，斯坦诺维奇称其为广义智力，并认为不如干脆追随哲学家，重新把它叫回理性更为妥当。智力测验的问题则在于它向人们承诺的是要测量广义智力，实际上却只测量了狭义的算法智力。这就难怪为什么很多人的智商成绩并不能反映其在真实生活中所呈现出来的能力。这就是为什么很多被判定为中重度智力障碍的儿童，其生活适应性远比他们的智商要好得多。因此，智商分数只是评定智力障碍的一个必要条件，而不是一个充分条件。只有那些智商和生活适应水平都低的人才会被判定为智力障碍。对于很多高功能自闭症而言，情况恰恰和智力障碍相反。高功能自闭症通过智力测试所得到的智商分数通常不低于甚至还高于普通人，他们的生活适应性却远远落后于正常人。如果我们决定接受斯坦诺维奇的观点，那么

---

① 斯坦诺维奇. 超越智商：为什么聪明人也会做蠢事［M］. 张斌，译. 北京：机械工业出版社，2015：39.

现有的智力障碍这一概念所适用的描述对象就应该被重新划定为两类，一类仍可沿用智力障碍这一术语，用以专门指算法心智障碍；另一类则应该改称为理性障碍，专门指反省心智障碍。

5. 智力测验背后的理论承诺

到目前为止，我们主要都是在围绕着智力测验展开讨论。我们介绍了智力测验的来源和发展简史，探讨了智力心理学家们是如何从概率统计、因素分析、认知心理学和神经科学多种角度围绕着智力测验来建构智力理论。在进一步讨论智力的发展及其与遗传和环境之间的关系这一教育所理应关注的最重要问题之前，我们将借助塞西的工作对智力测验背后的理论承诺进行一个总结。

按照塞西的观点，现有的所有基于智力测验的智力研究都建立在以下五个互相联系的基本事实之上：

智力领域的研究者熟知的第一个事实是测验分数间的多重正相关。……多重正相关指出，存在一种一般能力或智力资源导致了所有测验或任务间的某种个别差异。……

第二个事实是，如果研究者通过因素分析来分析一套测验分数间的相关，那么就会提取出"第一主成分"。……

第三个事实是，许多研究者将第一主成分作为一般智力或"g"的代理者。……

第四个事实是 g 和学业成绩及社会成就存在显著相关。……

第五个也是最后一个需要澄清的事实是，大量的研究表明，g 具备高度的遗传性。……

将这五个事实概而言之，个体在那些由研究者所操纵的不同类型的认知任务或测验中倾向于表现一致或相关，这种相关是提取第一主成分或一般智力 g 的基础。一般智力被认为有高度的遗传特性，能有效地预测许多重要的生活事件，其变异的幅度依赖于所研究之特定群体的特征。①

---

① 塞西. 论智力：智力发展的生物生态学理论［M］. 王晓辰，李清，译. 上海：华东师范大学出版社，2009：4-7.

我们认为塞西所陈述的这五个基本事实构成了智力测验背后所隐含的基本理论承诺。这些理论承诺也正好反映了我们对智力测验的看法。正是社会对人进行分类管理的需要催生了现代智力测验，正如在中国古代诞生了科举制度一样。一开始为了更好地分配教育资源，人们先是使用智力测验在儿童中甄别出智力障碍儿童，这一做法一直沿用至今。后来，人们开始越来越多地把智力测验当作选拔人才的手段，从征兵、移民入境、小学乃至大学招生，以及公司企业招聘等，智力测验都曾在其中扮演着重要角色，决定着有限的社会资源应该分配给谁，不应该分配给谁。甚至在 20 世纪二三十年代的欧美还曾出现过根据智力测验来分配生育权的做法，那些被测定为智力低下者会被要求做绝育手术。最为极端的做法则出现在纳粹德国，智力低下者会被送进焚烧炉，甚至连生存权都要被剥夺。之所以智力测验能在现代社会中扮演着如此重要的作用，与智力测验学家们高超的游说能力密切相关。智力测验学家们抓住了人们偏好算命的天性，成功地说服了社会大众，使人们相信智力可以预测个人学业、工作等方面社会成就。这便是智力测验取得成功的前提。

既然智力测验必须宣称自己可以预测个人的未来成就，那么作为影响个人成就的众多因素之一，智力就必须在一定意义上是独立的、恒定的，并且是重要的。如果智力和成就的相关不是独立的，那么单纯的智力测验就不可能预测未来成就。如果智力是非恒定的，那么当下测得的智力最多只能和当下的个人成就相关，而不可能和未来的个人成就相关。而如果智力虽然是独立的、恒定的，但是是不重要的，那么为了预测未来成就，我们就更应该关注那些比智力更重要的因素。这些背后的逻辑共同决定了，为了成功地让公众相信智力测验有预测未来的神奇能力，向公众兜售智力的遗传决定论将不失为一种明智的选择。说智力是由遗传决定也就意味着智力是先天的，先天的就不是后天可以改变的，因而也将在一生中保持恒定，更何况，人们常说"龙生龙，凤生凤，老鼠生来会打洞"，可见在人们内心普遍深藏着一种对遗传决定论根深蒂固的信仰，兜售智力的遗传决定论简直就是轻而易举的事，几乎不用费智力测验学家什么嘴皮子。可是，我们在这里想提前向大家指出如下这一事实：不管人们多么愿意相信智力的遗传决定论，智力的遗传决定论也绝非科学事实。虽然如今研究人员发现有越来越多的基因性疾病与智力障碍相关，但是相关并不等于决定，一词之差却有天壤之别，后文我们会专门就此问题进行论述。

认为智力是由遗传决定论也意味着智力是单一的，即存在 g。虽然人有各种各样的能力，这些能力的高低也深受后天环境的影响。就像一个再有运动天赋的人，也需要后天的刻苦的训练才能取得奥运金牌一样。但是这些能力的表面差异背后应该具有一个内在的普遍一致成分，这一成分就是智力，其不会受后天锻炼的影响，是一种单纯由遗传决定的能力，也就是 g。就像一个人的一生的表现虽然起起伏伏，但是在这些起起伏伏背后应该有一个恒定的基准：g。也就是说人真实表现出来的成就无论高还是低，都应是围绕着 g 在一个稳定范围内的变动而已。并且只有承认 g 的存在，普适性的智力测验才具有意义，人才能被放在一个统一的尺度上被衡量。所以，一切普适性的智力测验要成为可能就必须假定 g 的存在。否则人们怎么会认为能够把各个智力测验分量表的得分相加呢？就像如果我们认为一个人的音乐能力和体育能力毫无共同之处，那么我们如何能够认为把一个人的音乐能力得分和体育能力得分加在一起得到一个总分这一做法会有意义呢？

因素分析方法就是为了找到 g。只有相信 g 的存在，因素分析法才有意义。只要进行因素分析，就会在各种智力测验中提取出第一主成分，无论这一成分是大还是小。这里一定要强调的是，不能因为能够通过因素分析的方法提取出第一成分就认为可以证明 g 的存在。就像我们不能认为通过测量发现人在断气后的体重会减轻就可以证明灵魂的存在一样。

通过上述分析，希望大家可以清楚地看到，智力测验究其根本建立在以下两个基本假设上：第一，g 存在。第二，g 因遗传而是恒定的。接下来我们将分别考察这两个基本假设。如果我们能够动摇这两个假设中的任何一个的话，那么就将动摇整个智力测验，以及围绕着智力测验所建设起来的这座智力心理学大厦的根基。

四、现代智力理论批判

1. 智力是遗传的吗

如今，生物学对公众日常生活的影响无处不在。遗传、基因、突变、进化等生物学术语也早已走出学术的象牙塔，不仅充斥着各种大众媒体，甚至也常见于人们的街头闲谈。然而人们到底对这些常挂在嘴边的生物学术语及其背后的理论支撑理解多少呢？只要看看转基因技术在全世界范围内造成了多么广泛的恐慌和争论，就会知道我们对此决不能过分乐观。人们义正词严地讨论的往往是一些实际上他们根本不清楚的东西，苏格拉底之所以至今仍被人们缅怀，就是因为他第一次让人们意识到这一深藏在人性中的问题，遗憾的是这一人类的通病至今仍没有得到根治。在人们谈起遗传生物学相关问题的时候，这一问题显得尤其突出，可以说几乎所有有关遗传生物学的通俗认识在根本上都是错误的，甚至在一些与遗传生物学密切相关的专业的领域，如心理学、精神病学、特殊教育等，也不乏各种各样的荒谬言论。在讨论智力是否是遗传的之前，我们必须就遗传生物学的几个容易被误解的基本问题进行澄清。

人们对遗传生物学的最大误解就是认为进化论在很大程度上支持了基因决定论，认为人的大多数生物学性状和行为特性都是受基因决定的。事实上，这根本不是进化论的观点，而是在达尔文创立进化论学说之前就在民间普遍存在的日常俗见，进化论正是建立在对这一日常俗见进行挑战的基础上。进化论是由三个互相关联要素——变异、遗传和选择——组成的整体，基因遗传只是其中的一个环节而已。更为重要的是，基因往往因环境因素的诱导而发生变异，并且最终要通过环境来选择。可见，环境不仅不是不重要的，而且基因自身的性状也是经由环境影响的产物。因而，虽然从表面上看基因在决定生物的性状和行为特性上扮演着重要角色，但就根本而言基因只是环境作用的媒介。在进化论的理论视野中，根本就不可能为单纯的基因决定论留下任何空间，公众中普遍流行的基因决定论与进化论的联系实际上远不如与进化论思想的老对头神创论的联系更密切。如果基因不是由环境来塑造的，那么除了诉诸神的力量，我们还能如何解释基因的起源呢？

也许有人会说，进化论所要解释的是物种的演化而不是个体的成长。因而从物种演化的角度看，虽然基因决定论不成立，但是从个体成长的角度来看，基因决定论就应是一种不争的事实。从受精卵形成的那一刻起，个体的基因就已经被写定了，而且大体上终生不会再发生变化。曾经人们认为只要探明了一个人的基因图谱，我们就可以找到他大部分疾病的根源，无论是器质性疾病还是行为或精神性疾病。尤其是在发现基因背后的生物化学基础——DNA 双螺旋后，科学界更是掀起了一股绘制人类基因图谱的浪潮。

"人类基因组计划"就是这一浪潮的产物，其与曼哈顿原子弹计划和阿波罗计划并称为三大科学计划，是人类科学史上的又一个伟大工程，被誉为生命科学的"登月计划"。人类基因组计划由美国科学家于1985年率先提出，全世界的生物学家都陆续加入了该计划。该计划旨在把人体内约2.5万个基因的密码全部解开，同时绘制出人类基因的图谱，并最终于2003年，成功完成了全部人类基因组计划的测序工作。这项工作的完成，代表了人类在分子遗传学上迄今为止所取得的最高成就。

最初人们寄予这项工作以极高的厚望，认为这项工作的完成能够彻底维护人类的福祉，希望人类健康和疾病的大部分问题都可以由此得以解决。然而最终生物学家们发现自己还是太乐观了，基因测序的实现也不能免于如同其他科学发现一样的宿命，那就是每当人们取得了一项梦寐以求的科学成就，自以为翻过了一座曾经认为难以企及的科学高峰之后，往往会发现在山峰的背后还有另外一座更高的、更难以企及的高峰。虽然如今我们可以非常方便地获得一个人的基因图谱，但是这绝不意味着我们就了解他的生物学性状和行为特性的根源。其实一个人的基因并不直接决定一个人的生物学性状和行为特性，即便基因完全相同的个体也会出现相当不同的生物学和行为学表现，这些不同恰恰来自于环境的影响。我们可以把基因简单地比作乐谱，人生则是一首歌曲，乐谱并不是歌曲本身，只有它被唱出来或是演奏出来才能被称作歌曲，即便人们都在演奏同一个乐谱，也会因嗓音、乐器、曲调和节奏等方面的不同而风格迥异。对于基因这一生物乐谱来说，也只有被演奏出来才叫真正实现，这就意味着一个人的生物性状和行为特性不仅受基因制约，更受如何进行演奏的制约，而如何演奏这首基因乐谱体现的就是环境的作用。与研究基因序列的分子遗传学不同，研究基因是如何通过环境获得其自身表达的遗传学被称作表观遗传学。更准确地说表观遗传可以被定义为"一种对我们遗传物质的修饰，它能够改变基因开启或关闭的方式，但并不对基因序列本身进行改变"。①

属于分子遗传学的人类基因测序虽然工程浩大，但是举全世界遗传生物学家之力尚可完成。然而表观遗传学要远比分子遗传学复杂，并且在理论上甚至是不可以完成的。表观遗传学体现的是环境和基因的交互作用如何持续

---

① 凯里. 遗传的革命 [M]. 贾乙，王亚菲，译. 重庆：重庆出版社，2016：前言5.

改变人自身的过程，这种交互作用下的改变可以直到永远。无论是从进化论的角度看物种的演化，还是从表观遗传学看个体的发展，基因和环境都不能视作可以彼此独立于对方单独起作用的因素。基因永远需要通过环境来实现自己的影响，并且基因自身也会在环境中发生变化，因而严格意义上的基因决定论是不可能成立的。

实际上，生物学告诉我们的只是像智力这样的生物能力的实现与基因相关，当然这些生物特性的实现也同样与环境相关。可是，在公众语言中，这种相关性往往被解读成决定性。谈起这一点，也许会有人质疑，现在不是可以通过科学的方法准确计算出遗传率吗？通过遗传率，也就是 h^2，至少可以知道遗传对某一生物性状和行为特征所起作用的大小。比如，如果智力的遗传率是80%的话，至少意味着环境因素对于智力影响只有20%，由此就可以推出智力主要受遗传影响，环境的作用则微乎其微。事实上，这种理解也是完全错误的。

首先，遗传率的计算方式所基于的理论假说无论是在理论上还是在逻辑上都具有根本性错误。就理论而言，遗传率的计算要具有意义，就需要首先将遗传和环境之间所可能存在的交互作用排除在外，只有这样我们才有可能分别计算遗传对个体差异的贡献量和环境对个体差异的贡献量，并且这两个贡献量可以简单相加，而且总和应该是1。这就是为什么如果遗传所引起的个体差异量计作 a，由环境所引发的个体差异量计作 b，那么遗传率就是 $a/(a+b) \times 100\%$。我们在讨论那些鼓吹计算遗传率的专家们是如何分别得到完全独立于 b 的 a 和完全独立于 a 的 b 之前，必须假设存在相互独立的 a 和 b，然而这一假设得不到现今的任何一种生物学理论的支持。正如塞西所指出的，有意思的是尽管动物遗传学家在针对田鼠、家鼠和果蝇的大多数研究一次又一次表明致力计算遗传系数而不去仔细考察遗传与环境是如何发生相互作用的具体机制是多么的荒诞，依然不能阻止大多数人类行为遗传学家认为遗传与环境的相互作用实际上可以忽略不计。[1] 这难道是因为人类行为遗传学家在人与其他低等动物之间发现了某种根本性不同吗？真实的情况恰恰不应该如此。如果真的要谈及人与其他低等动物的根本差别，那么显而易见

---

① 塞西. 论智力：智力发展的生物生态学理论［M］. 王晓辰，李清，译. 上海：华东师范大学出版社，2009：118.

的是人的行为远比动物的行为更具有灵活性和可塑性，因而对来自环境的影响应更为敏感才对。在《特殊教育研究》的第二卷中，我们会根据皮亚杰、维果茨基以及托马塞洛等人的观点，重点从环境尤其是社会性的文化环境对人的塑造作用的角度来讨论人所独具的智力是如何经由来自环境的教化而来。仅就目前我们所讨论的遗传率问题而言，也许研究一下为什么这么多的人类行为遗传学家会接受遗传和环境二分的独断论，远比研究如何精确地计算遗传率更有意思。

　　之所以说遗传率的计算具有逻辑上的根本性错误，是因为对遗传率的计算已经预设了遗传和环境对智力等人类的生物学性状和行为特性具有相互独立的影响。然后人们再根据这种理论构建数学模型算出遗传率，接着再根据所算得的遗传率衡量遗传所起作用的大小。比如当人们测得 IQ 的遗传率是80% 的时候，人们会说通过遗传学证明了 IQ 的分数高低主要由遗传决定。其实这一推论过程中蕴含着循环论证，即需要被证明的东西"智力主要受独立于环境的遗传作用影响"，已经包含在证明的前提假设中。这一前提就是：智力要么主要是被独立于环境的遗传所决定的，要么主要是被独立于遗传的环境决定。事实上，这一前提本身就是错误的，基于此错误前提所算出的遗传率也因此并不能证明遗传所能起到独立作用的存在。

　　也正是因为遗传率所基于的假设是错的，所以人们至今仍无法测得 IQ 的稳定的遗传率。有研究表明智力的遗传率随着人的年龄而增长，在成年期一般智力的遗传率通常可以达到50%，而这一数值在一岁则仅为8%，四岁是21%，七岁是35%。如果遗传率代表的是遗传独立于环境的影响，那么为什么这种影响会随着年龄的变化而变化呢？其他研究也同样表明智力的遗传率绝不是一个稳定的数值。不同的社会阶层、种族和文化环境都会影响到智力的遗传率。① 这是否意味着遗传率数值实际上也要受到环境的影响呢？如果是这样的话，那么岂不就意味着遗传独立于环境对智力差异所做出的贡献受到环境的影响？这难道在逻辑上不自相矛盾吗？

　　即便不管上述隐藏在遗传率计算背后的理论和逻辑问题，姑且承认计算遗传率的合理性，大多数人也误读了遗传率的意义。遗传率仅仅指的是"某

---

① 塞西. 论智力：智力发展的生物生态学理论［M］. 王晓辰，李清，译. 上海：华东师范大学出版社，2009：123－126.

个特质中由遗传变异引起的差异在总变异之中所占的比例"①。就智力而言，也就是说智力的遗传率只与某群体中个体间的智力差异相关，而不是直接与智力高低相关。也就是说：

> 如果IQ的遗传系数是80%，也仅仅意味着个体的IQ差异有80%是由基因决定，而不是说他的IQ得分有80%是由基因决定的。更为重要的是，遗传率的估计值将随着环境变异的大小的变化而改变，因此，如果某个地区的贫困状况急剧恶化，其结果是该地区的儿童将失去受教育的机会，那么该地区遗传力的估计值将大大减小。这是因为相对而言，基因在导致来自相同环境的儿童之间的差异上比它导致来自不同环境的儿童之间的差异要更加显著。②

最后，我们介绍一下道格拉斯·华尔斯顿对遗传率背后所隐藏的可加性假设（additivity assumption）的批评。简单地说，可加性假设认为一个人的IQ就是遗传对智力的贡献与环境对智力贡献之和。华尔斯顿认为方差分析助长了智力研究中对可加性假设的采纳，也从而误导了人们倾向于忽视遗传与环境交互作用的重要性。对此，华尔斯顿不无讽刺地写道：

> 对（万有引力的数据）进行方差分析将会得出的结论是，虽然内在因素（质量）更为重要，比外在因素（距离）能解释更多的差异，但是质量和距离对引力而言都是非常重要的，质量和距离因为不存在交互作用，所以是可以相加的。③

熟悉万有引力的人都会知道，两个物体之间的引力 F 与两个物体质量 m_1 和 m_2 成正比，与两物体之间的距离 r 的平方成反比。用数学公式来表达就是 $F = (Gm_1m_2)/r^2$。其中 G 是引力常数。可见，虽然两物体之间的引力既与两物体的质量相关，也与它们之间的距离相关，但是如果一个人通过把质

① 塞西. 论智力：智力发展的生物生态学理论 [M]. 王晓辰，李清，译. 上海：华东师范大学出版社，2009：119.（原译文的"变异"此处改为"差异"）
②③ 塞西. 论智力：智力发展的生物生态学理论 [M]. 王晓辰，李清，译. 上海：华东师范大学出版社，2009：119，127.

量和距离简单相加的方法来计算引力，将会是一件多么可笑的事情。然而这就是华尔斯顿眼中的人类行为遗传学家们在研究遗传和环境是如何影响智力时所做的事情。

塞西以"生物—生态"互动论为理论框架，全面评述了现有的智力文献，认为现有的智力理论都倾向于把智力仅仅看作生物个体的内在能力，并因此缺乏对制约智力的环境因素的考量。这也是为什么遗传决定论在智力研究中大行其道的根源。但是如果我们把发展的视角引入对智力的考察的话，我们立刻会发现智力从来都不是一种可以从个体所处的环境中脱离出来进行孤立考察的东西。只要想一想一个从小生活在狼群中的狼孩的智力最终会是怎么样的，人们就会立刻看出来智力绝不是与环境无关的。正常地生活在人群中的儿童的智力显然要远高于生活在狼群中的儿童，这是因为智力的发展是与个体所处的环境密切相关的。我们甚至可以将智慧这一形容词不用到形容个体上，而是用到形容个体所处的环境上，这样我们就可以说人所处的生活环境要远比狼所处的生活环境更具有智慧。如果我们不是单纯地问儿童的智力现在是什么样的，而是进一步追问智力是如何发展成现在这样的话，就不得不考量到环境所起的作用。

2. g 智力存在吗

通过对遗传生物学基本概念的澄清，相信很难再有人会继续认为智力可以在任何意义上因遗传而是恒定的了。在驳斥了智力测验所依据的两个基本假设中的第二个之后，让我们再来看看这两个基本假设中的第一个是否成立。虽然很多心理学家都对 g 智力的存在提出过质疑，但是没有一个人能像多元智能理论的创建者霍华德·加德纳那样取得如此大的影响力，尤其是在对教育实践的推动上。在本部分我们将专门讨论加德纳在其成名作《智能的结构》第四章"什么是智能"中所表述的观点。在这一章中，加德纳提出了八个判断智能的依据①，这八个依据事实上构成了多元智能理论的逻辑基础，也是对现行心理学智力观的一种总结。接下来我们就要对为什么加德纳认为这八个依据会对 g 智力存在挑战，以及这背后所可能隐藏的谬误逐一进行评判。经过这种评判，人们就更能看清楚通常智力心理学家们究竟是如何

---

① 加德纳. 智能的结构［M］. 沈致隆，译. 北京：中国纺织出版社，2022：71.

误解智力的本质的。

（1）加德纳认为支持多元智能学说的第一个判据：大脑损伤后表现出的潜能的独立性。他说："大脑损伤可以使一种特定能力遭到破坏或单独保留下来。从这个意义上说，似乎可以相信，这个能力相对独立于其他的人类能力。"

对第一个判据的评判：

很明显加德纳想通过某种能力所依托的生理基础在空间上的独立性来证明此种能力的独立性。这种证明事实上诉诸一种标准的心灵实在论，背后隐藏着吉尔伯特·赖尔所批判的"范畴错误"。大脑损伤是一种物理空间中可视的实在现象，属于笛卡尔意义上的物理范畴，然而能力却不是一种物理空间中的可视现象，属于笛卡尔意义上的心灵范畴。这就是为什么相当一部分哲学家会认为用空间性的物理事物的特性来证明非空间性的心灵事物的特性是对物理和心灵这两个根本范畴的混淆。

让我们看看约翰·海尔是如何以参观大学为例来对赖尔所认为隐藏在心灵实在论背后的"范畴错误"做出说明的：

> 假设我带你参观我的大学。我们经过了许多的地方；我带你参观了各种不同的学术机构和管理机构；我带你去了图书馆；我向你介绍了学生和教师。当完成这一切之后，我问你是否还想看看什么别的地方。你回答说："是的，你已经带我看了许多地方，学术机构和管理机构、图书馆、学生、教室，但是你还没带我参观这个大学，我想去看看它。"你在这里犯了一个范畴错误。你误以为"大学"这个术语所指称的是一种实在，它既相似于你已经看过的那些东西，又与之不同。①

如果说 g 智力就是上述的大学，那么脑就是海尔带你参观的校园。事实上你不可能从对脑的直接观察中发现智力，就像你不可能通过带一条狗逛校园的方式来发现大学。毋宁说大学或 g 智力是一个观念，大学校园（脑）只是大学（g 智力）这一观念的非唯一性符号。只有通过在逛校园（观察脑）

---

① 海尔. 当代心灵哲学导论［M］. 高新民，殷筱，徐弢，译. 北京：中国人民大学出版社，2006：60.

的时候对这一符号进行恰当的解读才能够从大学校园中（脑中）读出大学（g 智力）这一观念来。

此例说明我们必须在校园之外去寻找大学的根源。事实上，大学在其本质上是一种社会文化建制。它的意义并不源于其所坐落于其中的这个校园，而是源于其在既定社会中所承担的社会功能。即便我们把一所大学从城中心迁往郊区，甚至完全收回它的校园而将其搬到网络上而近乎完全丧失了自身的物理性存在，只要它承担的社会功能不变，它就还是那所大学。这就是为什么一个人如果想从大学校园中直接看到大学本身，那么他就犯了范畴错误。因为大学校园和大学是两个不同的范畴，前者是物理范畴，后者是社会功能范畴。

更甚之，不仅大学是社会功能范畴，甚至学术机构、管理机构、图书馆、老师和学生等这一切你从大学校园中所见到的也都是你只能从社会功能范畴的意义中才能看到的。虽然这一大群你从校园中看到的形形色色的事物彼此之间在物理分割上相互独立，在所承担的职能上也相互独立，但是如果它们要作为学术机构、管理机构、图书馆、老师和学生而存在，那么就必须在大学这一更大的社会功能统一体下才有可能。这一说明对我们理解 g 智力意义重大。也就是说，即便我们通过对脑损伤的研究发现了一些相对于其他能力而言的独立能力，就像图书馆独立于老师和学生一样，但这绝不意味着这些独立能力不能共同隶属于一个更大的共同体——g 智力（大学）。甚至，也只有与 g 智力处于某种隶属关系之下，这些独立能力才能算作独立能力。熟悉哲学的人，应该在我们这里的论述中发现一个古老的哲学议题，即"一和多"的辩证法，抑或统一性和多样性，显然，加德纳对此种辩证关系明显缺乏领悟。

也许有人会进一步提出质疑，认为上述一切对加德纳所提出的第一个智能判据的批判，都是基于对"智力是隶属于功能性范畴"这一论断的先行接纳。但是，我们究竟是否拥有充分的理由来支撑对这一论断的接纳呢？要破除这一质疑，就需要对我们所处这个世界的根本特征进行一个剖析。世界正是一个存在着的整体，在其中又居住着种种事物。一方面，这些事物就其本身而言，彼此分殊、互相独立，好像我们可以分别对它们进行逐一考察。但是从另一方面而言，事物之间又发生着相互作用，没有任何事物可以完全独立于他物而保持自身。这样，对同一个事物的考察就可以采取两个不同的角度。一个是仅就事物本身而做的考察，一个是将事物放置于与其他事物关系中的考察。就一个物理事物而言，通过前一种考察，我们得到了它的质量，通过后一种考察，我们则得到了力。质量体现着一个物理体本身最为重要的内在属性，而力则是基于质量而产生的对其他物理体所可能发生的潜在关系。万有引力定律就是对上述世界根本特征在物理学层面上的一种数学表达。$F = (Gm_1m_2)/r^2$ 这一公式告诉我们，F 不是内在于物体 1 的，也不是内在于物体 2 的，而是物体 1 和物体 2 相互作用的结果。m_1 是物体 1 的质量，是物体 1 的内在属性，其大小仅仅取决于物体 1 本身。同样的道理也适用于 m_2。但是力既不是物体 1 的内在属性，也不是物体 2 的内在属性，而是维系物体 1 和物体 2 所构成的这个整体的关系属性。这个整体由物体 1 和物体 2 构成，并且物体 1 和物体 2 之所以不是一个物体，而是两个物体，正是因为物体 1 和物体 2 之间具有距离，距离的改变同样会改变由物体 1 和物体 2 所组成的这个整体。可见，这就是为什么力不仅取决于 m_1，也取决于 m_2，同时还取决于物体 1 和物体 2 之间的距离，因为力是物体 1 和物体 2 所组成的这个整体的属性。我们将蕴含在万有引力中的这种对力的理解叫作力的形而上学。

我们认为智力的本质同样需要从这种力的形而上学的角度来进行考察。只是与物理体之间的关系不同，智力所涉及的关系属性不是物理体之间的关系，而是人与人之间的关系。因而，就智力本质而言，其不是像质量那样的个体的内在属性，而是像力那样的个体间的关系属性，是由个体所组成整体的属性，是一种社会属性。这就意味着，如果要考察智力，就需要考察一个人在维系其所处的、与其他作为个体的人所共同组成的社会这一整体的作用，也就是要考察一个人所实际发挥的社会功能，而不能仅就其本人而考察其本人。就此而言，智力在本质上就与社会适应性具有必然联系。g 智力因而不应被单纯地看作一个人的个人内在属性，反而应该看作社会属性在个体身上的功能性体现。

然而，无论是在物理学上，还是在心理学上，都存在着一种掩盖力的功能性的关系性本质的倾向。就物理学而言，我们这些生活在地球上的人倾向于用质量代替重力，当我们以为在测量一个物体的质量的时候，实际上测量的只是重力。只是在地球这个环境中，地球作为超大引力中心，使得其他所有物体之间的引力关系相对于其与地球之间的引力关系而言，可以忽略不计。同样，也由于地球本身长期处于一个相对稳定的质量状态，以及地球表面的事物与地表的距离相对于地球自身的半径而言也可以忽略不计，于是就显得好像地球表面事物所受到的引力的变化主要是由其自身的质量所引起的，而且引力的方向也主要是向着地心的。也正因为如此，地球表面物理个体的质量也大致与其所受的引力处在一种相对恒等的关系中。通过直接测量引力的大小也就可以近似的直接推知质量的大小。于是，人们慢慢地越来越看不清质量和力的本质性不同，把力误解为像质量一样，是事物的内在属性。

同样的误解也会发生在对智力的理解上。尤其是在现代社会，个人在整个社会面前的渺小，正如地球表面事物在地球面前的渺小一样。相对于整个社会的恒定性而言，易于发生变化的是具体的一个一个人的个体。如果整个社会系统是恒定的，那么智力的差异就主要取决于个人间的差异，正如假如庞大的地球是恒定的话，那么重力的差异就主要取决于物体质量的差异一样。于是，人们就像把引力误解为质量那样，把智力也误解为一个人的内在属性，并因此掩盖了智力是个体所承担的功能性社会关系的属性这一本质。

通过"范畴错误"这一哲学研判，我们指出了加德纳所提出的第一智能判据背后所存在的逻辑盲点，并对智力的本质从力的形而上学的角度进行了一个全新的解释，将智力看作一种社会功能性属性。这样论断构成了本书所要论述的中心性命题，其与我们前面通过哲学探讨所得出的结论一脉相承。

（2）加德纳认为支持多元智能学说的第二个智能判据：学者症候群、超常儿童及其他异常个体的存在。他说："除去大脑损伤以外……就是人表现出来的高度不平衡的才能和缺陷。我们面对的超常儿童，是在某项人类才能的领域中表现出极端早慧的个体。至于学者症候群、其它智力迟钝群体或孤独症患儿等异常群体，我们所面对的，是在其他领域中能力平庸或极为迟钝，却拥有某一种人类独特能力的人。"[①]

对第二个判据的评判：

显然加德纳在这里犯了一个基本的逻辑错误。人在各种能力上所体现出的不平衡，尤其是某项能力的异常突出，只能够表明人拥有多元的能力。但是拥有多元的能力并不意味着不存在一种可以被称作 g 的普遍智力。即便是

---

① 加德纳. 智能的结构［M］. 沈致隆，译. 北京：中国纺织出版社，2022：72.

g 智力的缔造者斯皮尔曼在提出智力学说之始，就明确地指出在 g 智力之外还有种种特殊智力。

除了上述逻辑错误之外，在加德纳所提出的第二个判据中还暗藏着因不能意识到智力是分层级的而误读智力之本质的危险。是不是所有种类的人所具有的能力都应被同等地称作智力呢？就拿加德纳所说的孤独症，也就是自闭症为例，人们常常在这些高功能自闭症身上发现一种叫作影像式记忆的东西，拥有这种能力的人，只要看一眼就能够把所见之事物完完整整地记下来，甚至连那些普通人都注意不到的细节也会原原本本地记住。这种影像式记忆能够被算作智力吗？如果按照维果茨基的观点，影像式记忆属于人的低级心理机能，常见于高级心理机能仍未得到充分发展的儿童和前文化时期的人类。严格地说，低级心理机能并不能算作人所独有的智力，因为低级心理机能是人与动物共有的能力，并不能体现人之能力的独特性。很多动物的影像式记忆的能力甚至比人还要强大得多，鸽子能够飞越千万里回到它出发的地方靠的就是这种能力。能够真正体现人与动物能力之根本差别的应该是高级心理机能，也就是人经由习得语言而获得的、借助于符号而进行的、抽象性的概念推论能力，此类高级心理机能则恰恰是高功能自闭症所欠缺的。如果把智力视作人具有而动物所不具有的人类独特能力的话，那么严格地说来就只有高级心理机能才能算作真正的智力了。在《特殊教育研究》第二卷专门评述维果茨基观点的章节里，我们还会再一次回到这个问题。

（3）加德纳认为支持多元智能学说的第三个智能判据：可加以识别的核心操作或一组操作。

我关于智能问题的观点中最核心的部分就是，认为存在一种或多种基本信息处理的操作和机制，它们能处理特定的信息输入。人们甚至可以将人类的智能定义为一种神经机制或信息处理系统，这种机制或系统的程序由遗传所编制，由于某种内在或外在提供的信息，被"激活"或"触发"。例如，音乐智能的核心能力是对音高的敏感性，身体智能的核心是对他人运动的模仿能力。这些都是智能与神经机制有关的例子。①

---

① 加德纳. 智能的结构 [M]. 沈致隆，译. 北京：中国纺织出版社，2022：72-73.

对第三个判据的评判：

首先，我们可以从这一加德纳称之为自己有关智能的观点中最核心的部分看出，加德纳明确采纳了认知心理学中广泛存在的人机类比的隐喻。他把智力当作信息处理的能力。如果有多种基本信息处理的操作和机制，那么必然就应该有多种智力。看清这一点，那么我们在本章"信息加工理论、认知神经科学与智力测验"，以及"心理测验到底测量的是什么"那两小节里所提出的观点就可以用来对这第三个判据的合理性进行评判。

其次，希望读者能够再次从这一判据中看出加德纳的观点在逻辑上是多么不自洽。不管在人的心智中存在多少种进行不同类别信息处理的系统，这些系统依然都是信息处理系统。即便这些信息处理系统的能力大小因人而异，难道每一种不同的信息处理系统不都是在进行信息处理吗？难道我们不能把 g 智力称作信息处理能力本身吗？

更为荒唐的是加德纳认为存在与音乐能力相关的神经机制、存在与模仿他人运动相关的神经机制等，并且认为这些神经机制运作具有相互独立性。他完全没有意识到，在逻辑上同样存在另一种可能性，那就是在人脑中并不存在不同的神经机制，所谓的不同能力其实更可能是同一种神经机制在不同情境下实现不同功能的产物，就像我们是在用同一张嘴既吃饭，又说话一样。即便存在一些表面上看是相互独立运作的神经机制，但是这些神经机制难道不应从更为基础的层面上被看作只是属于人之神经系统整体运作中的一个环节吗？如果否认在这些神经机制的运作之间存在任何意义上的统一性，那么我们难道要说在表面上看是同一个大脑，实际上住着一群毫不相干的小大脑？

（4）加德纳认为支持多元智能学说的第四个判据：独特的发展史和可定义的一组高水平的"最终状态"。

> 一种智能应当有一部可以辨认的发展史。正常人和天才都在成长过程中经历过这种心理发展史。当然，这种智能不会独立地发展，除非它出现在一个非正常人身上。所以我们必须集中精力，去关注这一智能占据中心地位的角色或环境。[①]

---

① 加德纳. 智能的结构［M］. 沈致隆，译. 北京：中国纺织出版社，2022：73.

对第四个判据的评判：

加德纳一边说在个体发生上一种智能应当有一部可以辨认的发展史，同时又认为在正常人身上这种智能不会独立地发展。不会独立发展的智能如何能够具有一部可以辨认的发展史呢？这里显然有更多的东西需要做进一步的说明。

加德纳所采取的策略是，指出在非正常人身上可以观察到这种在正常人身上观察不到的某种智力的独立发展史。这是不是意味着对于正常人而言在发展上具有统一性的东西，对于非正常人而言在发展上却丧失了这种统一性呢？这种在能力发展上相互关联的统一性是不是可以被称作 g 智力呢？如果是这样的话，那么我们就可以说 g 智力也许并不是一个婴儿具有的先天智力，但是婴儿先天具有的种种能力如果能够在发展中整合在一起形成一定的统一性，那么这个后天所发展出来的统一性就可以被称作 g 智力。非正常人之不同于正常人就在于其能力没有如期经过发展获得统一性。事实上，这正是我们在本书哲学方面的讨论中所要论证的主张。无论从现象学，还是从分析哲学的角度来看，智力都不是得自于先天遗传的生物属性，而是一个人通过教化、习得语言、进入一个文化传统而来的社会属性。

（5）加德纳认为支持多元智能学说的第五个判据：进化史和进化的可塑性。

> 所有物种都有表现出自己智能或愚昧的领域，人类也不例外。我们现有智能的根源，要追溯到人类这个物种几百万年前的历史中去。如果人们能够发现一种具体智能的进化前身，它就会变得更具可塑性，包括那些与其他生物体所共有的能力，如鸟类的鸣啭或灵长类动物的社会组织能力。人们还必须注意那些在其他物种中似乎独立发生作用，而在人类中却相互结合在一起的特定的信息处理能力。[①]

对第五个判据的评判：

加德纳这里有关种系发生所做的说明，与其说是一个支持多元智能学说的独立判据，不如说是对前面所说的第三个判据的补充。如果是这样的话，

---

① 加德纳. 智能的结构 [M]. 沈致隆，译. 北京：中国纺织出版社，2022：73–74.

那么我们对第三个判据的反驳完全可以用来反驳第五个判据。

特别引起我们注意的是加德纳在第五个判据中呈现出的观点恰恰可以作为我们反驳判据四的支撑。在这里加德纳强调了在种系发生史上，原本独立发生作用的能力会相互结合，形成一个统一体。实际上个体发生往往是对种系发生在一定程度上的重演，尽管不是完全不变地重演。无论是人类作为一个物种，还是人作为一个个体，其智力都是先天具有的种种能力经由后天社会生活而相互整合的结果。维果茨基所主张的正是与此类似的化合观，他认为人的思维和语言一开始是两种平行发展、互不交叉的独立能力，但是在某一个时刻，语言和思维之间发生了类似于化学反应的效应而形成一个整体，从此以后思维变成了言语思维，语言也变成了思维的语言。这种化合反应的产生预示着高级心理机能的诞生，关于这一点，将在《特殊教育研究》第二卷得到进一步的专门论述。

（6）加德纳支持多元智能学说的第六个判据：来自实验心理学研究的证据。

实验心理学偏好的许多范式都能说明候选智能的运作情况。例如，运用认知心理学的方法，人们能够研究语言的或空间的信息处理过程的细节（这些处理过程都带有典型的特异性），还能研究某一种智能的相对独立性。尤其具有启发意义的，是那些对相互干扰或不能相互干扰的活动所进行的研究，是那些对在不同背景之间进行转换或不能进行转换的活动所进行的研究，也是那些对某种输入可能特有的记忆、注意或知觉形式进行的辨认。这样的实验心理学测验可以提供有力的证据，证明特殊的能力是或不是相同智能的体现。在各种特定信息处理机制或程序系统能够顺利协作的情况下，实验心理学也能够帮助证实，模块化能力或特定领域能力在执行复杂任务时可能开展互动的方式。①

对第六个判据的评判：

在前面的"信息加工理论、认知神经科学与智力测验"这一节，我们已经对加德纳论述的认知心理学所基于的人机类比假设进行了分析。既然认知

① 加德纳. 智能的结构［M］. 沈致隆，译. 北京：中国纺织出版社，2022：74.

心理学家认同人的心智的构成与计算机实现运算的功能构成是类似的，那么就毫不奇怪在认知心理学的视野中，心智可以看作由各种各不相同的子系统构成，然后每个系统都有着相对独立的功能。即便是这样，也只能证明有各种特殊能力的存在，却不能否定 g 智力的存在。看不出加德纳有什么理由否认各种特殊能力可以通过互相合作的方式来实现一个统一机能的可能性。如果真的可以这样的话，为什么不能把 g 智力看作对这个统一机能的能力体现呢？何况加德纳明确承认了模块化能力或特定能力在执行复杂任务时需要开展互动。

（7）加德纳支持多元智能说的第七个判据：来自心理测量学的证据。

> 如果为评估某种智能而进行的测验，其结果之间密切相关，而与评估其他智能的那些测验结果不那么相关，那么在一定程度上，我的表述的可靠性就提高了。如果心理测量的结果，与我所提出的智能组合不相符合，我们有理由因此给予关注。然而必须注意，智力测验并不一定总是能够测出它声明要测的东西。在解决问题的过程中实际应用的能力，比起这些测验所要测试的能力要多得多。而且许多其他的问题，则可以用各种不同方式解决。比如某些类推或矩阵的问题，可通过使用语言的、逻辑的或者空间的能力来解决。除此而外，心理测量学对纸笔考试方法的过分重视，通常妨碍了对某些能力的恰当评估。尤其对于那些与活跃的环境因素有关的能力的评估，或对于包含着与其他人相互作用的能力的评估，它常常是无能为力的。所以说解释心理测量的结果，并不总是一件简单的事。①

对第七个判据的评判：

加德纳为什么会把来自心理测量学的证据当作支持多元智能说的判据单独提出来，着实是一件耐人寻味的事。他并没有明说心理测量学的证据是否支持他的多元智能说，而是提出了两个可能性。第一种可能性是通过智力测验测量加德纳划定某特殊智能的结果和其他特殊智能的结果不那么相关，加德纳认为如果出现这种可能性，则应被视作对多元智能理论的支持。第二种

---

① 加德纳. 智能的结构［M］. 沈致隆，译. 北京：中国纺织出版社，2022：74-75.

可能性则是智力测验所获得的结果与加德纳提出的智能分类不相符，则这时就必须注意，智力测验并不一定总是能够测出它想测的东西。加德纳难道是想说，如果心理测量的结果支持他的多元智能说，那么他的多元智能说就多了一份可靠性；如果心理测量的结果不支持他的多元智能说，那么就是智力测验有问题，或至少是对心理测量的结果的解释有问题？

不过我们还是要指出加德纳在这里无论是有意还是无意所回避的问题。那就是到底心理测量学的证据能否如其所愿，支持其多元智能说。相信我们前面对智力测验的剖析已经足以表明心理测量学的结论不可能成为支持多元智能说，以及反对 g 智力的证据的。首先，我们知道衡量一份心理量表质量的一个标准就是其各个分量表之间是否具有一致性。其次，各种不同的心理量表之间也需要具有一致性，这些广泛存在的一致性本身就是对 g 智力存在的支持。最后，通过对智力测验的结果进行因素分析来确定智力构成的做法也不可能成为任何多元智能或 g 智力理论成立的证据，因为要进行因素分析，需要先提出有关智力结构的理论构想。所以智力的结构是在因素分析前就需要被先行决定的，而不是因素分析的结果。

相信我们对心理测量的上述评论也可以得到加德纳的支持。因为在《智能的结构》一书中，他写道："对智力测验的成绩的解释本质是一个数学性问题。……在得到同样一组数据之后，如果应用某一组因素分析程序，可能得到证明一般智能 g 存在的结果；而使用了另外一组同样可行的统计学分析方法，则就有可能得到心智能力组分之间相对独立的看法。"[1] 既然能就心理测量写出这样的评论，加德纳又是如何做到把心理测量作为支持多元智能说的潜在证据专门提出来的呢？

（8）加德纳支持多元智能说的第八个判据：对符号系统编码的敏感性。

　　　许多人类知识的表现和交流都是通过符号来进行的。从文化上说，符号就是人类发明的获取重要信息的一种形式。语言、图像和数学，就是在全世界范围内服务于人类生存和生产十分重要的三种符号系统。我认为，原始信息处理能力之所以对人有用，或可以开发利用，其特点之一就是对文化符号系统的编码具有敏感性。反过来看，也许正是因为存

① 加德纳. 智能的结构［M］. 沈致隆，译. 北京：中国纺织出版社，2022：20.

在着受文化环境支配而充分发展起来的能力，人类的符号系统才能发展起来。尽管可能某一种智能在产生的时候，还没有自己独特的符号系统，也没有其他文化所提供的舞台，但人类智能的一个基本特征，可能就是对符号系统的"自然的"吸引力。①

对第八个判据的评判：

与其说这第八个判据是支持多元智能说，不如说是在反对多元智能说。如果说加德纳写作《智能的结构》一书是想要说明"存在若干种相对独立的人类智能"②，那么至少这个判据实际上说的是这些相对独立的人类智能在对符号编码系统的敏感性上具有共性。难道这不正说明了存在着一个标识着所有特殊智能之共性的作为对符号编码系统敏感性的 g 智力吗？

五、从逻辑的角度看智力：由对象化到符号化

加德纳被认为是"当今极具影响力的心理学家和教育学家，'多元智能理论之父'，被誉为'教育领域的哥白尼'和'推动美国教育改革的首席科学家'"，因而他有关智力的评论可被视作科学心理学在智力研究上所能达到的一个高峰。然而如果从我们本书所介绍的哲学和逻辑的角度来看，加德纳的这些有关智力的观点不仅经不起逻辑上的仔细推敲，还缺乏哲学对人之智慧之理解上的那种深刻性，甚至可以说误解了智力的真正本质。

从逻辑的角度来看，智力问题根源于"一"和"多"的关系问题，这一关系又关乎我们对世界之本源的理解。如果从人与世界中的非人存在物的连续性的角度来看，智力就是生命力。而生命力就是从"多"之上构建出"一"，进而又由此所被建构出的"一"来继续推动"多"的进一步生成的过程。我们可以从古希腊哲学、黑格尔的精神哲学、詹姆斯的实用主义和胡塞尔的现象学中看到对这一观点的继承和延续。按照这种理解，世界不是无生命的物质集合，而是一个万物生存化育的有机体，是一个活生生的生命世界。以现代物理学为典范的自然科学所为我们塑造的那种无生命性的物质世界印象只是经由对生命世界进行基于符号化，尤其是数学符号化的抽象而

---

① ② 加德纳. 智能的结构 [M]. 沈致隆，译. 北京：中国纺织出版社，2022：75，10.

来。因而非生命性的科学世界并不是本真的世界，通过自然科学的方法也不能揭示出生命的本质，当然也不能揭示出包括作为生命力的智力的本质。这也就决定了致力于将自己自然科学化的客观心理学只能将我们对智力的理解带上歧途，以至于最终我们难以区分人类的智力与作为非生命的人类制造物计算机的计算能力之间有什么实质差别。

如果从非连续性发展的角度来看待人与世界中的非人生命之间的关系，那么智力就是人独有的而其他非人生命所不具有的概念推理能力。这种能力是人通过习得语言，以使用符号性概念参与人际相互交换理由的论证活动的产物。因而智力从来就不是由遗传而来的先天固有生物能力，而是人在生活中逐步发展而来的后天教化的产物。这一教化过程可以分为两个阶段：一个是由感觉性的生命发展出对象性知觉的前概念阶段，这一阶段是由感觉的多样性构造出统一的知觉殊相过程；另一个是由对象性知觉发展出符号性语言表达的概念阶段，这一阶段是由知觉殊相的多样性构造出概念的统一性的过程。按照本书中所介绍的现象学的观点，我们可以将前者发生的机制称为对象化，而将后者的发生机制称作符号化。

根据这种区分，现有的智力测验所测量的智力主要是局限于符号性的概念领域。然而根据本书中我们所介绍的哲学观来看，我们不能将基于符号化的概念智力与基于对象化的前概念智力割裂开来看。如果脱离了对象性的前概念智力来单独看符号性智力，那么我们就不能够区分出人与计算机的差别。因为计算机就是根据符号逻辑系统所设计出来的一种甚至比人更为高效的符号推理机器。但是无论在符号运算上多么高效，计算机终究不能明白其所运算的符号背后所蕴含的意义。因为意义并不源于符号本身及其通过运算而进行的转换，而是源于人在生活世界中前符号性的对象性知觉的建构。我们认为也正是出于此种原因，人们才发现为了准确地评定智力，在智力测验的基础上还需要补充对社会适应性的评估。智力测验所测验的主要是符号运算的能力，而只有通过社会适应性评估，才能评估人在生活中建构意义的能力。

然而由于缺乏胡塞尔所发明的现象学方法，以及缺乏对分析哲学基于符号逻辑对符号和概念活动的本性和层级所进行的长期不懈的探索所取得的成果的了解，当代智力心理学并没有如同现象学和分析哲学那样揭示出这一作为意义之源泉的前符号性的知觉世界，因而也不可能明确将前概念性的智力和符号性的概念智力相区分，更不能从对象化与符号化的交互作用进行揭示，因而也不能揭示出智力测验所评定的符号运算能力与社会适应性的关系。而正是对这种交互作用的理解决定了我们必须从发生学的角度考察智力，并由此将智力视作经由人类社会交往所建构的历史性、文化性的第二自然的属性。

同样也由于缺乏对前符号性的生活世界的领悟，智力心理学把智力误认为是一种如同客观对象一般的存在，不仅认为智力是如同神经结构或者遗传结构一样的物理性存在物，而且也可以像物理存在物一样通过测量被准确地赋值。这实际上犯了一种赖尔所说的范畴错误，并且按照我们前文对弗雷格的数学哲学的介绍，数只有在用来为概念指派客观对象的时候才具有意义。如果不能把智力看作客观对象的话，那么任何对智力所进行的赋值活动都将是一种逻辑范畴上的误用，因而也必将是无意义的。

最后，把我们基于哲学式的逻辑研究所得出有关智力的看法，结合我们对现代智力理论的批判做一下总结和梳理。

（1）智力是意识拓展自身的能力，因而应从主观性意识发生的角度来研究智力，而不是将智力作为客观对象来研究。这就是为什么我们并不能通过对人的基因、脑神经活动的考察，或是通过人机类比的方式考察心智自身内部功能构成的方式来获得对智力的真正理解。

（2）意识是自然中个别存在者的自我觉醒，既是对作为万事万物之整体的自然世界中所蕴含的内在性、生成性力量的觉察，也同样隶属于这同样一种自然生成的世界进程。

（3）自然依据蕴含在生命力中的"一和多"的辩证法则实现自我推动和自我生成。意识的自我觉醒也就是对生命力的自觉，对"一和多"的辩证法则的自觉。这一自觉从"多"的一面体现在作为达到意识之存在水平的主体性存在者自身对作为意识对象的客体之日益敏锐的分辨力上，也就是日常人们所说的聪明，即耳聪目明上；从"一"的一面则体现在意识性的主体不仅需要具有明察秋毫的分辨差异的能力，还需要具有能够从整体上把握各种差异之间的联系，并将所意识到的差异重新通过想象力复归为"一"的能力上。正是在这种不断进行的将"一"分析为"多"，又将"多"综合为"一"的创造性过程中，意识实现了自我拓展，因而意识的本质只能是发生性的。智力所指的就是意识所具有的这种自我拓展能力，也就是创造力。

（4）从意识发生的角度去研究智力，就不能把智力看作人这一生物个体的内在属性，而是要把智力看作人与环境之间的一种关系属性。也就是说应把人放在其所处的物理环境和社会环境中，从其所发挥的功能性效力的角度去考察智力。用现象学的术语来说，就是应把人放到其所处的生活世界中，通过考察其在生活世界中所起的生成性作用来考察智力。

（5）对智力的发生学考察具有两个角度，一个是智力在个体上的发生，另一个是智力在人类这一种系上的发生。无论从哪种角度来看，交往行为都是智力发展的核心动力。

（6）正是因为智力是人与人在生活世界中交往的产物，所以智力与一个人的社会化的生活适应性具有天然的联系。这也就是为什么那些脱离了活生生的生活世界中的交往，想通过设计出一些固定的题目以纸笔测验来测量智力的现代智力测验并不能测量出人的真正心智能力。

（7）依据交往的形式，可以对智力进行分级。以语言为中介的交往催生了基于符号化过程的概念智力，而以前语言为中介的交往，比如人借助姿态、眼神、手势等所进行的交往，则催生了基于对象化过程的前概念的智力。一方面符号化的概念智力的发展需要建立在对象化的前概念智力发展的基础上，另一方面对象化的前概念智力的发展则又应以符号化的概念智力的发展为导向。

（8）从某种角度而言，在通过文化传承，经历了漫长的历史沉淀的今天，人们在生活世界中所遇到的几乎所有事物都已经通过交往行为而符号化了。从人的姿态、人建构的用具世界甚至包括物转星移在内一切人所能触及的自然事物，都已经被人的交往行为赋予了意义，可被看作广义的符号。人的一切智力活动都与此符号化进程密切相关，这就是为什么我们认为 g 智力不仅存在，而且就体现在符号化的能力，也就是加德纳所说的对符号编码系统的敏感性上。

（9）如果我们把生活世界整个地看成是一个符号性关系的生成场域，那么智力就不仅是生活于生活世界中的人所展现出来的个体性的生命力与创造力，而且就是整个生活世界自身的生命力和创造力，人的智力就是对生活世界所蕴含的这种生成性能力的分有。

（10）教育应是通过努力为儿童创造一个具有生成性的生活世界，在帮助其进入其中并肩负起其所应肩负起的责任的过程来发展其智力的方式。在这一点上，特殊教育本应与普通教育没有任何差别。

正是上述这些观点共同组成了一种我们对什么是智力的理论构想，也正是这一理论构想构成了我们开展特殊教育实践的理论基石。如何将此理论构想结合皮亚杰、维果茨基和托马塞洛等人的发展心理学研究转化为对特殊教育实践更为具体的、可操作的指导，将构成《特殊教育研究》第二卷的主题。